Monika Specht-Tomann
Doris Tropper

ZEIT DES ABSCHIEDS

Monika Specht-Tomann
Doris Tropper

Zeit des Abschieds

Sterbe- und Trauerbegleitung

Patmos

Den Menschen, die wir lieben:

Elisabeth, Felix, Hans-Georg, Hanna,
Lilli, Rita, Sarah, Werner

Von den gleichen Autorinnen erschien im Patmos Verlag:
Zeit zu trauern.
Kinder und Erwachsene verstehen und begleiten
(260 Seiten, broschiert, ISBN 978-3-491-72441-9)

Weiterhin erschienen im Patmos Verlagshaus:
Specht-Tomann, M.:
Wenn Kinder Angst haben. Wie wir helfen können
(180 Seiten, broschiert, ISBN 978-3-491-40106-8)
Specht-Tomann, M.:
Erzähl mir dein Leben.
Zuhören und Reden in Beratung und Begleitung
(278 Seiten, broschiert, ISBN 978-3-530-40143-1)
Specht-Tomann, M., Sandner-Kiesling, A.:
Schmerz. Wie können wir damit umgehen?
(230 Seiten, broschiert, ISBN 978-3-530-40171-4)

Bibliografische Information der Deutschen Nationalbibliothek
Die Deutsche Nationalbibliothek verzeichnet diese Publikation in der deutschen Nationalbibliografie; detaillierte bibliografische Daten sind im Internet über http://dnb.d-nb.de abrufbar.

6. Auflage 2007

Bildnachweis:
47, 85, 126, 144, 179, 182, 214: Seiichi Furuya, Graz/Österreich
49, 80, 124, 146, 218, 258, 262: Hans-Georg Tropper, Graz/Österreich
Umschlagfoto: Peter Wirtz, Dormagen
Printed in Germany
ISBN 978-3-491-72519-5
www.patmos.de

INHALT

I EINFÜHRENDE GEDANKEN

Wie sehr das Thema Sterben noch immer ein Tabu-Thema ist, merken wir vor allem an den Reaktionen unserer Umwelt, wenn wir einen lieben Menschen verloren haben. Bekannte wechseln plötzlich die Straßenseite, verschwinden in Nebengassen, eilen besonders rasch bei bereits blinkender Ampel über die Straße. Auch die sonst so selbstverständlichen Anrufe von Freunden und Kollegen werden seltener, wirken gezwungen.

Wir können uns des Eindruckes nicht erwehren, daß die Anteilnahme an den Ereignissen, die zum Leben gehören, je nach der Art dieser Lebensereignisse mehr oder weniger gut möglich ist. So wie wir die Ereignisse selbst in »gute« und »schlechte« einteilen können, können wir auch die Fähigkeit der Mitmenschen, auf diese individuell positiv oder negativ erlebten Lebensabschnitte verständnisvoll-anteilnehmend zu reagieren, mit »gut möglich« und »schlecht möglich« umschreiben. Es macht wohl kaum Schwierigkeiten, einem jungen Brautpaar die besten Wünsche für den gemeinsamen Lebensweg zu übermitteln, einer jungen Mutter zum Nachwuchs zu gratulieren oder den erfolgreichen Abschluß der Schulzeit mitzufeiern. Viele Veränderungen bzw. Wandlungen unseres Lebens werden von unserer Mit- und Umwelt, von den Menschen, die in enger oder loser Beziehung zu uns stehen, mit Wohlwollen verfolgt und wahrgenommen. Die Reaktionen auf die wahrgenommenen Lebensumstände sind dann spontan, positiv, leicht zu vermitteln und unproblematisch, wenn es sich um sogenannte gute Lebensereignisse handelt, deren Merkmal nicht zuletzt die Korrespondenz zu positiven bis neutralen Gefühlen und Verhaltensweisen ist, zum Beispiel Glücksgefühle, Freude, Erleichterung, Begeisterung, Ausgelassenheit, Lachen. Die im individuellen Leben als beglückend erfahrenen Ereignisse spiegeln der Umwelt ein Lebensgefühl, an dem teilzunehmen ebenfalls lustvoll und angenehm ist. Wie berührend schön kann es doch sein, eine junge Mutter zu besuchen, das Neugeborene in den Arm zu nehmen und dabei aus vollem Herzen das Beste für beide – Mutter und Kind – zu wünschen. Oder denken wir an die Teilnahme an einem Schulabschlußfest, die auch in uns noch das Gefühl der Erleichterung hochkommen läßt und uns gleichsam stellvertretend noch einmal jenes Glücksgefühl vermittelt, nach langer Anstrengung, viel Mühe und Entsagung nun endlich die offiziellen Lehrjahre hinter uns lassen zu können. Und dort, wo wir selbst vielleicht nicht ganz so gute Erfahrungen gemacht haben, können wir doch mit positiven Wünschen auf jene Lebensereignisse reagieren, die für unsere Mitmenschen wichtig und gut sind.

Anders ist dies bei Ereignissen, die wir die sogenannten schlechten nennen möchten. Es sind dies Geschehnisse im Leben, die mit Verlust, Tod und Trauer verbunden sind, Erfahrungen, die auch uns als Mitmenschen mit der Tatsache konfrontieren, daß unser Leben täglich nicht nur von positiven Veränderungen betroffen sein kann, sondern ebenso von schweren und leidvollen. Den Spiegel der Freude wollen wir gerne vorgehalten bekommen, den Spiegel der Tränen scheuen wir. Je mehr ungeweinte Tränen in uns sind, je weniger wir bereit waren und sind, unsere Ängste kennenzulernen und uns ihnen konstruktiv zu stellen, desto stärker wird der Wunsch, die Augen zu verschließen vor dem eigenen Elend aber auch vor den negativen, schmerzhaften, leidvollen Erfahrungen der Mitmenschen. So geschieht es dann eben, daß wir rasch die Straßenseite wechseln, wenn wir Frau Gruber sehen, die kürzlich ihren Mann verloren hat, daß wir hastig an Herrn Deutsch vorbeieilen, der seinen Arbeitsplatz verloren hat und seine kranke Frau zu Hause betreut, daß wir uns in einem Geschäft in ein intensives Gespräch mit einer Verkäuferin gleichsam flüchten, um nicht Frau Kramer die Hand geben zu müssen, die ihr Kind begraben hat . . .

Jeder Verlust, jeder Todesfall im engsten Familien- und Freundeskreis, jeder Anlaß zu Trauer macht den Menschen einsamer. Diese individuell erlebte Einsamkeit schafft durch die mit ihr verbundenen Gefühlsqualitäten ihrerseits wiederum im sozialen Umfeld Unsicherheit. Nicht nur der einzelne, der einen ihm lieben Menschen verloren hat, wird durch diesen konkreten Verlust ärmer, fühlt sich durch den Wegfall der Möglichkeit, mit dem verstorbenen Menschen reden zu können, mit ihm sein Leben, seine Lebenserfahrungen teilen zu können, einsamer – nein, er löst durch seine mit dem Verlust verbundenen Gefühle in seinem sozialen Umfeld Hilflosigkeit, Unsicherheit, Distanziertheit aus, wodurch seine eigene Einsamkeit wiederum vergrößert wird. Der Spiegel der Gefühle wirkt nicht nur bei freudigen Erlebnissen. Ganz im Gegenteil, wir erleben bei negativen Lebenserfahrungen sehr oft ein fassungsloses, erstarrtes »Daneben-Stehen« unserer Mitwelt. Oft macht ein schmerzhaft erlebter Verlust dem Gegenüber erst klar, wie rasch sich alles im Leben verändern kann, wie sehr auch

Tod, Verlust und Trauer zum Leben gehören. Vielen von uns fehlt es an adäquaten, das heißt für die jeweilige Person passenden Verhaltensweisen im Umgang mit Menschen, die einen Verlust erlitten haben und trauern. Es ist nicht Roheit oder Mangel an menschlicher Wärme, die dazu führen, daß Menschen lieber rasch an Trauernden vorbeigehen, als anzuhalten und Mitgefühl, Anteilnahme – in welcher Form auch immer – zu zeigen. In diesen Augenblicken sind die meisten Menschen selbst der Hilfe bedürftig. »Wie soll ich mich verhalten? Was soll ich sagen? Wie werden meine Worte ankommen? Mein Gott, wie kann man so einen Schicksalsschlag aushalten? Wenn das mir passiert wäre . . .«

Viele Fragen, Gefühle, Ängste und Sorgen treten gleichzeitig auf, wirken sich auf die konkrete Handlungsfähigkeit lähmend aus. In dieser Situation fliehen die meisten, wenige halten stand.

Die Erfahrung, sich in Situationen, in denen wir Trauernden unsere Anteilnahme ausdrücken, in denen wir Menschen in leidvollen Lebensphasen begleiten sollten, aber nicht können, haben so viele Menschen gemacht, daß wir davon ausgehen können, hier auf eine Grundproblematik des menschlichen Miteinander zu stoßen. Die Frage, warum es so einfach ist: »Ich freue mich mit dir« oder »Herzlichen Glückwunsch« zu sagen, und so schwer, entsprechende Formulierungen für Situationen des Verlustes, der Krise oder der Trauer zu finden, läßt sich nur auf dem Hintergrund des gesellschaftlichen Umganges mit bestimmten Lebensthemen im allgemeinen und dessen Entsprechung im familiären Bereich im besonderen erklären. Dabei kann es hilfreich sein, auf folgende Fragen zu achten:

- Was darf in einer Gesellschaft/Familie frei und offen angesprochen werden?
- Welche Gefühle sind »salonfähig«?
- Mit welchen Gefühlen wird Stärke beziehungsweise Schwäche assoziiert?
- Welche Formen der Gefühlsäußerungen werden toleriert?
- Für welche Lebensereignisse sind welche Rituale vorhanden?
- Welche Themen und Gefühle werden in der Gesellschaft/Familie hinter vorgehaltener Hand behandelt?

Wenden wir uns dem Umgang mit den Themen Verlust, Sterben, Tod und Trauer im familiären Bereich zu, fällt auf, daß in vielen Familien mit diesen Ereignissen in einer Art und Weise umgegangen wird, daß Kinder den Eindruck bekommen müssen, diesen zum Leben integral gehörenden Geschehnissen hafte ein Hauch von Bösem, Verbotenem an.

»Wie ein schwarzes Tuch legte sich der Tod von Großvater über unser Haus«, erzählte ein Jugendlicher, der als Kind dem Tod des Großvaters näher auf die Spur kommen wollte. Vergeblich suchte er bei seinen Eltern Antwort auf seine Fragen. Vergeblich suchte er nach Erklärungen für seine eigenen inneren Gefühlsregungen. Alles schien plötzlich ganz anders geworden zu sein. Nichts war wie immer, alles verschwand hinter einer Nebelwand von unklaren Äußerungen, vagen Andeutungen, unbekannten Tönen. Nur eines schien dem Kind von damals klar zu sein: Hinter diesem »schwarzen Tuch« durfte keine Sonne mehr scheinen, kein Lachen durfte aufkeimen, kein lautes Wort gesprochen werden. Aus der Sprachlosigkeit der Erwachsenen wurde allmählich eine Sprachlosigkeit des Kindes. War da am Anfang noch Neugier, das Geheimnis des Todes zu ergründen, legte sich nur allzu rasch lähmende Stille über das Kind. Es lernte, seine Fragen für sich zu behalten und seine eigenen Theorien über Tod und Sterben zu entwickeln, die von irrationalen Ängsten geprägt und mit zahlreichen phantastischen Elementen versehen wurden. Die eigene Traurigkeit, den Großvater verloren zu haben, durfte nicht in der dem Kind eigenen Art und Weise lebendig werden. Die Tränen um den Verlust dieses Menschen konnten nicht fließen, kehrten sich nach innen. Dieses in seiner Trauer allein gelassene Kind lebte mit seinen eigenen, oft bedrohlichen Bildern von Sterben und Tod.

Was hat dieses Kind aus den Geschehnissen rund um den Tod des geliebten Großvaters gelernt? In erster Linie hat es gelernt, daß der Tod etwas im Leben von Menschen ist, das keine Fragen zuläßt, das alles in »schwarzes Schweigen« hüllt, vorgebrachte Gefühlsregungen werden von einem »schwarzen Tuch« verschluckt. Herangewachsen, erlebte dieser junge Mensch sich selbst in jeder Begegnung mit Trauernden hilflos, »erstarrt«, wie »gelähmt«.

»Jedesmal, wenn ich einen Menschen treffe, der einen Verwandten verloren hat, werde ich sprachlos. Es ist, als würde sich das schwarze Tuch meiner Kindheit wieder über mich legen – und doch möchte ich es anders machen, möchte auf den Schmerz des anderen reagieren, möchte sagen können, daß auch ich schon Tod und Verlust erlebt habe, daß auch ich weiß, wie elend und einsam man sich fühlt . . .«

Dieser Bericht ist nur einer von vielen, der uns bestätigt, daß die Art und Weise, wie mit konkreten Verlust- und Trauersituationen in der Kindheit umgegangen wurde, wesentlich dazu beiträgt, welchen Zugang wir als Erwachsene zu diesem Thema finden können.

Daß der Tod zum Leben gehört, daß Sterben ein Teil unseres Lebens ist, müßte als Lebensweisheit in den Alltag zurückgeholt werden, um den

Menschen zu helfen, neue Selbstverständlichkeiten im Umgang mit Sterben, Tod und Trauer zu erlangen. Ohne die alten Zeiten unkritisch verherrlichen zu wollen, sei an dieser Stelle doch erwähnt, daß die Ausgliederung so wesentlicher Lebensabschnitte wie die der Geburt und des Todes aus dem familiären Rahmen entscheidend zur Entfremdung dieser Lebensprozesse geführt hat. Dort, wo selbstverständliches Handeln vorgelebt wurde, waren keine »Ratgeber« oder Seminarbesuche notwendig, um die Jugend auf das vorzubereiten, was das Leben in seinem zyklischen Verlauf mit sich bringen wird. Klare Formen der Lebensgestaltung bestimmter Lebensabschnitte, Rituale und Regeln gaben den Menschen Verhaltenssicherheit. Das Wissen um das prinzipielle Eingebettetsein in soziokulturelle Regeln und Normen machte auch eine Auseinandersetzung mit den eigenen Gefühlen nicht so bedrohlich. Damit ist gemeint, daß es einfacher ist, die Gefühle der Angst, Verzweiflung, Einsamkeit zu leben und zu zeigen, ihnen nachzuspüren und sie auszudrücken, wenn es dafür Modelle in der eigenen Familie gibt oder das soziale Umfeld einen klaren, vielleicht sogar rituell abgesteckten Rahmen bietet, der Halt gibt.

In der heutigen Zeit müssen die Menschen ihre Regeln und Leitlinien nur allzuoft selbst aufstellen, ihre Rituale selbst finden und gestalten. Dabei wird in vielen Fällen sehr drastisch klar, daß es kaum allgemeingültige Verhaltensregeln gibt, daß der einzelne durch seinen individuellen Zugang zum Beispiel zum Thema Verlust nicht damit rechnen kann, daß seine Freunde einen ähnlich Zugang gefunden haben. Dies schafft zusätzlich zu der bereits bestehenden Verhaltensunsicherheit im Umgang mit krisenhaften Lebensabschnitten Probleme der Orientierung. »Wie kann ich dem anderen beistehen, so daß er sich angenommen, verstanden fühlt? Wie kann ich wissen, welche Worte, Gesten hilfreich sind?«

Individuelle Ausgestaltungsmöglichkeiten eröffnen in jeder Lebensphase viel Freiraum, schaffen aber andererseits auch viel Unsicherheit. Wir müssen erkennen, daß gerade in Bereichen der sogenannten Schattenseiten des Lebens – beispielsweise also bei Krankheit, schwerem Verlust, Todesfällen – die Menschen sehr auf sich allein gestellt sind und nur selten auf allgemein anerkannte und vorgegebene Verhaltensregeln oder Rituale zurückgreifen können. Der einzelne ist viel stärker herausgefordert als je zuvor, seinen eigenen Lebensbogen dahingehend zu betrachten, Lebensphasen und ihre Schwerpunkte zu erkennen, Lebensübergänge zu gestalten und sich mit den jeweils typischen, dazugehörenden Gefühlen auseinanderzusetzen. Gelingt diese Auseinandersetzung und wird es möglich, die Tabu-Themen der eigenen Vergangenheit anzusehen und Wege zu den »versteinerten« Gefühlen zu finden, wird es auch möglich sein, den Mitmenschen gegenüber jene Gefühle entgegenzubringen, die für deren Lebenssituation hilfreich und passend sind.

Die Begegnung mit Sterbenden und Trauernden kann für jeden einzelnen eine Chance darstellen, einen direkten und ehrlichen Zugang zu den eigenen, oft verschütteten Gefühlen zu finden, die das Erleben von Verlust, Trauer und Trennung in uns freisetzen und an alten Fragen in uns rühren.

Die oben beschriebenen Zusammenhänge zwischen Ereignissen rund um die schweren, belastenden Momente im Leben und den Problemen der Mitmenschen, darauf zu reagieren, sind nicht nur im privaten Bereich bekannt und spürbar. Auch professionelle Helfer berichten von den schwierigen Momenten ihres Berufsalltags, in denen Sterbende menschliche Nähe wünschen, Angehörige begleitet werden sollen, Kranke Gespräche über ihr Sterben suchen. Die Ausbildungen in den sogenannten Humanberufen sind gerade in den letzten Jahren in fachspezifischer Hinsicht immer besser, profunder und praxisorientierter geworden. Wir finden großteils gut ausgebildete Fachkräfte in den Einrichtungen der Altenheime, in Pflegeheimen, an Krankenbetten. Andererseits erleben wir als Referenten in berufsbegleitenden Weiterbildungen, in Ausbildungsgruppen, Supervisionen und zahlreichen Einzelgesprächen mit Betroffenen, wie groß das Defizit an konkretem Wissen über Sterbeprozesse, Trauerphasen und die Möglichkeiten einer guten Begleitung sind. Zum einen fehlt es oft an konkretem Wissen, zum Beispiel welche Stadien ein Sterbender durchläuft, welche Gefühlsschwankungen ein trauernder Mensch als ganz »normalen« Entwicklungsschritt durchlebt, wie ein gutes Gespräch mit Schwerkranken geführt werden kann. Zum anderen fühlen sich viele professionelle Helfer in der Konfrontation mit der Gefühlswelt ihrer Patienten und deren Angehörigen, aber auch durch die Flut der eigenen Betroffenheit angesichts menschlicher Schicksale überfordert.

Damit wären wir wieder bei dem bereits angesprochenen Problem des Umganges mit den Gefühlen, die mit schwierigen Lebenssituationen und Lebensabschnitten verbunden sind. Dabei geht es sowohl um die Gefühle, die vom Gegenüber direkt vermittelt werden (zum Beispiel: »Seit dem Tod meines Mannes fühle ich mich vom Leben abgeschnitten«), aber auch um die Gefühle, die durch die Begegnung mit diesem Menschen ausgelöst werden (zum Beispiel: »Wenn ich daran denke, *mein* Mann könnte sterben, erfaßt mich Panik«).

- Wie kann eine Krankenschwester einen Sterbenden gut begleiten, wenn sie schon der Gedanke an den Tod in Schrecken und Panik versetzt?

Wenn sie an der Tür eines Sterbenden am liebsten vorbeigeht, weil sie an der Tür in ihrem Inneren bisher immer vorbeigegangen ist, auf der »Tod« steht?
- Wie kann ein Arzt Angehörigen Worte des Trostes und der Anteilnahme schenken, wenn er gelernt hat, »keine Gefühle« zu zeigen?
- Wie können sich professionelle Helfer vor den Emotionsausbrüchen ihrer Patienten schützen, wenn sie nicht darüber informiert sind, welche Gefühls- und Verhaltensäußerungen zu welchem inneren Geschehen beispielsweise des Sterbeprozesses gehören? Wie können sie ohne ausreichendes Wissen über diese Zusammenhänge lernen, sich abzugrenzen, ohne dabei zu verhärten?

Sehr oft ist bei der Betreuung und Begleitung von schwerkranken und sterbenden Menschen sowie deren Angehörigen neben der Fachkompetenz der Betreuer und Begleiter in ganz besonderem Maße deren Sozialkompetenz gefragt, stehen die menschlichen Qualitäten vor fachspezifischen im Vordergrund. Die professionelle Schulung dieser »menschlichen Seite« all jener, die in helfenden Berufen tätig sind, wird oft zu sehr dem Zufall und der persönlichen Bereitschaft jedes einzelnen überlassen, sich laufend weiterzubilden und den eigenen Zugang zu Leid, Krankheit, Verlust und Sterben zu reflektieren. Unter dem Gesichtspunkt einer guten, patientenorientierten Betreuung einerseits und optimalen psychohygienischen Bedingungen für die Begleiter andererseits, erscheint eine Verschränkung fachspezifischer Lehrinhalte mit der Möglichkeit, sich mit der eigenen Gefühls- und Gedankenwelt systematisch und unter fachlicher Anleitung auseinanderzusetzen, unumgänglich. Dies würde zum einen bedeuten, daß ein differenziertes Wissen um die psychischen bzw. psychosomatischen Prozesse von Krankheit, Krise, Sterben und Trauer vermittelt werden muß. Zum anderen müssen Möglichkeiten geschaffen werden, in denen das Fachpersonal angeleitet wird, die eigenen Gefühle, Gedanken und Reaktionsweisen hinsichtlich Verlust, Tod und Trauer anzuschauen, um dabei zu lernen, sich selbst richtig einzuschätzen, Grenzen wahrzunehmen, zu ziehen und einzuhalten, eine Sensibilität dafür zu entwickeln, wie Tabu-Themen behutsam angesprochen werden können.

Beide Aspekte zu vereinen wäre das Ziel einer unter psychohygienischen und psychosozialen Gesichtspunkten hochwertigen Aus- beziehungsweise Weiterbildung. Unser Anliegen ist es, dazu mit diesem Buch einen konkreten Beitrag zu leisten. Wir wollen versuchen, theoretische Arbeiten zum Thema, Berichte aus der Praxis sowie eigene Erfahrungen als Referenten so aufzubereiten, daß es dem Leser möglich wird, aus verschiedenen Bausteinen zum Thema Abschiednehmen, Tod und Trauer ein facettenreiches Bild des letzten Lebensabschnittes und Anregungen für die individuelle Gestaltung einer guten, an den Bedürfnissen der Menschen orientierten Begleitung zu erhalten.

Konkret bedeutet das:

a. Vermittlung von Basiswissen
b. Anstoß zur Selbstreflexion (Anregungen, Impulse, Übungen)
c. Zusammenführen von Basiswissen und den Ergebnissen der Reflexionen, um den in der Praxis stehenden Menschen den Umgang mit Kranken, Sterbenden und deren Angehörigen zu erleichtern und selbst zu einer größeren subjektiven Sicherheit im Umgang mit schwierigen Lebensphasen zu gelangen.

Die einzelnen Abschnitte enthalten jeweils eine Einführung in relevante Theorieansätze, bringen Anregungen und Impulse zur Selbstreflexion und sprechen konkrete Möglichkeiten einer Begleitung unter Berücksichtigung der erarbeiteten Wissens- und Erfahrungsgrundlagen an. Schließlich runden ausgewählte literarische Texte, Fallbeispiele und meditatives Bildmaterial die Themenschwerpunkte ab. Die Leser mögen Worte und Bilder auf sich wirken lassen, aufsteigende Gefühle und auftauchende Assoziationen zulassen! Vielleicht kann gerade dieser eher emotional-intuitiv aufbereitete Teil zu einem tieferen Verständnis der theoretischen Beiträge führen.

II STERBEN – EINE ZEIT DES LEBENS

Da klopfte ihm eines Tages jemand auf die Schulter: er blickte sich um, und der Tod stand hinter ihm und sprach: »Folge mir, die Stunde deines Abschieds von der Welt ist gekommen!« – »Wie?« antwortete der Mensch, »willst du dein Wort brechen? Hast du mir nicht versprochen, daß du mir, bevor du selbst kämest, deine Boten senden wolltest? Ich habe keinen gesehen.« – »Schweig!« erwiderte der Tod, »habe ich dir nicht einen Boten über den anderen geschickt? Kam nicht das Fieber, stieß dich an, rüttelte dich und warf dich nieder? Hat der Schwindel dir nicht den Kopf betäubt? Zwickte dich nicht die Gicht in allen Gliedern? Brauste dir's nicht dunkel in den Ohren? Nagte nicht der Zahnschmerz in deinen Backen? Ward dir's nicht dunkel vor den Augen? Über das alles, hat nicht mein leiblicher Bruder, der Schlaf, dich jeden Abend an mich erinnert? Lagst du nicht in der Nacht, als wärst du schon gestorben?« Der Mensch wußte nichts zu erwidern, ergab sich in sein Geschick und ging mit dem Tode fort. (BRÜDER GRIMM)

1 Sterbeprozeß: Einleitung

Die Auseinandersetzung des Menschen mit dem Lebensthema Sterben kann von ganz unterschiedlichen Blickwinkeln her beleuchtet werden. Wichtige Beiträge für ein tieferes Verständnis dieser Thematik liefern Arbeiten, die sich mit den historischen Wurzeln beschäftigen, mit Fragen nach soziokulturellen Einflüssen und Zusammenhängen sowie mit entwicklungspsychologischen Aspekten. Wir möchten an dieser Stelle den Versuch unternehmen, den Prozeß des Sterbens unter schematischen Gesichtspunkten zu betrachten. Es soll also der Versuch unternommen werden, Sterben als einen Lebensvorgang zu begreifen, der typische Verlaufsformen aufweist und – so individuell dieser Prozeß auch ausgestaltet wird – doch Gemeinsamkeiten zwischen uns Menschen unterstreicht: Das, *was* wir beim Durchschreiten unseres letzten Lebensabschnittes erleben, teilen wir bis zu einem gewissen Grad mit allen anderen Menschen. *Wie* wir diese Wegstrecke erleben und was wir daraus machen, bleibt allerdings der persönlichen Ausgestaltung überlassen und wird sowohl von unseren Fähigkeiten und Fertigkeiten, die wir im Leben erworben haben, beeinflußt, als auch von unseren Leitbildern, von unseren Werten, Idealen, Jenseitsvorstellungen und nicht zuletzt vom sozialen Umfeld, in dem wir gelebt haben und leben.

Es gibt zahlreiche Aufzeichnungen von Menschen, die ihre letzten Lebensabschnitte beschreiben, es gibt Berichte von Ärzten und Pflegenden, die festgehalten haben, was sie bei der Begleitung von Schwerkranken und Sterbenden erlebt und beobachtet haben, und es gibt schließlich Angehörigenberichte, die uns einen Einblick in das komplexe Geschehen zwischen Sterbeprozeß einerseits und Trauerprozeß andererseits ermöglichen. Aus der Zusammenschau unzähliger Einzelangaben und intensiver Bemühungen im Kontakt mit den betroffenen Menschen Authentisches über den schwierigen Prozeß des Sterbens auszusagen, ist versucht worden, das Sterbegeschehen in sogenannte Phasen einzuteilen, die durch ganz typische Merkmale voneinander zu trennen sind und durch unterschiedliche Verhaltensweisen der Sterbenden charakterisiert werden. Auch wenn diese Einteilung in Phasen individuelle Abweichungen und Ausgestaltungen weitgehend unberücksichtigt läßt, kann es insbesondere für Begleiter und Angehörige wichtig und hilfreich sein, sich das Prozeßhafte des Sterbegeschehens anhand dieses Schemas vor Augen zu halten, um besser begreifen zu können, daß Sterben eine ganz eigene Dynamik in sich birgt und daß es auch in der letzten Lebensphase um Veränderung und Neubeginn geht.

Wir möchten im Folgenden auf den wohl bekanntesten Versuch, Sterben als Phasenmodell darzustellen, eingehen. Es handelt sich dabei um die wissenschaftliche Arbeit von Dr. KÜBLER-ROSS.

KÜBLER-ROSS ist es gelungen, Menschen mit einem Thema vertraut zu machen, das meist nur auf Abwehr und Ablehnung stößt. Ihre Fähigkeit, sowohl persönliche Erfahrungen Sterbender und deren Angehörigen auf berührende Weise wiederzugeben und gleichzeitig wissenschaftliche Erkenntnisse und »Typisches« herauszuarbeiten und in verständlicher Form zu präsentieren, macht die besondere Stärke dieser großen Frau, Wissenschaftlerin und Ärztin aus. Ihr Anliegen läßt sich am besten mit ihren eigenen Worten beschreiben:

»Mögen durch meine Arbeiten diejenigen Trost und Mut schöpfen, die immer noch Angst haben vor einem Geschehen, das im Grunde so natürlich ist wie die Geburt. Geburt und Tod bedeuten Veränderungen, Neuorientierungen, oft Schmerz und Pein, aber auch Freude, engere Bindung und einen neuen Anfang . . .« (KÜBLER-ROSS)

2 Sterbephasen nach KÜBLER-ROSS

KÜBLER-ROSS hat den letzten Lebensabschnitt von schwerkranken und sterbenden Menschen in verschiedene Abschnitte, sogenannte Sterbephasen, gegliedert, die im folgenden angeführt und erläutert werden.

Phasen des schwerkranken und sterbenden Menschen:
1. Phase: Nicht-Wahrhaben-Wollen
2. Phase: Auflehnung
3. Phase: Verhandeln
4. Phase: Depression
5. Phase: Annahme

***Abbildung 1:* Verlauf des Sterbeprozesses**

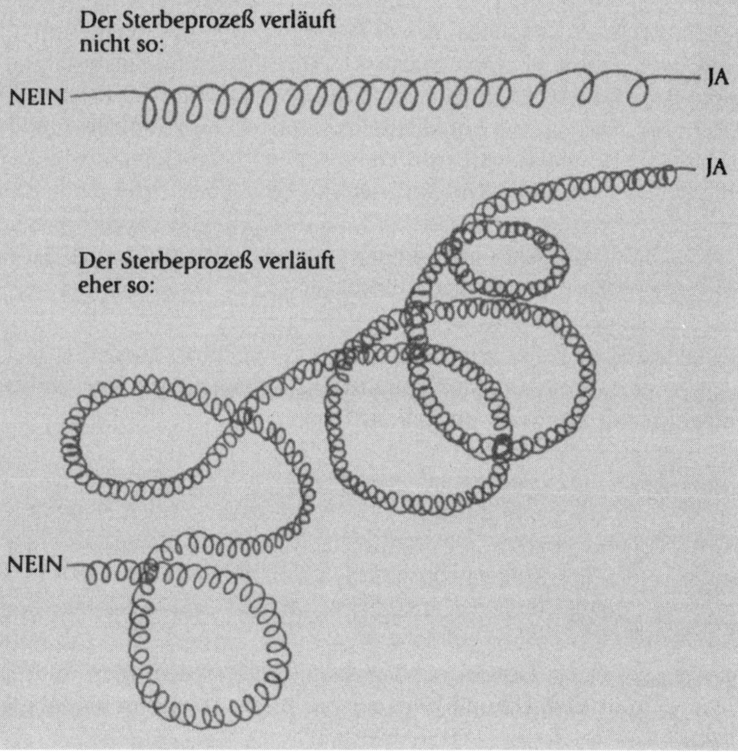

Bevor wir auf die einzelnen Phasen genauer eingehen wollen, ist es uns wichtig, darauf hinzuweisen, daß es sich beim Sterbeprozeß um kein lineares Geschehen handelt. Das heißt: die einzelnen Phasen machen sich oft auf »verschlungenen« Wegen bemerkbar, sind sprunghaft, manchmal scheinen Menschen gleichsam in einer Phase steckenzubleiben, andere durcheilen den gesamten Prozeß mehrmals in unterschiedlichen Zeitabständen. Die Stadien des Sterbens stehen nicht unverbunden nebeneinander, vielmehr fließen sie ineinander, sind mit- und ineinander verwoben. Sterbephasen sind Stadien des Wandels unseres Geistes, unserer Einstellung, unserer Gefühle.

Weiter ist anzumerken, daß sich das Phasenmodell besonders auf jene Situationen bezieht, in denen sich Sterben über einen gewissen Zeitraum erstreckt und der Sterbende selbst diesen, seinen letzten Entwicklungsprozeß bewußtseinsmäßig aufnehmen und gestalten kann.

Dies bedeutet zum einen die Konfrontation mit einer schweren, todbringenden Krankheit oder Verletzung (d. h. Diagnosestellung, Aufklärung, mitteilende Gespräche seitens der Ärzte); zum anderen die objektiv gegebene Möglichkeit einer bewußten Auseinandersetzung und Gestaltung. Inwieweit Menschen, die einen ganz plötzlichen Tod erleben, quasi im Zeitraffer durch diese Stadien eilen, entzieht sich unserer Kenntnis. Auch gibt es Erkrankungen, besonders im Bereich der Gerontopsychiatrie, die ein bewußtes Umgehen mit dem eigenen Leben und der eigenen sterblichen Existenz nicht oder nur sehr eingeschränkt möglich machen. Aber auch da können wir nicht ausschließen, daß die emotionalen Aspekte des Sterbeprozesses zum Tragen kommen.

Anregungen für eine persönliche Auseinandersetzung
Schwerpunkt: Sterben – ein Lebensthema

Impulsfrage 1:

Versuchen Sie sich gedanklich auf das Thema Sterben und Tod einzustellen . . .
Lassen Sie Gedanken und Bilder aus Ihrem Inneren auftauchen. . .
Wie würden Sie folgenden Satz zu Ende führen?
»Der Tod ist für mich . . .«

Impulsfrage 2:

In welcher der folgenden Aussagen finden Sie Ihre momentane Einstellung zu Leben und Sterben am ehesten wiedergegeben:

»Leben, bis wir Abschied nehmen.«
»Des Lebens Ruf an uns wird niemals enden.«
»Unser Leben – ein ständiges Abschiednehmen.«
»Sterben ereignet sich im Leben.«
»Wenn einer lebt, stirbt ständig etwas in ihm. Wenn einer stirbt, lebt er immer noch!«
»Wie schwer ist es zu sterben, wenn man nicht gelebt hat.«
»Es kommt nicht darauf an, dem Leben mehr Jahre zu geben, sondern den Jahren mehr Leben.«

---

3 *Beschreibung der Sterbephasen*

3.1 Erste Phase: »Nicht-Wahrhaben-Wollen«

»Er wird vielleicht eine Zeitlang die furchtbare Mitteilung beiseite schieben und in seiner Tätigkeit fortfahren, als wenn er so gesund und kräftig wie vorher wäre. Er wird selbst vielleicht auch voller Verzweiflung einen Arzt nach dem anderen aufsuchen in der Hoffnung, daß die erste Diagnose falsch gewesen sei. Er möchte vielleicht seiner Familie die Wahrheit vorenthalten – oder seine Familie möchte ihn davor bewahren.« (KÜBLER-ROSS)

Wenn Menschen sich über eine möglicherweise tödlich endende Krankheit bewußt werden, wenn sie mit einer sogenannten »Todesdiagnose« konfrontiert werden, löst dies bei den meisten einen großen *Schock* aus. Ihr Inneres bäumt sich gleichsam auf und möchte diese bedrohende Realität nicht wahrhaben: »Nein, nicht ich!«

Wie Menschen auf einen Schock reagieren, ist verschieden. Die einen verlieren den Halt, für sie bricht eine Welt zusammen und sie stehen dem ganzen Geschehen wie gelähmt gegenüber. Andere wollen oder können die ganze Tragweite der Ereignisse rund um ihr Leben nicht wahrnehmen, sie *verdrängen*, stecken den Kopf in den Sand und versuchen oft, ihr altes Leben unverändert weiterzuleben. Gekennzeichnet ist diese Phase von einem erschwerten Zugang zu dem, was ihnen die Außenwelt mitteilen möchte. Alles, was in dieser Situation zum Beispiel von Ärzten mitgeteilt wird, kann nicht oder nur sehr schwer auf die eigene Person bezogen werden. Daß all dies Schreckliche Menschen geschehen kann, ist allen bewußt, doch wenn ein Mensch persönlich mit diesen Wahrheiten konfrontiert wird, wenn es um die eigene Existenz geht, steht er fassungslos vor dem sich zu Ende neigenden Leben und kann es nicht begreifen. Viele Menschen versuchen, in so einer Situation ihr Leben ganz normal weiterzuleben, andere laufen von Klinik zu Klinik, um die Bestätigung zu erhalten, daß es sich um einen Irrtum handle.

Aufkommende Angst und anscheinende Gelassenheit versetzen den Betroffenen in eine seelisch sehr instabile Lage. Diese Gefühlsschwankungen können innerhalb von Minuten oder Stunden auftreten, können aber auch im Laufe von Tagen oder Wochen einander abwechseln.

Wie sich Menschen in dieser ersten Phase fühlen, was sie empfinden und welche Äußerungen sie von sich geben, soll an einigen Beispielen exemplarisch gezeigt werden:

- Ich will es nicht wahrhaben
- Ich glaube es nicht
- Ich will davonlaufen
- Ich bin wie gelähmt
- Mir nimmt es den Atem
- Ich bekomme Weinkrämpfe
- Meine Gedanken kreisen nur um »die Diagnose«
- Ich bin wie in Trance
- Ich bin starr vor Schreck
- Ich kann es nicht glauben
- Ich bin völlig stumm
- Ich fühle mich hilflos
- Ich bin sprachlos
- Ich bin erstarrt
- Eine große Ohnmacht überkommt mich

Verdrängen als typischer Abwehrmechanismus stellt in dieser Phase ein Gegengewicht zur Lebensbedrohung dar, die auf den Patienten in Form einer sogenannten Diagnosevermittlung einstürzt. Die Angst, alles könnte außer Kontrolle geraten, kann, wie schon erwähnt, dazu führen, daß am bisherigen Leben mit peinlicher Genauigkeit festgehalten wird. Routine im Berufsalltag, aber auch im privaten Bereich, wird oft als einziger Halt in einer Welt angesehen, deren Grundfesten ins Schwanken geraten sind. Erst langsam löst sich der Schock, allmählich kann begriffen werden, was die aufklärenden Worte der Mediziner bedeuten; dringen Äußerungen in ihrer differenzierten Wortbedeutung an das Ohr des Betroffenen. Meist geschieht dies dann, wenn die eigenen Abwehrkräfte schwach sind, das heißt in der Nacht, wenn es still ist und die inneren »Geräusche« nach außen dringen können, ohne von »äußerem« Lärm überdeckt zu werden. Erste Schritte der Auseinandersetzung werden möglich, Ängste können benannt und geäußert werden, Bedürfnisse erkannt, Hoffnungen beschrieben werden. Typischerweise kann sich gerade zu Beginn der Auflösung der inneren Starre, des Verdrängens, Verleugnens, der Flucht in die Alltagsroutine, die Nacht sehr vom Tag unterscheiden. Während es in der Stille, Einsamkeit, in der Dunkelheit einer vertrauten Umgebung oft möglich ist, Wege aus der Erstarrung zu suchen, kehren viele Betroffene am Tag in ihr Muster des Verdrängens und Verleugnens zurück. Es braucht viel Zeit und die Gnade verständisvoller Helfer, bis das Verdrängen aufgegeben werden kann und ein weiterer Schritt im Sterbeprozeß eingeleitet wird.

»Unter den vielen Patienten, deren Sterben wir verfolgt haben, gab es nur ganz wenige, die bis zu ihrem Ende das Leugnen nötig hatten. Es ist sehr wichtig, dieses Leugnen nicht zu entlarven, sondern die Bedürfnisse des Patienten und seine innere Abwehr zu respektieren. Aber sogar diejenigen, die bis zuletzt an ihrem Nichtwahrhabenwollen festhielten, waren imstande, ihr Wissen um ihren bevorstehenden Tod in einer verbalen oder nichtverbalen Symbolsprache zu vermitteln.« (KÜBLER-ROSS)

Was bedeutet das bisher Besprochene für Menschen, die Sterbende begleiten? Grundsätzlich gilt es, die Äußerungen des Betroffenen zu *respektieren*, auch wenn man selbst die Dinge anders sieht oder einschätzt.

»Da ich erkläre, daß ich einer solchen Operation auf keinen Fall zustimmen würde, sagt er (der Arzt), er habe großen Respekt vor einer solchen Entscheidung, aber ich solle mich doch vorher möglichst vollständig informieren, auch bei anderen Ärzten.« (NOLL, P.)

Respekt vor der Meinung des anderen, vor den momentanen Möglichkeiten des anderen heißt nicht, daß ich alles intern für gut erachte, geschweige denn, mich selbst so äußern oder entscheiden würde. Es ist wichtig, den Betroffenen seine Meinung äußern zu lassen, wenn er erstmals in der Lage ist, in der Situation emotionaler Erstarrtheit zu reagieren.

Die Begleiter sollten die Reaktionen des Betroffenen aushalten und Gesprächsbereitschaft signalisieren, für den Fall, daß das Stimmungspendel in den nächsten Tagen, Stunden oder Wochen andersherum ausschlägt.

Die eigene Betroffenheit zu äußern erscheint im Sinne eines authentischen Verhaltens dann als sinnvoll, wenn Begleiter gleichzeitig signalisieren können, daß sie die Reaktionen des Betroffenen auszuhalten bereit sind.

»Das Wort, das am häufigsten fiel, wenn ich meinen engsten Freunden den Befund mitteilte, war ›Scheiß‹. Kein Zufall, denn es ist treffend, bezeichnet genau und ohne Pathos das plötzlich aufgeschreckte Mitgefühl.« (NOLL, P.)

Vielleicht gelingt es dem Begleiter, ein tiefes inneres *Verständnis* für den Patienten und sein Verhalten aufzubringen, wenn er sich in seiner Umgebung, aber auch in seinem eigenen Leben umschaut: Abwehr allen unangenehmen Dingen gegenüber ist ein weitverbreitetes Phänomen. Vieles, was den Menschen nicht recht ist, was sie nicht selbst aktiv herbeigewünscht haben, womit sie sich nicht auseinandersetzen wollen, möchten sie auf »später« verschieben. Im Fall des drohenden Lebensverlustes gibt es aber kein Später. Später ist der Tod. So ist es eigentlich nicht überraschend, daß Menschen ihren nahe bevorstehenden Tod, ihren drohenden Lebensverlust zunächst einmal von sich fernhalten, ihn leugnen und verdrängen wollen.

Worauf ist nun bei der Begleitung von Menschen in der *ersten Phase* des Sterbeprozesses besonders zu achten?

- Zuhören statt selbst reden
- Aussprechen lassen statt ausfragen
- Da-Sein
- Widersprüchliches hinnehmen statt Aufbegehren
- Nichts ausreden, nichts einreden, alles anhören statt eigene Meinungen äußern
- Stimmungsschwankungen aushalten statt Festschreiben einer Emotionslage
- Reagieren statt agieren
- Gesprächsbereitschaft signalisieren

Uns ist bewußt, daß die Möglichkeiten einer guten Begleitung in dieser – wie auch den folgenden Phasen – ganz wesentlich davon abhängen wird, in welchem Naheverhältnis der Begleiter zum Betroffenen steht. Kranke entwickeln sehr rasch ein feines Gespür dafür, wie belastbar die Menschen ihrer Umgebung sind. Sie entscheiden oft recht intuitiv, welche Form sie für die Darstellung ihrer Krankheit und des Umgangs mit ihr wählen, um sowohl für sich selbst als auch für ihre Umwelt lebbare Reaktion zu erhalten.

So berichtet zum Beispiel Frau KÜBLER-ROSS, daß neun von zehn Patienten, die an ihre Klinik verwiesen werden und sich angeblich in der Phase des Leugnens befinden, gar nicht in dieser Phase sind. Sie haben jedoch schnell herausgefunden, daß ihre Umwelt, die Begleiter nicht über die anstehenden Dinge reden können. So verharren beide – Patient und Begleiter – in der Starre der Verleugnung.

Wir können aus dem bisher Gesagten ableiten, daß es für jede Begleitung und ganz besonders für eine professionelle Begleitung unumgänglich ist, daß die Menschen sich der Frage stellen, ob das Verdrängen, Verleugnen und die damit verbundenen Verhaltensweisen eher dem eigenen Bedürfnis entspringen oder aber tatsächlich dem Bedürfnis des Patienten. Daß die Konfrontation mit Menschen, die sich auf der letzten Wegstrecke ihres Lebens befinden, für viele Begleiter – auch wenn sie noch so gerne helfen möchten – eine große seelische Herausforderung darstellt, ist eine Tatsache. Die Frage, wie jeder einzelne damit umgehen lernen und wo er sich selbst Hilfen holen kann, soll an anderer Stelle noch ausführlich besprochen werden.

Tabelle 1: Zusammenfassende Darstellung der 1.Sterbephase

I NICHT-WAHRHABEN-WOLLEN

Typische Merkmale	*Beispiele typischer Äußerungen*	*Wesentliches für die Begleitung*
Schock Verdrängen Leugnen Stimmungslabilität	Nein, nicht ich! Ich bin wie gelähmt Ich kann es nicht glauben Mir nimmt es den Atem	Abwarten Zuhören Nicht widersprechen Gesprächsbereitschaft signalisieren

Anregungen für eine persönliche Auseinandersetzung

Impulsfrage 1:

Wie reagiere ich auf Situationen in meinem Leben, die ich nicht persönlich herbeigeführt habe, denen ich mich aber auch nicht entziehen kann?

Impulsfrage 2:

Was würde ich mir von meinen Mitmenschen wünschen, wenn ich mit der Diagnose einer für mich tödlich verlaufenden Krankheit konfrontiert werde?

Impulsfrage 3:

Was könnte mir helfen, um mich in der Sterbebegleitung der Phase der Verleugnung, des Verdrängens und der emotionalen Instabilität öffnen zu können?

3.2 Zweite Phase: »Auflehnung«

»Früher oder später muss er jedoch der furchtbaren Wirklichkeit ins Auge sehen, und oft reagiert er mit einem ›Warum denn gerade ich?‹ darauf.« (KÜBLER-ROSS)

Diese zweite Phase des Sterbeprozesses wird auch als *Phase der aufbrechenden Emotionen* bezeichnet. Ist es nach kurzer oder aber auch längerer Zeit gelungen, die Starre des Verdrängens zu lösen und der Wirklichkeit ins Gesicht zu schauen, steigen gewaltige Gefühle auf. »*Warum ich*?« In wütender Verzweiflung ringt der Betroffene mit der ganzen Bandbreite negativer Gefühle. Seine ohnmächtige Wut, sein Zorn, sein Hadern mit dem Schicksal, Gott und der Welt drücken sich – je nach Persönlichkeit – beim einen in äußerst aggressivem Verhalten, beim anderen in ständigem Nörgeln und Kritisieren aus. Verbale Attacken tyrannisieren das Krankenhauspersonal, Ärzte werden in ihrer Kompetenz permanent in Frage gestellt, Krankenschwestern werden zum Spielball scheinbar unverständlicher Launen, Angehörige fühlen sich ob der harschen Verhaltensweise oft vor den Kopf gestoßen. Was geht in so einem Menschen vor, der eben noch sein Kranksein, sein Sterben-Müssen weit weggeschoben hat oder aber dankbar die verständnisvollen, tröstenden Worte und Umarmungen annehmen konnte?

Wie bei einem Wintersee, dessen Eisdecke durch einen Föhn zum Schmelzen kommt, das Wasser, nun befreit von der Starrheit des Eises, das Ufer wieder in Besitz nehmen und nach eigenen Gesetzen dorthin strömen und fließen kann, wo Wind und Strömung es möglich machen, so können bei einem Patienten in dieser zweiten Sterbephase die von der Starre des Verleugnens befreiten Emotionen zutage kommen. Dieser Prozeß ist für den Patienten als Segen und nicht als Fluch zu betrachten – auch wenn es in der Begleitung des Kranken Schwierigkeiten bereitet.

Folgende Äußerungen und Beschreibungen typischer Verhaltensweisen können dem Leser deutlich machen, wie man sich so ein »Aufbrechen der Emotionen« vorstellen kann:

- Meine Wut ist grenzenlos!
- Ich möchte am liebsten alles zusammenschlagen – Gott, die Welt, mich selbst!
- Wohin nur mit meiner grenzenlosen Wut!?
- Ich werde es ihnen schon zeigen, allen!
- Mit mir nicht!
- Ihr könnt euch ein anderes Versuchskaninchen aussuchen!
- Wie ich diese kraftstrotzenden, energiegeladenen Menschen hasse!
- Wenigstens muß ich mich nicht mehr verstellen!
- Warum sterbe gerade ich und nicht der Schweinehund von nebenan?
- Warum habe gerade ich so ein Pech?
- Ich traue keinem mehr!
- Ich werde schon allein mit diesem Schicksalsschlag fertig, die andern können mir gestohlen bleiben!
- Ich will mich an keine Vorschrift halten, ich werde alles tun, was mir Freude macht – jetzt erst recht!
- Alles macht mich verrückt!
- Zum Teufel mit der Welt, zum Teufel mit den anderen!
- Warum straft Gott gerade mich und nicht sie/ihn!?
- Warum ist Gott so ungerecht?
- Ich will niemanden sehen, alle gehen mir auf die Nerven und verstehen doch absolut *nichts!*

Diese Beispiele sind nur ein kleiner Ausschnitt von möglichen Äußerungen und Reaktionsweisen jener Patienten, die in der zweiten Phase ihres Sterbens und Abschiednehmens sind. Es liegt auf der Hand, daß gerade in der Phase der Emotionsgeladenheit die *Persönlichkeit* der Patienten für konkrete Formen des Ausagierens der Gefühle ausschlaggebend sein wird.

Ein von seinem Wesen her ruhiger und stiller Mensch wird sich vielleicht eher in inneren Monologen diesem Gefühlsansturm stellen, während er seiner Umwelt gegenüber Ungeduld, Desinteresse oder Verschlossenheit signalisiert. Abgekapselt von den Menschen seiner Umgebung, seines Familien- und Freundeskreises kämpfen diese Menschen einen erbitterten Kampf, in welchem sehr oft eine anklagende Sinnfrage an das Leben im allgemeinen und an Gott im besonderen gestellt wird. Hin und wieder gelingt es einem Patienten, diese inneren Kämpfe zu Papier zu bringen, was für ihn selbst zu einer großen Befreiung werden kann und uns einen Einblick in diese schwierige Phase ermöglicht.

Bei Menschen, die schon zu gesunden Zeiten eher zu den »Rebellen« unserer Gesellschaft gezählt haben, kann die Zeit der aufbre chenden Emotionen ganz anders ausschauen. Ausagieren aggressiver Impulse – zum Beispiel Beschimpfen des Pflegepersonals – kann wie ein reinigendes Gewitter über die Seele des Patienten ziehen.

Oft werden Menschen, die gerade »zufällig« in die Nähe dieser Patienten kommen, zum Sündenbock. Sie müssen dann für all das herhalten, was der Patient eigentlich anderen Menschen oder aber Gott ins Gesicht schreien möchte. Es scheint uns besonders wichtig, auf diese Stellvertreter-Rolle helfender Berufe hinzuweisen. Nicht die Schwester, die Putzfrau, der Arzt oder der Priester persönlich ist gemeint, sondern der gesunde, vitale, energiegeladene Teil dieser Menschen, der dem Patienten so deutlich vor Augen führt, daß die Zeit der Vitalität seines Lebens zu Ende geht.

Wir haben also zum einen die Persönlichkeit des Patienten zu berücksichtigen, wenn es um das Ausformen emotionaler Ereignisse in dieser Phase geht. Zum anderen werden die Reaktionen natürlich auch vom *sozialen Setting* abhängen, in dem der Patient bisher gelebt hat. Wie die Beziehungen in seiner Familie, seinem Freundes- und Bekanntenkreis und am Arbeitsplatz sind und waren, welche Umgangsformen sich im Laufe seines Lebens bewährt haben und zur Gewohnheit wurden, all dies spielt eine entscheidende Rolle, ob und in welcher Form Beziehungen von »früher« auch in dieser Lebensphase noch gelebt werden können.

Aus Beobachtungen zahlreicher Begleiter, aus Gesprächen mit Angehörigen und Berichten Betroffener selbst, läßt sich festhalten, daß die Bandbreite möglicher emotionaler Äußerungen sehr breit ist. Sie reicht von ängstlichem Anklammern, hilfesuchendem Mitteilungsbedürfnis über wütende Ablehnung bis hin zu verärgertem Kopfschütteln, wie die folgenden Zitate eindrucksvoll belegen:

»Ich muß aufpassen, daß ich nicht überinterpretiere und dem Ganzen einen zu tiefen Sinn gebe. Zum Beispiel ärgert es mich jetzt schon, wenn Bekannte, die ich informiert habe, so tun, als wäre gar nichts los und beispielsweise Pläne entwerfen, für deren Verwirklichung es völlig gleichgültig ist, ob ich dabei bin oder nicht.« (NOLL, P.)

»Wie können meine Verwandten mir noch Karten schreiben mit Wünschen für mich – es gibt nichts zu wünschen. Wie ich sie alle hasse, diese Menschen, die ihren Urlaub verbringen, durch die Welt reisen und die Freiheit haben ›Nein‹ zu sagen!« (*Persönliche Mitteilung eines Patienten*)

»Und dann sprach er von seiner Mutter, die nachts hier auf der Couch schläft. Große Sache! Auch schon ein Opfer! Jeden Morgen, wenn sie weggeht, sagt sie dasselbe: ›Ich muß jetzt nach Hause und mich duschen!‹ . . . Auch Sie taugen nichts, Frau Doktor! Auch Sie werden weggehen und mich im Stich lassen.« (KÜBLER-ROSS)

»Gott, wie konntest du so etwas mit mir machen? Ich bin doch so gut gewesen. Jede Woche gehe ich in die Kirche. Ich spende viel für die Wohlfahrt. Ich bin doch ein guter Mensch. Ich setze mich sogar mit dem Sterben auseinander. Wie konnte ausgerechnet mir das passieren? Wie ungerecht ist das doch.« (LEVINE, S.)

Versuchen wir, wiederum die Perspektive zu wechseln und uns zu fragen, was das eben Beschriebene für eine Bedeutung für die Begleitung dieser Menschen hat.

Worauf ist bei der Begleitung von Menschen in der zweiten Phase des Sterbeprozesses besonders zu achten?

- Verständnis signalisieren – trotzdem!
- Nicht allein lassen – trotzdem!
- Nähe und Zuneigung spüren lassen – trotzdem!
- Gesagtes *ernst* aber *nicht persönlich* nehmen
- Sich für die Emotionen des Patienten nicht verantwortlich fühlen
- Allzu Negatives nicht in sich einlassen – trotzdem dasein!
- Wünsche wahrnehmen
- Gesprächsbasis aufrechterhalten
- Aktives Zuhören
- Unterscheiden zwischen dem, was mich betrifft und dem, wo ich nur stellvertretend gemeint bin
- Zuwendung statt Isolierung – *gerade jetzt*!
- Negative Gefühlsregungen, Zornausbrüche, Flüche nicht werten, nicht verurteilen
- Sich nicht in den Problemen des Patienten verfangen: abgrenzen!

Erfahrungsberichte zeigen, daß Patienten, die im Stadium der Auflehnung sind, von den Betreuern als besonders schwierig bezeichnet werden. Die Folge ist dann leider oft, daß diese Menschen links liegen gelassen werden. Schwestern und Pfleger machen lieber einen Bogen um ihr Bett, gehen lieber an der Tür vorbei, geben die Betreuung lieber an andere ab. Auflehnung gegen das eigene Schicksal und die Einsicht, daß vieles, was für die Zukunft geplant war, nicht mehr Wirklichkeit werden kann, läßt im Patienten Zorn und angstvoll-aggressive Anspannung entstehen. Zorn ist jedoch in seinen

Ausdrucksformen selbst wiederum ein sehr isolierendes Gefühl. Einfühlsame und um die innere Dynamik Bescheid wissende Begleitung kann verhindern, daß dieses Stadium zu einer allzu schmerzhaften Erfahrung des Sterbenden wird.

Tabelle 2: Zusammenfassende Darstellung der 2. Sterbephase

II AUFLEHNUNG

Typische Merkmale	*Beispiele typischer Äußerungen*	*Wesentliches für die Begleitung*
Wut, Zorn, Haß Nörgeln Kritisieren Selbstanklage Schuldzuweisungen	Warum ich? Meine Wut ist grenzenlos Alles geht mir auf die Nerven! Warum ist Gott so ungerecht? Warum habe ausgerechnet ich so ein Pech?	Nichts persönlich nehmen Verständnisvolle Zuwendung Nicht werten Aktives Zuhören Abgrenzen

»Wenn wir lernen, diesem verbitterten Patienten zu helfen, statt ihn zu kritisieren, wenn wir lernen, seine Angst nicht als Kränkung unserer eigenen Person zu verstehen, dann wird er fähig werden, in die dritte Phase einzutreten, die des Verhandelns.« (KÜBLER-ROSS)

Anregungen für eine persönliche Auseinandersetzung

Impulsfrage 1:

Wie reagiere ich auf eine für mich gefährliche Lebenssituation?

Neige ich dazu, mich und mein Verhalten zu verurteilen (Selbstbeschuldigung) oder tendiere ich eher dazu, anderen die Schuld an meiner Situaton zu geben (Sündenbock)?

Impulsfrage 2:

Neige ich dazu, Gefühle der Wut und des Zorns offen zu zeigen und auszuleben oder spielen sich die seelischen Kämpfe eher in meinem Inneren ab? (Überprüfen an konkreten Beispielen!)

Impulsfrage 3:
Welche Gefühle, Gedanken und Reaktionsweisen lösen negative Gefühlregungen, Zornausbrüche und Aggressionen anderer Menschen in mir aus?

3.3 Dritte Phase: »Verhandeln«

»Er handelt vielleicht mit Gott um eine Verlängerung seines Lebens, er verspricht, sich zu bessern und fromm zu werden, wenn ihm nur weitere Leiden erspart bleiben. Er möchte vorher ›sein Haus in Ordnung bringen‹, die noch nicht beendete Arbeit abschließen, bevor er sich endlich eingesteht: ›Es ist soweit.‹ « (KÜBLER-ROSS)

Wenn es gelungen ist, das Stadium der Emotionsgeladenheit, der Wut und des Zorns in einer für den Patienten und seine Umgebung lebbaren Form auszuagieren, wenn es gelungen ist, einen Blick hinter diese Wut und den Zorn zu werfen anstatt sich in der oft selbst provozierten Isoliertheit zu verschanzen, wird ein Übergang in das dritte Stadium des Sterbeprozesses möglich sein. Wichtig für einen glücklichen Wechsel von einem Erfahrungsraum in den nächsten ist, daß Menschen in ihren Klagen und Anklagen, ihrem Wüten und Toben nicht verurteilt oder bewertet wurden. Nur dann wird es möglich sein, von einem »Nein, nicht ich!« über ein »Warum ich?« zu einem »Ja, es trifft mich, aber . . .« zu gelangen. In diesem »aber« ist meist eine Bitte an Gott oder die behandelnden Ärzte eingeschlossen.

Eine Zeit des Verhandelns mit Gott und der Welt beginnt! Patienten erklären sich zu sehr vielem bereit – als Gegenleistung erwarten sie eine Verlängerung ihres Lebens. Dieses Handeln und Feilschen geschieht sowohl auf einer ganz konkreten Ebene mit den Ärzten und Schwestern, aber auch auf einer spirituellen Ebene – mit höheren Mächten, dem Schicksal, mit Gott. Dabei entsprechen die »Angebote« der Patienten nicht der Motivation der Freigebigkeit, vielmehr ist es eher jene Motivation, die darauf abzielt, etwas zu bekommen, als darauf, etwas zu geben. Wie oft im täglichen Leben, so ist es gerade auch in der Ausnahmesituation dieser Lebensphase selten, daß Menschen etwas allein um ihrer selbst willen tun, ohne an eine Gegenleistung, an eine Belohnung zu denken. Patienten geben Versprechen der verschiedensten Art ab, meist im Austausch mit bestimmten Freiräumen (zum Beispiel: Ausgangsregelung), die die Ärzte gewähren sollen oder aber – auf der spirituellen Ebene – im Austausch mit der Verlängerung des Lebens. Die Hoffnung, dieser Handel könne möglich sein, der Glaube, daß die eigenen Bemühungen, das Versprechen einzuhalten, mit Bestimmtheit in der vom Patienten gewünschten Form belohnt würden, macht den Patienten friedlicher. Zweifel und Kampf der vorangegangenen Zeit scheinen vergessen zu sein.

Begleiter haben in dieser Phase oft den Eindruck, als wären die Patienten in der Lage, der Realität ins Gesicht zu schauen, die Wahrheit ihres bevorstehenden Endes anzuerkennen. Auch ihr Verhalten scheint darauf hinzudeuten: aus dem wutschnaubenden, ewig nörgelnden Patienten, den alle am liebsten gemieden hätten, wird plötzlich ein umgänglicher Mensch, der in einer angenehmen Art und Weise seine Bitten und Vorschläge vorbringt, der unerledigte Dinge regelt, letzte Anweisungen trifft, ein Testament schreibt. Manchmal vollzieht sich dieser Waffenstillstand auch im stillen, in inneren Gesprächen mit Gott, und die Begleiter erkennen am Patienten nur eine friedlichere Stimmung. Die Patienten schöpfen Hoffnung, durch ihre Verhandlungsstrategien, durch all das, was sie noch in die Waagschale werfen können, den Wettlauf mit dem Tod zu gewinnen, noch einmal davonkommen zu können.

Wie können solche Äußerungen nun konkret aussehen? Einige Beispiele sollen dies erläutern:

- Wenn du mich noch ein Jahr leben läßt, werde ich ein guter Christ.
- Ich werde regelmäßig in die Kirche gehen und beten, wenn ich nur diesen Sommer noch erleben kann.
- Wenn ich die Hochzeit meines Sohnes mitfeiern kann, spende ich der Gemeinde einen hohen Betrag.
- Wenn ich nur einen Tag Ausgang für die Taufe meiner Enkelin bekomme, beuge ich mich allen medizinischen Maßnahmen.
- Ich werde ab sofort strenge Diät halten, wenn ich dafür jedes Wochenende nach Hause darf.
- Ich werde Gott mein Leben weihen, wenn ich solange am Leben bleiben kann, bis meine Kinder die Schule absolviert haben.
- Ich nehme alle Behandlungen, alle Schmerzen, alles Leid auf mich, wenn Gott mich solange leben läßt, bis meine Kinder gut versorgt sind.
- Ich vermache mein gesamtes Vermögen der Kirche, wenn ich noch zwei Jahre leben kann.
- Ich lasse jeden Sonntag eine Messe lesen.
- Ich werde mich keinem Therapievorschlag widersetzen, wenn ich noch einmal mit meiner Frau ans Meer fahren kann.

Die Verhandlungsphase ist eine für den Patienten meist hoffnungsvoll erlebte Zeitspanne. Er wendet alle ihm zur Verfügung stehende Kraft an, um noch einmal das scheinbar Endgültige seines Schicksals abzuwenden. Die Bitte an Gott um Aufschub des Todes wird durch verschiedene Maßnahmen unterstützt. Zum einen werden Versprechen abgegeben, die in der Regel nicht eingehalten werden (das heißt der »Handel« wird aus der Sicht des Patienten nie zufriedenstellend sein, immer wird versucht werden, den Handel fortzusetzen, auszudehnen . . .), zum anderen mobilisiert der Patient sehr viele Kräfte und ist bereit, alle nur erdenklichen therapeutischen Maßnahmen auszuschöpfen. Dahinter steckt auch die Vorstellung, man müsse etwas nur intensiv genug wollen, dann könne man Berge versetzen – oder eben im konkreten Fall, die Gesundheit wiedererlangen oder zumindest den Tod etwas hinausschieben.

Auch ein von Kindheit an bekanntes Denkmuster kommt in dieser Situation oft zum Tragen: Leistung wird belohnt. Das kann dazu führen, daß selbst recht kritische Patienten »brav« alle Medikamente nehmen, alle Behandlungsvorschläge akzeptieren – ja vielmehr noch: bereit sind, zusätzliche therapeutische Maßnahmen oft bis zur Erschöpfung finanzieller Möglichkeiten auf sich zu nehmen.

In diesem Stadium sind Patienten gefährdet, allerlei Scharlatanerien aufzusitzen und es ist auch Teil einer guten Begleitung, den Patienten vor Menschen zu warnen, die mit der Angst vor dem nahenden Tod anderer ihr Geschäft machen. Das bedeutet allerdings nicht, daß alle Maßnahmen, die nicht den schulmedizinischen Vorstellungen entsprechen, bereits als Scharlatanerie abgetan werden dürfen. Vielmehr bedarf es eines großen Fingerspitzengefühls der Begleiter, abzuschätzen, ob der vom Patienten eingeschlagene Weg ihm persönlich guttut und in der Lage ist, die laufende Therapie zu unterstützen. Viele der wahrgenommenen Möglichkeiten können durchaus dazu beitragen, daß die Patienten sich besser in der Lage fühlen, sich mit dem eigenen Leben auseinanderzusetzen. Selbsthilfegruppen, Selbsterfahrungskurse, psychotherapeutische Begleitung können wichtige Stützpfeiler in der Therapie schwerkranker und sterbender Menschen sein.

Was können Begleiter in dieser Situation tun, was kann gerade in diesem Stadium wichtig sein?

- Sensibel sein für den Umbruch in der Stimmungslage des Patienten
- Positive Stimmungen unterstützen – ohne unrealistische Hoffnungen zu wecken

- Negative Stimmungen heben – ohne etwas vorzutäuschen
- Berichten des Patienten über sein »Verhandeln« ohne Bewertung zuhören
- Alternative Wege in der Behandlung unterstützen, dort wo sie hilfreich sind
- Neutraler Zuhörer sein
- Hoffnungen nicht zerstören, jedoch den Patienten vor Illusionen bewahren
- Alle Äußerungen ernst nehmen, nichts belächeln
- Mit der »objektiven Wahrheit« den Patienten nicht überfordern

Ergänzend sei hier noch angeführt, daß nicht bei allen Patienten diese Phase nach außen gut sichtbar abläuft. Einige Menschen führen ihre Verhandlungen sehr im stillen, verhalten sich ganz ruhig, möchten auf keinen Fall auffallen, glauben vielleicht, daß sie so eher dem Tod entgehen können, von ihm gleichsam »übersehen« werden. Verständnisvolle Begleitung, die auch Körperkontakt ermöglicht, wird gerade für diese »stillen Verhandler« dann von großer Bedeutung, wenn sie merken müssen, daß ihre Verhandlungsstrategien doch nicht den gewünschten Erfolg bringen und sie sich nach und nach von ihren Hoffnungen verabschieden müssen.

Für die Begleiter kann es in diesem Stadium oft problematisch werden, wenn sie sich in die Händel ihrer Patienten hineinziehen lassen. Zum einen sollte immer klar sein, daß es sich um eine Strategie des Patienten handelt, alles nur Erdenkliche auszuschöpfen, um der Realität seines nahenden Endes aus dem Weg gehen zu können. Zum anderen erfordert es viel Feingefühl, dem Patienten Mut und Hoffnung zu geben, ohne die überzogenen Hoffnungen und Erwartungen, die unrealistischen Pläne zu unterstützen. Ferner ist es auch schwierig mitanzusehen, wie Patienten immer neue Händel mit dem Personal eingehen wollen – da ist Abgrenzung und Distanz besonders wichtig. Ein Patient in dieser Lage wird sich nicht mit einem erreichten Ziel (zum Beispiel: Urlaubsverlängerung, Ausgangsmöglichkeit, andere Besuchsregelungen, Diätbewilligung u. ä.) zufriedengeben, er wird immer weitere Schritte einleiten, solange, bis das Feilschen aufhört. Erst dann können seine Handlungen einem Gefühl für ihren Sinn entspringen und nicht so sehr einer überzogenen Hoffnung auf gewünschte, unrealistische Resultate oder der nackten Angst vor der eigenen Endlichkeit.

Tabelle 3: Zusammenfassende Darstellung der 3. Sterbephase

III VERHANDELN

Typische Merkmale	*Beispiele typischer Äußerungen*	*Wesentliches für die Begleitung*
Hoffnungsvoll Kooperativ Aktiv Umgänglich	Ja, es trifft mich, aber . . . Wenn Gott mich nur ein Jahr leben läßt . . . Ich nehme alle Behandlungen auf mich, wenn . . . Nur die Hochzeit meines Sohnes möchte ich noch erleben . . .	Hoffnung lassen, jedoch keine unrealistischen Hoffnungen wecken Strategien und Inhalte des Verhandelns nicht bewerten »Wortbrüchigkeit« nicht persönlich nehmen

Anregungen für eine persönliche Auseinandersetzung

Impulsfrage 1:
Welche Verhandlungsstrategien sind mir aus meinem eigenen Leben bekannt? Welche konkreten Maßnahmen, Verzichte, Einschränkungen etc. bin ich bereit in die Waagschale zu werfen, um mein Ziel zu erreichen?
(Überprüfung an konkreten Beispielen)

Impulsfrage 2:
Stell dir vor, ein Patient hat dir die Erlaubnis für einen Spaziergang mit seinen Kindern abgerungen. Es war nicht leicht, dies zu ermöglichen, du hast dich sehr dafür eingesetzt. Der Patient gibt sich jedoch mit einem Spaziergang nicht zufrieden, wie er es eigentlich versprochen hatte.
Wie reagierst du? Welche Möglichkeiten gibt es, mit der Wortbrüchigkeit positiv umzugehen?

Impulsfrage 3:
Ein Mensch hält nicht, was er dir versprochen hat. Welche Gedanken und Gefühle löst das in dir aus? Wie reagierst du? Welche Konsequenzen hat das für die Beziehung zu diesem Menschen?

3.4 Vierte Phase: »Depression«

»In der Phase der Depression trauert er um längst vergangene Verluste, dann beginnt er, sein Interesse an der Außenwelt zu verlieren. Seine Teilnahme an Menschen und Ereignissen nimmt ab, er möchte immer weniger Menschen um sich haben, schweigend durchlebt er den vorbereitenden Schmerz.« (KÜBLER-ROSS)

Irgendwann einmal kommt der Patient auf dem Weg des Handelns, des Feilschens, der Ausgestaltung seines »Ja ich, *aber*« an den Punkt, wo er erkennt, daß alle seine Bemühungen nicht zu dem gewünschten Ergebnis geführt haben. Meist setzt dann eine große Traurigkeit ein. Die Konfrontation mit der Wahrheit, mit der Realität, aus der ein Ausbrechen, ein Freikaufen oder Herausschwindeln nicht mehr möglich ist, bringt Menschen in das Stadium der Depression, in dem sie sich eingestehen: »Ja, ich.«

Dabei machen sie zwei Arten von Traurigkeit, von Depression durch. Zum einen handelt es sich um eine tiefe Niedergeschlagenheit, gleichsam um eine Reaktion (reaktive Depression) auf alle vergangenen Verluste, auf ungelebte Möglichkeiten, Versäumnisse, Unterlassungen. Zum anderen geht es um eine Depression, die man auch als »vorausschauende« Traurigkeit bezeichnen könnte. Hier geht es um alle zukünftigen Verluste, die gar nicht mehr real erlebt werden können, um Zukunftspotentiale, die für immer verschlossen bleiben. Die Hinterbliebenen müssen »nur« von einem Menschen Abschied nehmen, der Sterbende muß alles zurücklassen, seine Familie, seine Freunde, seine Welt der belebten und unbelebten Dinge. In dieser auf die Zukunft orientierten Depression erlebt der Patient so etwas wie einen Vorbereitungsschmerz auf all die anstehenden Trennungen und Abschiede.

Wodurch läßt sich das Verhalten des Patienten charakterisieren, wie lauten seine Äußerungen in dieser Zeit der Traurigkeit und Depression?
- Ich habe begriffen, daß es aus ist.
- Ich fühle mich sehr verletzlich und machtlos.
- Ich muß mich ernsthaft mit dem Tod auseinandersetzen.
- Ich schaue auf mein Leben zurück.
- Ich ziehe Bilanz.
- Ein riesiger Tränensee ist in mir.
- Es wird mir bewußt, was alles nicht mehr sein kann.
- Meine Gedanken kreisen um alles, was ich in meinem Leben unterlassen habe.
- Dem Tod ins Gesicht zu schauen, macht mich so schrecklich hilflos.
- Wieviel Unerledigtes muß ich zurücklassen!

- Ich habe Angst vor dem, was auf mich zukommt.
- Ich möchte mit meinem Gewissen ins reine kommen.
- Ich möchte meine Glaubensfragen klären.
- Ich habe keine Zukunft mehr.
- Was wird von mir bleiben?

Die Auseinandersetzung mit den Gefühlen des Traurigseins können dazu führen, daß die Patienten sich in ihre eigene Gedankenwelt zurückziehen, im stillen ihre Lebensbilanz ziehen und von außen betrachtet schweigsam und eher unzugänglich erscheinen. Auch eine gewisse depressive Erstarrung kann beobachtet werden, in der es zu einem emotionalen Rückzug des Patienten in eine Teilnahmslosigkeit seiner Umwelt gegenüber kommt. Gelingt es dem Patienten jedoch, die depressive Phase als Möglichkeit einer intensiven Auseinandersetzung mit der Wandlung seines Lebens zu betrachten, kann die Depression »beinahe eine alchimistische Qualität aufweisen, wenn wir den Unrat, die Ängste, die Rückzugsmanöver und Ärgernisse unseres Lebens zu untersuchen beginnen und sie zu einem neuen Reichtum, zu einer tieferen Einsicht umformen. Aus dieser Einsicht erwächst eine neu entdeckte Furchtlosigkeit, eine neue Schönheit.« (LEVINE, S.)

Wie Menschen in diesem Stadium gut begleitet werden können und worauf bei dieser Begleitung besonders zu achten ist, sei im Folgenden kurz zusammengefaßt.

- Das Traurigsein, die Depression nicht ausreden!
- Keine oberflächlichen Versuche, abzulenken oder zu vertrösten
- Verständnis aufbringen, daß es traurig ist, alles hinter sich zulassen
- Zeit für Gespräche und Zeit für stilles Dabeisein anbieten
- Ein offenes Ohr für Sorgen und Ängste haben
- Tränen zulassen
- Signalisieren, daß Trauer sein darf
- Schweigen ertragen und durch mitfühlende Anwesenheit begleiten
- Körperkontakt
- Ruhe und Geduld
- Keine Wertung der Lebensbilanz des Patienten
- Respekt vor der individuellen Form des Abschiednehmens vom Leben
- Hilfestellung bei der Erledigung ungelöster Probleme

Die Begleitung von Menschen, die der Unausweichlichkeit des eigenen Todes ins Auge blicken und sich nicht mehr in irreale Hoffnungen und

Scheingefechte flüchten, bedeutet für den Begleiter selbst eine große Herausforderung. Gefühle haben meist die Eigenschaft, »ansteckend« zu sein – gerade auch Gefühle der Trauer und des Schmerzes. Einfühlsame Begleitung bedeutet aber nicht, sich in den Strudel von Gefühlen des Patienten mit hineinziehen zu lassen. Es bedeutet vielmehr, sich der eigenen Verlust- und Abschiedserlebnisse sowie der damit verbundenen Gefühle bewußt zu sein, sie aber nicht in die Beziehung zum Patienten einfließen zu lassen. Es bedeutet, sich abzugrenzen, aber gleichzeitig aus einem tiefen Verständnis für die Situation des Patienten offen zu sein für die Bedürfnisse nach Unterstützung, Verständnis und Angenommenwerden.

Tabelle 4: Zusammenfassende Darstellung der 4. Sterbephase

IV DEPRESSION

Typische Merkmale	*Typische Äußerungen*	*Wesentliches für die Begleitung*
Trauer, Tränen Rückzug Depressive Erstarrung Angst Sinnfrage, Lebensbilanz	Ja, ich. Ich schaue zurück. Es wird mir bewußt, was alles nicht mehr sein kann. Ich habe Angst vor dem Sterben. Was bleibt von mir?	Tränen und Trauer zulassen Nicht ablenken, nicht vertrösten Körperkontakt Da-Sein Hilfestellung bei Dingen, die noch erledigt werden können (z. B. Aussprachen, Testament, Priester . . .)

Anregungen für eine persönliche Auseinandersetzung

Impulsfrage 1:

Wieviele Abschiede hat es in meinem Leben schon gegeben, und wie habe ich sie gestaltet (»Meine persönliche Abschiedsgeschichte«)?

Impulsfrage 2:

Wenn ich auf mein Leben zurückschaue und die einzelnen Jahre an mir vorbeiziehen lasse: Was hat mein Leben bereichert, woran konnte ich mich freuen, welche positiven Ereignisse haben mich geprägt (Bilanz meiner Freuden)?

Impulsfrage 3:
Ich stelle mir vor, mein Leben neigt sich seinem Ende zu. Ich ziehe Bilanz und überlege mir, welches Bild von mir, welche Eigenschaften, Handlungen und Erlebnisse der Nachwelt erhalten bleiben sollen (Verfassen eines »geistigen« Testaments)

Impulsfrage 4:
Versuche für die folgenden Sätze viele Ergänzungen zu finden!
»Weinen ist für mich wie . . .«
»Tränen bedeuten für mich . . .«

Auch die Phase der Depression kann gemeistert werden. Der Weg durch Traurigkeit und Verzweiflung kann den Patienten zu wichtigen Einsichten über sein Leben führen (Lebensbilanz), kann Ungeklärtes einer inneren Klärung zuführen (Auseinandersetzung mit Schuld und Konflikt) und unerledigte, ungeregelte Dinge zu einer Lösung bringen (Testament, Übergabe, Besitzregelungen). Die positive Bewältigung dieses Stadiums führt den Patienten schließlich auf die letze Stufe seines Weges aus dem Leben: in die Phase der Annahme.

3.5 Fünfte Phase: »Annahme«

»Wenn man ihm gestattet, zu trauern, wenn sein Leben nicht künstlich verlängert wird und wenn seine Familie gelernt hat, sich zu fügen, wird er imstande sein, in Frieden und Einverständnis zu sterben.« (KÜBLER-ROSS)

In diesem letzten Stadium stellt sich beim Patienten allmählich ein Zustand der Ruhe und Zufriedenheit ein. Meistens ist es geprägt von einem physischen und psychischen Erschöpfungszustand als Folge der verschiedenen Kämpfe, die während der vorausgehenden Stadien geführt wurden. Jedoch kann dieser friedliche und gelöste Zustand auch darauf zurückgeführt werden, daß der Patient nunmehr in sein Schicksal eingewilligt hat und seinen Tod als Erlösung betrachtet. Aus einer großen inneren Ruhe heraus kann er sagen: »Ja, ich!«

Viele Autoren berichten, daß das Verhalten und die Äußerungen der Patienten, die dieses Stadium erreicht haben, sehr schwierig zu beschreiben sind, da wenig äußerlich Markantes zutage tritt. Wir wollen dennoch versuchen, auf ein paar uns wesentlich erscheinende Punkte hinzuweisen. Auch dieses Mal sollen die Beispiele möglicher typischer Äußerungen in der Ich-Form festgehalten werden, wenngleich es sich oft um Gedanken handelt.

- Ich möchte keine Besuche mehr haben.
- Ich möchte mit niemandem reden müssen.
- Ich möchte meine letzten Tage schmerzfrei erleben dürfen.
- Ich mache mir keine großen Sorgen um das Morgen.
- Ich möchte die mir verbleibende Zeit ohne Kampf genießen.
- Ich empfinde eine heitere Gelassenheit.
- Ich habe mich mit dem Tod abgefunden.
- Ich möchte nicht in Vergessenheit geraten.
- Ich wünsche mir einen Menschen, der still bei mir ist.
- Ich hoffe, jeden Tag, der mir bleibt, intensiv leben zu können.
- Ich erlebe alles um mich mit großer Intensität.
- Der Tod ist nicht mehr mein Feind, er ist mein Lehrmeister.

Manchmal handelt es sich bei dem, was wir als Annahme betrachten, eher um eine Art Resignation, eine Art von müder Zustimmung, geboren aus dem Gefühl, »eh nichts mehr tun zu können«. S. LEVINE spricht in diesem Zusammenhang von einem sogenannten Tod vor dem Tod und weist darauf hin, daß das Wort Resignation den Begriff der »Wieder-Verpflichtung« , des »Rück-Zeichnens« beinhaltet. Somit läßt sich diese Resignation auch als neues Abkommen mit dem Leben beschreiben, in welchem noch einmal eine intensive Auseinandersetzung mit der Angst vor dem Tod stattfinden kann.

Für die Begleiter ist es nicht immer leicht, zwischen Resignation und echter Annahme zu unterscheiden. Vielleicht genügt es schon, ein offenes Ohr für resignative Zwischentöne zu haben und dem Patienten in seiner letzten Angstbewältigung beizustehen.

Worauf soll bei der Begleitung von Menschen in der Phase der Annahme besonders geachtet werden?

- Zeit schenken
- Letzte Wünsche und Anweisungen festhalten
- Wissen um die besondere Sensibilität des Sterbenden
- Das Loslösen von sozialen Bindungen, den »Rückzug« des Patienten akzeptieren
- Mit großem Einfühlungsvermögen »DA SEIN«
- Begegnung als Mitmensch
- Körperkontakt ermöglichen, Hand halten, Berührungen zulassen

- Auf Wünsche eingehen (zum Beispiel religiösen Beistand)
- Einbeziehen der Bezugspersonen
- *Da-Sein* und *Mit-Sein*

Wenn Patienten das Stadium der Annahme erreicht haben, ist es besonders wichtig, sie nicht abzuschieben. Gerade wenn keine besonderen medizinischen oder pflegerischen Maßnahmen mehr möglich oder nötig sind, werden wir als Begleiter besonders gefordert: wir sollten uns als Mitmensch, als Begleiter im wahrsten Sinne des Wortes bereit halten, um den Patienten auf der letzten Wegstrecke seines irdischen Lebens jene Sicherheit und Geborgenheit mitmenschlichen Beistandes zu gewähren, die ein echtes Loslassen ermöglichen.

Tabelle 5: Zusammenfassende Darstellung der 5. Sterbephase

V ANNAHME

Typische Merkmale	*Typische Äußerungen*	*Wesentliches für die Begleitung*
Friedlicher Zustand Erschöpfung Gelöstheit große Sensibilität	Ja, ich! Ich mache mir um das Morgen keine Sorgen. Der Tod macht mir keine Angst. Ich erlebe alles intensiv!	Letzte Wünsche festhalten Zeit schenken Rückzug akzeptieren Körperkontakt

Anregungen für eine persönliche Auseinandersetzung

Impulsfrage 1:

Welche Vorstellungen und Wünsche habe ich, wenn ich an mein eigenes Sterben denke? Welche äußeren Bedingungen wünsche ich mir, und welche Menschen möchte ich in der letzten Phase meines Lebens bei mir haben?

Impulsfrage 2:

Wenn ich an mein Sterben, an meinen Tod denke: Was macht mir Angst und welche Möglichkeiten habe ich, mit dieser Angst fertig zu werden?

Impulsfrage 3:

In der Begleitung von Schwerkranken und Sterbenden kommt es nicht nur auf meine fachliche Kompetenz an, sondern gerade auch auf meine menschlichen Qualitäten. Wo liegen meine Stärken,
was kann ich besonders gut in der Begleitung schwerkranker Menschen?

Die beschriebenen fünf Stadien – die Abwehr, der Zorn, der Hader, die Depression und schließlich die Bejahung – können nicht nur auf den Vorgang des Sterbens bezogen werden. Sie bilden wohl zusammen jenes Szenarium, welches uns bei jeder *Verlustsituation* vertraut ist. Wir durchschreiten, durchwandern, durchlaufen all diese Stadien nicht nur bei durch den Tod bedingten Verlusten, sondern auch bei »Todeserfahrungen im übertragenen Sinn«. Dabei ist genauso an die Situation einer Scheidung, wie an den Auszug der erwachsen werdenden Kinder, an den Verlust beruflicher Chancen oder dem Gewahrwerden abnehmender Kompetenzen, absterbender Fähigkeiten zu denken. Jedesmal, wenn etwas oder jemand in uns oder um uns stirbt, machen wir uns auf den Weg, die einzelnen Phasen des Sterbens zu erfahren. Indem wir die einzelnen Stationen durchleben, erhalten wir nicht nur die Möglichkeit, Altes zu bearbeiten, um so Kraft für die neuen Lebensaufgaben zu erhalten – und sei es die Kraft, das Leben loslassen zu können –, wir erhalten durch ein bewußtes Durchschreiten dieser Stadien einen immer größeren *seelischen Spielraum*. Aus der Verschlossenheit, der Abwehr und des Verdrängens kann bei deren Überwindung die Kraft der *Emotionen* spürbar werden, verschüttete, lange totgeschwiegene Gefühle können zutage treten, kanalisiert und letztlich auch bearbeitet werden. Die bewußtwerdende Kraft der Gefühle kann dann wiederum eine neue Möglichkeit des Handelns einleiten – im speziellen Fall das *Verhandeln*. In diesem Verhandeln zu scheitern, die subjektive Wahrheit des unwiederbringlichen Verlustes anzuerkennen, führt uns in tiefe *Traurigkeit*. Und auch dieses Stadium kann noch immense Entwicklungen in sich bergen. Oft liegt gerade in der durchlebten Trauer eine Möglichkeit, sich dem zu öffnen, was nötig ist, dem *Loslassen*. Das, was wir loslassen, was wir verabschieden müssen, ist nicht länger etwas Fremdes, es ist durch die intensive Auseinandersetzung ein Teil von uns geworden.

Für die Praxis der Begleitung erschient es uns ganz wesentlich, darauf hinzuweisen, daß die einzelnen Phasen *unterschiedlich stark ausgeprägt* sein können (nach Dauer und Intensität), nicht unbedingt in der beschriebenen Reihenfolge ablaufen müssen (einzelne Phasen können übersprungen

Abbildung 2: **Schematische Darstellung der Sterbephasen**

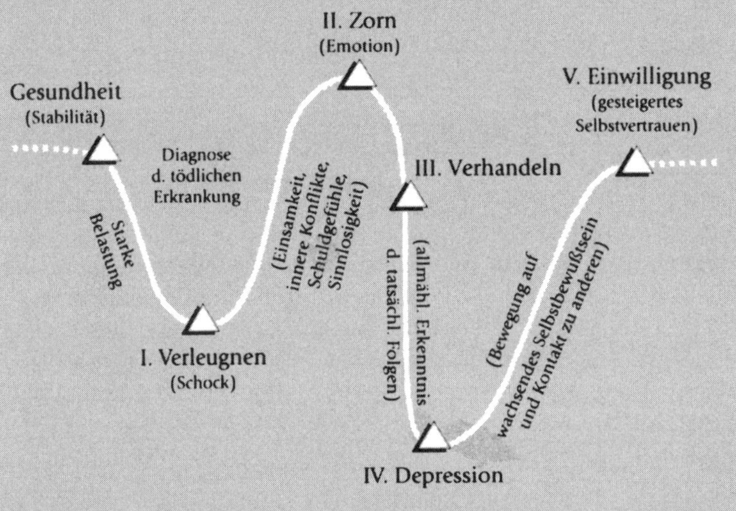

nach Mwalimu Imara in Kübler-Ross (Hg.) »Sterben und Reifen«

oder aber wiederholt durchlaufen werden) und in ihrer Erscheinungsform stark von der Persönlichkeit des Patienten mitgeprägt werden.

Somit stellen die beschriebenen Phasen für die Begleiter nur einen Rahmen dar, der sie jedoch die individuellen Erlebnisformen und Verhaltensweisen der Patienten besser erkennen, einordnen (den Stadien des Sterbeprozesses zuordnen) und erfassen (im Sinne eines tieferen Verstehens der Zusammenhänge) läßt. Dies wiederum verschafft Sicherheit im Umgang mit dem Patienten, führt zu einem größeren Verständnis für den schwerkranken oder sterbenden Menschen und kann ganz wesentlich dazu beitragen, daß professionelle Begleiter auch aufgrund dieser ihrer Kompetenz zu einer höheren subjektiven Berufszufriedenheit gelangen können.

Abbildung 3: **Erweiterung des seelisch-geistigen Horizontes im Verlauf des Sterbeprozeßes**

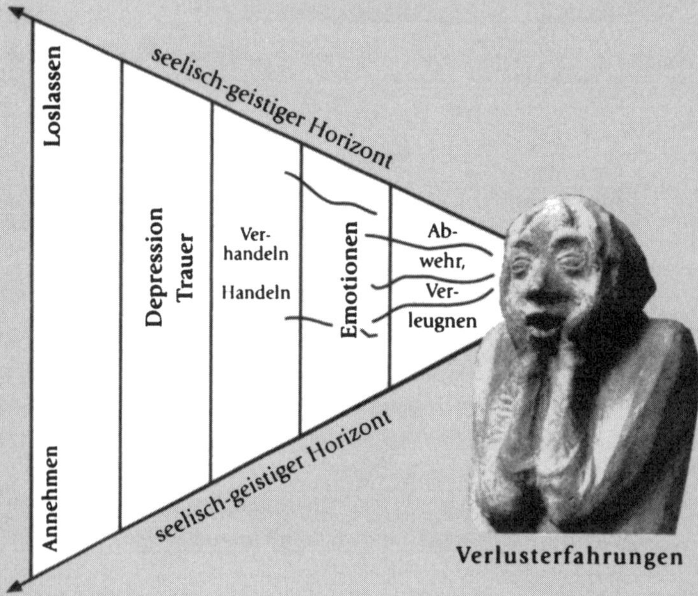

Abbildung 4: **Praxis der Sterbebegleitung**

Berufliche Zufriedenheit als Folge genauer Kenntnisse des Sterbevorganges

Einüben in		Erhöhung		Steigerung
Erkennen von Symptomen beim Patienten **Einordnen** in Phasen des Sterbeprozesses **Erfassen** der Bedeutung für den Patienten	▷	der o Fachkompetenz o Personalkompetenz	▷	der Berufszufriedenheit

4 *Literarische Texte – Fallbeispiele – Meditatives Bildmaterial*

Lyrik

Wende
Innehalten.
Widerstandslos
sich fallen lassen
und nichts als staunen.
Einschlafen
zwischen Brandung und Fels –
nur noch das Meer im Ohr.
Ist das nur Müdigkeit und Erschöpfung
oder schon
das große Vertrauen?
(BUSTA, Ch.)

Schlußstück
Der Tod ist groß.
Wir sind die Seinen
lachenden Munds.
Wenn wir uns mitten im Leben meinen,
wagt er zu weinen
mitten in uns.
(RILKE, R.M.)

(Aus): Der Umkehrende
Es wandelt, was wir schauen,
Tag sinkt ins Abendrot,
die Lust hat eignes Grauen,
und alles hat den Tod.
(...)
(EICHENDORFF, J.v.)

Aussagen Betroffener

»Ich habe eine relativ kurze, überblickbare Zeitspanne, in der ich nochmals ein neues, freieres Leben beginnen kann. Ich werde mich – nach dem Freisemester im Sommer – pensionieren lassen und dann noch alles tun, was ich immer aufgeschoben habe. Es ist wirklich eine Chance, den Tod auf sich zukommen zu sehen; mehr als das Leben kann dir niemand nehmen.

Zweitens kann man alles vorbereiten und abschließen. Der Tod tritt weder als scharfe Zäsur mitten ins Leben, noch kommt er auf seinen bösen leisen Sohlen, indem er dir Stück für Stück das Leben wegnimmt ... « (NOLL, P.)

»Jetzt ging es um mein Leben – eigentlich geht es immer darum, aber wir machen es uns oft eben erst klar, wenn dieses Leben offensichtlich seiner Grenze nahe ist. Die Kostbarkeit des Heute war keine Frage nach Kosten-Nutzen-Rechnung, sondern eine Frage des Geschmackes, Auskosten, mit allen Sinnen sinn-voll wahr-NEHMEN, das war die Kunst des Sterbens. Und mitten in dieser *Ars moriendi* – konnte ich die *Ars vivendi* – die Kunst des Lebens – lernen.« (LEITER, K.)

»Wir sterben und bergen in uns den Reichtum von Geliebten und Stämmen, den Geschmack von Speisen, die wir gegessen haben, Körper, in die wir eingetaucht und die wir hochgeschwommen sind, als wären es Flüsse von Weisheit, Charaktere, in die wir geklettert sind, als wären es Höhlen. Ich wünsche mir all dies auf meinem Körper verzeichnet, wenn ich tot bin.« (ONDAATJE, M.)

Gedanken und Geschichten

Es gibt nur eine Freiheit: Mit dem Tod ins Reine kommen. Nachher ist alles möglich. Ich kann dich nicht zwingen, an Gott zu glauben. Wenn du den Tod akzeptiert hast, wird das Problem Gott gelöst sein – und nicht umgekehrt! (CAMUS, A.)

Wie ist es möglich, sich des Gedankens an den Tod zu entledigen? ... Nehmen wir dem Tod seine Fremdheit, praktizieren wir ihn, gewöhnen wir uns an ihn; nichts sollen wir so oft im Kopf haben wie den Tod, in jedem Augenblick unserer Vorstellung und in allen Antlitzen. Es ist ungewiß, wo der Tod uns erwartet; erwarten wir ihn auf jeden Fall. (MONTAIGNE, M. de)

Ihr könnt das Geheimnis des Todes kennenlernen. Aber wie werdet ihr es finden, wenn ihr nicht im Herzen des Lebens sucht? Die Eule, deren Nachtaugen am Tag blind sind, kann das Mysterium des Lichts nicht entschleiern. Wenn ihr wirklich den Geist des Todes schauen wollt, öffnet eure Herzen weit dem Körper des Lebens. Denn Leben und Tod sind eins, so wie der Fluß und das Meer eins sind. In der Tiefe eurer Hoffnungen und Wünsche liegt euer stilles Wissen um das Jenseits. (GIBRAN, K.)

Die Ärzte rieten uns, ja zwangen uns eigentlich geradezu zu seiner letzten Einlieferung ins Krankenhaus, auch weil sie bei Hausbesuchen nur unter Schwierigkeiten jene Behandlungen vornehmen konnten, die seine Leiden wenigstens lindern sollten. Als wir ihm sagten, daß wir ihn nochmals ins Spital bringen würden, hatte er nicht mehr die Kraft zu protestieren und sich zu widersetzen. Er nahm praktisch nichts mehr zu sich und litt häufig an Brechreiz . . .

Im Spital verharrte er in fast absolutem Schweigen. Vielleicht hatte er nicht mehr die Kraft zu sprechen, vielleicht empfand er auch Worte bereits als nutzlos und unangemessen. Er schien gleichsam abwesend . . .

In den letzten Tagen schlief er immer wieder für lange Zeit ein. Wenn er erwachte, blickte er verwundert um sich, als könnte er nur mit Mühe Ort und Personen erkennen und wäre erstaunt, noch am Leben zu sein. Ein paarmal machte er auch Handbewegungen, als wolle er etwas Rollendes zeigen, und ich hatte den Eindruck, er versuche uns begreiflich zu machen, daß er weg wollte. Aber bei genauerem Nachdenken kam mir der Verdacht, daß er damit sagen wollte, er selbst gehe zugrunde, hinein in den Abgrund. Seine Augen waren in die Höhlen zurückgetreten, die Zähne traten zwischen den geschrumpften Lippen hervor, die spitz gewordene Nase verlieh seinem Gesicht einen unbekannten Ausdruck. (. . .) Ich fühlte keinen Schmerz beim Gedanken, daß er sterben müsse, im Gegenteil, ich wünschte, daß seine Agonie so bald wie möglich zu Ende ginge, und das nicht nur aus Mitleid für ihn, sondern auch – ich möchte das gar nicht verhehlen – aus egoistischen Motiven heraus. Ich war tatsächlich am Rande des körperlichen und nervlichen Zusammenbruchs, von der Erschöpfung meiner finanziellen Ressourcen ganz abgesehen. Aber das Gefühl von Mitleid und zugleich heilloser Traurigkeit, das ich die ganze Zeit über hatte, da ich seinem nutzlosen Kampf mit dem Tod zusah, überkam mich immer häufiger und immer stärker. (. . .) Manchmal fühlte ich mich versucht, ihn zu streicheln. Aber diese Gefühlsäußerungen waren zwischen uns nie üblich gewesen . . .

In den letzten Tagen litt mein Vater offenbar weniger. (. . .) Mein Vater wachte aus seinem Dämmerzustand vielleicht noch ein einziges Mal auf. Sein ununterbrochenes Röcheln setzte ab und zu aus, und schon am Tag darauf, nach einer Unterbrechung, die sich von anderen, vorausgegangenen, nicht viel zu unterscheiden schien, begann er nicht wieder damit. (VOGHERA, G.)

III PRAXIS DER STERBEBEGLEITUNG

1 *Begleitung*

Sterben geschieht heute still und leise, ist oftmals in die Anonymität von Institutionen verdrängt, abgeschoben.

60 % aller Menschen sterben in der »Institution Krankenhaus«, obwohl mehr als 90 % den Wunsch haben, zu Hause, in der vertrauten Umgebung zu sterben. Krankenhäuser und Altenpflegeeinrichtungen sind daher aufgefordert, Bedingungen für ein würdevolles Sterben zu entwickeln. Wenn der Tod naht, geht es um die Qualität der noch verbleibenden Zeit. Wenn der Tod naht, geht es um eine gute Begleitung. Was aber kann unter Begleitung verstanden werden, und wodurch hebt sich eine Begleitung von einer Betreuung ab? Grundsätzlich sei festgehalten, daß es zwischen »begleiten« und »betreuen« einen großen Unterschied gibt!

Was heißt begleiten? Dem allgemeinen Sprachgebrauch folgend bedeutet *begleiten*: Mitgehen, sich jemandem anschließen, jemandem beistehen, sich zu ihm/ihr gesellen, eskortieren, flankieren, das Geleit geben.

Begleiten heißt daher für uns: »nahe sein«, sich neben jemandem in der eigenen Emotionalität, mit der eigenen Ohnmacht, dem eigenen Schweigen, der eigenen Hilflosigkeit und den Gefühlen der Sinnlosigkeit, spürbar machen. Niemand braucht für andere zu denken. Wohl kann man eine Reihe von möglichen Hilfsinstrumenten zur Verfügung halten, sie einzusetzen liegt jedoch allein in der Kompetenz der Betroffenen. Wir können mit ihnen, neben ihnen versuchen, die nächsten, für sie möglichen Schritte zu besprechen, zu überdenken und zu formulieren. Die Entscheidung liegt immer bei den Betroffenen. Diese sind entscheidungsfähig, wenn sie:

- sich verstanden, getragen und gestützt fühlen;
- animiert und ermutigt werden, über ihre Gefühle zu reden;
- keine Wertungen und keine Ratschläge anhören müssen;
- ihre individuelle Trauer zulassen dürfen;

- ambivalente Gefühle äußern können;
- Bezugspersonen kennen, die Zeit haben und sich auch Zeit nehmen.

Im Gegensatz zur Auffassung von Begleitung wird unter *betreuen* folgendes verstanden: sich um jemanden kümmern, dafür sorgen, daß er das Nötigste für sein Wohlergehen hat. Ein Betreuer/eine Betreuerin ist ein(e) Fürsorger/in, ein(e) Manager/in und greift wesentlich aktiver in die Geschehnisse ein, läßt andererseits wenig Spielraum für die individuellen Handlungsmöglichkeiten der Betroffenen.

Der Wunsch nach einer Begleitung, in der persönliche Begegnung stattfinden kann, ist bei sehr vielen Kranken und Sterbenden vorhanden. Stellvertretend seien hier die Gedanken einer Lehrschwester wiedergegeben, die selbst tödlich erkrankt ist.

»Ich bin eine Lehrschwester. Ich sterbe. Ich schreibe dies für euch, die ihr Schwestern seid oder werdet, in der Hoffnung, daß dadurch, daß ich meine Gefühle mit euch teile, ihr eines Tages besser befähigt seid, jenen zu helfen, die in derselben Situation sind wie ich. (. . .)
Ich weiß, ihr fühlt euch unsicher, ihr wißt nicht, was ihr sagen oder was ihr tun sollt. Aber glaubt mir bitte, wenn ihr euch sorgt, dann könnt ihr gar keinen Fehler machen. Gebt einfach zu, daß ihr euch Sorgen macht. Das ist die Wirklichkeit, wonach wir suchen. Es mag sein, daß wir Fragen stellen nach Warum und Wozu, aber wir erwarten nicht eigentlich Antwort. Lauft nicht weg, wartet! Alles, was ich wissen will, ist, daß jemand da sein wird, um meine Hand zu halten, wenn ich das nötig habe. Ich habe Angst. Der Tod mag für euch eine Routine werden, aber er ist neu für mich. Vielleicht seht ihr in mir nichts Einzigartiges, aber ich bin noch nie zuvor gestorben. Für mich ist *einmal* ziemlich einzigartig! Ihr flüstert über meine Jugend, aber wenn jemand stirbt, ist er dann wirklich noch so jung? Ich habe eine Fülle von Dingen, über die ich gerne reden würde. Es würde wirklich nicht viel von eurer Zeit beanspruchen, denn ihr seid ohnehin oft in meinem Zimmer.
Wenn wir nur ehrlich sein könnten, wenn wir nur beide unsere Angst zugeben und einander berühren könnten. Wenn ihr euch wirklich Sorgen macht, würdet ihr dann wirklich soviel von eurer wertvollen Professionalität verlieren, wenn ihr sogar mit mir weintet? Einfach von Person zu Person? Vielleicht wäre es dann nicht so hart zu sterben – in einem Krankenhaus mit Freunden zur Seite.« (ANONYM)

Begleitung in der oben beschriebenen Bedeutung braucht neben vielen anderen Dingen vor allem eines: *Zeit.*

An dieser Stelle wollen wir auch auf die Bedeutung der Zeit als Faktor der Begleitung eingehen.

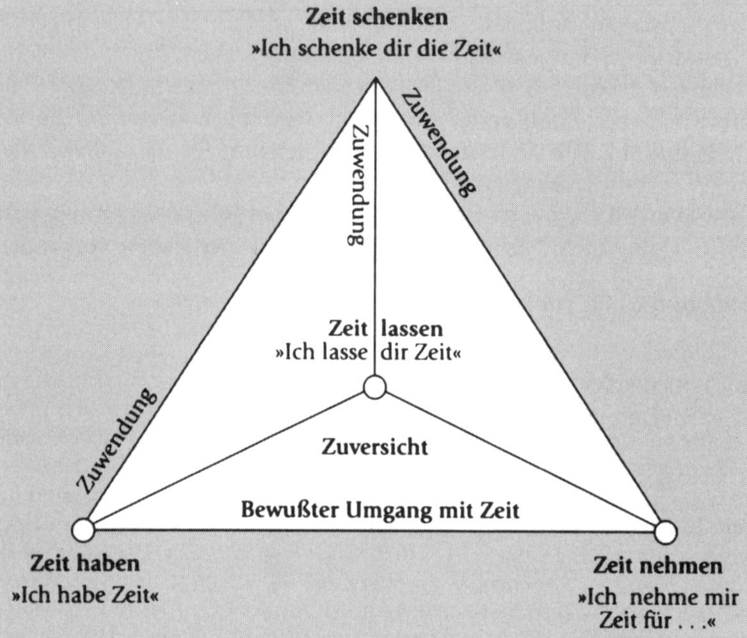

***Abbildung 5:* Zeitpyramide**

Eine ganz wesentliche Fähigkeit eines guten Begleiters liegt darin, dem Patienten das Gefühl zu geben, man nimmt sich für ihn und seine Anliegen Zeit. Ein Gefühl des Angenommen-Werdens kann beim Patienten nur dann entstehen, wenn der Begleiter selbst gelernt hat, mit dem Thema Zeit behutsam umzugehen

Betrachten wir anhand der »Zeitpyramide«, welche Faktoren wir im Zusammenhang mit dem Thema *Zeit in der Begleitung* berücksichtigen müssen. Zum einen geht es darum, die persönlichen Zeitressourcen wahrzunehmen und zu prüfen, wieviel Zeit für welche Tätigkeiten und Bereiche vorhanden ist: »Ich habe Zeit.« In einem weiteren Schritt gilt es zu überlegen, wofür ich diese Zeit verwenden möchte: »Ich nehme mir Zeit für . . .« Schließlich treffe ich die Entscheidung, welchem Menschen ich einen Teil meiner Lebens- und/oder Arbeitszeit zur Verfügung stellen möchte: »Ich schenke dir die Zeit.« In dieser Überlegung, welchem Menschen ich meine Zeit schenke, wird der für die Beziehung so wichtige Schritt vom *Ich* zum

Du gemacht. Für die Ausgestaltung dieser Beziehung wird es dann ganz wesentlich werden, ob es dem Begleiter gelingt, dem Patienten Zeit zu lassen, sein Tempo zu finden, sich mitzuteilen oder zu schweigen: »Ich lasse dir Zeit.« Getragen und gestützt werden diese Überlegungen und Entscheidungen von einer Grundhaltung der Zuwendung dem Mitmenschen gegenüber. Der Patient kann bei einem Begleiter, der solchermaßen behutsam und diszipliniert mit seiner eigenen, aber auch mit der Zeit des Gegenübers umgeht, Zutrauen fassen und zuversichtlich den Begegnungen entgegenblicken.

Anregungen für eine persönliche Auseinandersetzung

Impulsfrage 1:

Versuchen Sie anhand des angeführten Beispiels (Abb. 6: Zeitkuchen) einen ganz persönlichen »Zeitkuchen« zu erstellen.

***Abbildung 6:* Zeitkuchen**

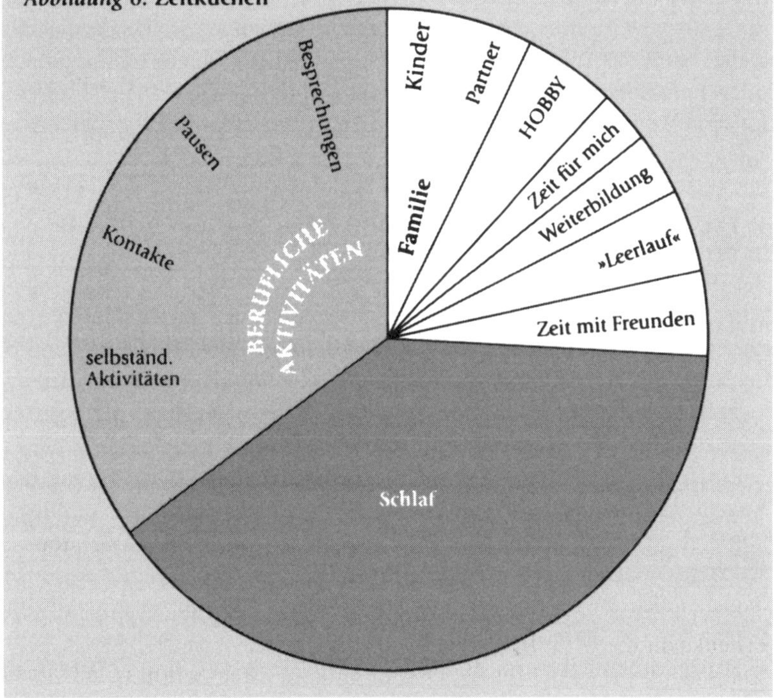

Dabei geht es darum, den *momentanen* Tages- und Nachtablauf zu reflektieren.

Impulsfrage 2:
Versuchen Sie sich darüber klar zu werden, an welchen Stellen des Zeitkuchens Sie etwas »abschneiden« können und wollen und wofür Sie diese Zeit verwenden könnten.

Impulsfrage 3:
Ergänzen Sie den folgenden Satz: »Ich nehme mir Zeit für . . .« mit mindestens fünf Möglichkeiten! Überprüfen Sie Ihre Prioritäten!

2 Angehörige in der Sterbebegleitung

Die Begleitung schwerkranker und sterbender Menschen wird sehr oft nicht oder nicht ausschließlich von professionellen Helfern geleistet. Oft befinden sich die Angehörigen in der Situation, die Begleitung übernehmen zu dürfen – oder zu müssen. Auch und gerade für »nicht professionelle« Begleiter kann das Wissen um die einzelnen Stadien, die ein schwerkranker oder sterbender Mensch durchläuft, eine wichtige Stütze sein. Erschwerend für eine Begleitung im Rahmen familiärer oder freundschaftlicher Beziehungen kommt allerdings hinzu, daß der Begleiter selbst in einem Prozeß der Trauer steht. Einen Menschen auf dem letzten Wegstück seines Lebens zu begleiten, der einem bekannt und vertraut ist, macht traurig und betroffen. Dieses Traurigsein, diese Betroffenheit unterscheidet sich von der Betroffenheit professioneller Begleiter ganz wesentlich: mit jedem Menschen, der sich aus unserem Leben verabschiedet, geht auch ein Stück eigener Biographie in ein anderes Stadium über. In gewissem Sinn stirbt ein Teil des Begleiters mit dem ihm vertrauten Menschen mit. Diese Verschränkung zwischen Sterbeprozeß auf der einen und Trauerprozeß auf der anderen Seite kann zu schwierigen emotionalen Situationen führen.

Professionelle Helfer wissen um die Schwierigkeit des Umgangs mit den Angehörigen schwerkranker und sterbender Menschen. Viele Probleme haben ihre Wurzel im unterschiedlichen persönlichen Tempo der am Geschehen Beteiligten. Erschwerend kommt noch hinzu, daß professionelle Begleiter sich im Laufe ihrer Aus- und Weiterbildung die fachliche Kompetenz für die Betreuung und Begleitung kranker und sterbender Menschen erworben haben, nicht jedoch das nötige Wissen für die Betreuung der Angehörigen. Auch fehlt es oft an der nötigen Zeit, sich dem sozialen Umfeld des Patienten zu widmen. Unter einem ganzheitlichen Aspekt der Sterbebegleitung ist es aber unbedingt erforderlich, sich auch der Menschen anzunehmen, die das Leben der Sterbenden begleiten, einfach zu diesem Leben dazugehören.

- Das braucht Zeit und Geduld.
- Das braucht ein Wissen über Sterbeprozesse *und* Trauerprozesse.
- Das braucht die Fähigkeit der gezielten Wahrnehmung.

Angehörige äußern immer wieder, daß sie sich vor allem während des Sterbeprozesses ihres Familienmitglieds

- alleine, einsam und verlassen fühlten;
- unverstanden, zurückgestoßen, isoliert vorkamen;
- in ihren Empfindungen nicht ernst genommen oder akzeptiert fühlten.

Diese Gefühle und subjektiven Wahrnehmungen werden verständlich, wenn man an die Doppelbelastung denkt, der diese Menschen ausgesetzt sind. Angehörige sind immer in einer besonders schwierigen Situation und stehen vor zwei Aufgaben:

- Sie müssen die jetzige Belastung bewältigen.
- Sie müssen nach dem Tod des Betroffenen weiterleben.

Nach einer Umweltkatastrophe reagieren fast alle Menschen gleich: Sie sehen sofort nach, welche Schäden entstanden sind. Auch die Behörden reagieren sofort und schicken Spezialisten per Hubschrauber. Alles befindet sich in Bewegung und wird aktiv. Ganz ähnlich ist es, wenn das Leben durch die schwere Erkrankung eines Angehörigen auseinanderbricht. Auch hier müssen ganz bestimmte Maßnahmen ergriffen werden, denn nicht nur der Kranke, auch seine Familie befindet sich in einer völlig neuen Situation. Darüber sollten sich professionelle Helfer, die mit Angehörigen in Kontakt kommen, bewußt sein.

Mit folgenden Fragen kann festgestellt werden, welche Veränderungen sich ergeben haben:

- Haben Sie aufgrund der Krise den Kontakt zu Ihren engsten Freunden verloren?
- Gibt es Spannungen und Zerwürfnisse zwischen einzelnen Familienmitgliedern, besonders zwischen denen, die den Hauptteil der Sorge um den Kranken tragen, und denen, die nicht oder nur wenig helfen?

- Hat sich Ihr Tagesablauf durch die Sorge um den Erkrankten deutlich verändert? Sind neue, zeitintensive Aufgaben wie Besorgungen und Botengänge oder Begleitung zu Arztterminen hinzugekommen?
- Bestehen Spannungen, offene oder verdeckte, zwischen Ihnen und dem/der Kranken?
- Fällt es Ihnen schwer, sich zu entspannen und am Ende eines turbulenten Tages zur Ruhe zu kommen?

Uns erscheint es noch wichtig, darauf hinzuweisen, daß »Angehöriger« nicht gleich »Angehöriger« ist. Ein Blick in die Verbundenheitsstruktur des Patienten zu seinem Familien- und Freundeskreis kann oft zur Klärung schwieriger Situationen und zum besseren Verständnis scheinbar unbegreiflicher Reaktionen führen. Der Begriff des *Angehörigen* soll hier im buchstäblichen Sinn verwendet werden, also in der Bedeutung von: Jemandem angehören, jemandem nahe sein.

Bei den Angehörigen im engeren und weiteren Sinn kann man vier voneinander getrennte Gruppen unterscheiden:

a. Die intrafamiliären Bezugspersonen

In diese Gruppe gehören alle Mitglieder der eigenen Familie, wobei die Beziehungsmuster zur Herkunftsfamilie und jene zur schwiegerelterlichen Familie nicht vergessen werden dürfen. Die nach außen oft undurchsichtigen intrafamiliären Beziehungen (Koalitionen, Allianzen, Geschwisterposition, Familienfunktion, Generationenvermächtnisse usw.) aktualisieren sich durch das Sterben, und die Position der Hinterbliebenen wird sich qualitativ verändern – für die einen im Sinne eines Verlustes, für andere im Sinne eines Positionsgewinnes.

Beispiel:

Ein achtzehnjähriger Schüler geriet mit seinem Motorrad auf der vereisten Straße ins Schleudern, stürzte und wurde von einem Kleinlastwagen überrollt. Er starb an der Unfallstelle. Im Gespräch mit den Eltern und seinen drei Geschwistern kommentierte der jüngere Bruder (sechzehnjährig, Maurerlehrling): »Von jetzt an bin ich der Älteste!«

Der verunglückte Erstgeborene galt als »Vorzeigekind«, war intelligent, angepaßt und loyal. Vor allem der Vater war stolz auf ihn, den angehenden Arzt (so lautete der Wunschberuf des Vaters für seinen Sohn). Mit dem zweiten Sohn erlebten die Eltern aus ihrer Sicht viel Unerfreuliches. Zeitweise konsumierte er Haschisch, soll faul gewesen sein und für die Schule nichts gearbeitet haben. Die Mutter beschäftigte sich ausschließlich mit den beiden kleineren Kindern (zwölf und neun Jahre alt), die ihre volle Aufmerksamkeit beanspruchten.

Die Trauer in dieser Familie ist unterschiedlich. Für den Vater wird sie sehr intensiv sein (vor allem aber anders als für die Mutter), da er seinen Koalitionspartner verloren hat. Der Umgang in der Familie mit den unterschiedlichen Trauerbedürfnissen ist für viele schwierig und oft in den eigenen Reihen unverständlich. Hinzu kommen Einflußbereiche (Eltern, Schwiegereltern, Tanten, Onkel, Cousins/Cousinen, Paten/Patinnen usw.), die in der Regel wenig Erleichterung bringen.
(FÄSSLER-WEIBEL, P.)

Um intrafamiliären Angehörigen adäquat begegnen zu können, sind wir auf Informationen angewiesen, die uns ein Bild des Beziehungsnetzes zum Sterbenden ermöglichen. Diese Informationen haben wir uns im direkten Gespräch mit den Betroffenen zu holen.

b. Die extrafamiliären Bezugspersonen

Jeder Mensch verfügt über eigene Beziehungen außerhalb seiner Familienstruktur. In der Regel sind diese Bezugspersonen nur ungenügend bekannt. Freundschaften am Arbeitsplatz, in Sportgruppen oder Freizeitclubs, Kollegen und Kolleginnen aus Schule, Studium oder der Nachbarschaft usw. ergänzen die familiären Beziehungen. Oft sind sie phasenweise für den Sterbenden stärker als alle anderen (z. B. in der Pubertät oder in partnerschaftlichen Verhältnissen, in denen eine gewisse Distanz gewachsen ist). In solchen Beziehungen herrscht oft eine hohe emotionale Intimität. Der Verlust eines nahestehenden Freundes kann oft zu einer existentiellen Sinnkrise führen.

Beispiel:

Ein dreißigjähriger Detailhandelskaufmann, verheiratet und Vater von zwei schulpflichtigen Kindern, entnahm der Ladenkasse einen gewissen Betrag zur Überbrückung. Zufälligerweise wurde das Geschäft am darauffolgenden Morgen buchhalterisch überprüft. Der Fehlbetrag wurde festgestellt, der »Täter« zur Einvernahme kurz verhaftet und dann fristlos entlassen. Am gleichen Tag beging er Selbstmord. Sein Freund, in gleicher Position in einer anderen Firma tätig, hatte ihm diesen Tip, das Geld aus der Kasse zu nehmen, gegeben. In seiner Firma war diese Art der Problemlösung nicht außergewöhnlich.
Dieser Freund wird in einer völlig fatalen Geschichte zu einem Angehörigen ganz besonderer Art. Durch sein für ihn gewöhnliches Handeln, verbunden mit dem Engagement seinem Freund gegenüber, wird er zum zentralen Angehörigen. Wer geht auf ihn zu? Wer spricht mit ihm? Was macht er mit seiner Trauer, seinen Schuldgefühlen, seiner Verzweiflung?
(FÄSSLER-WEIBEL, P.)

c. Die exfamiliären Bezugspersonen

Die Scheidungsstatistik besagt, daß jede dritte Eheschließung wieder geschieden wird. Die meisten Ehen werden während der ersten zehn Jahre ihres Bestehens geschieden. Geschiedene Wiederverheiratete haben oft eine Familie verlassen und eine neue gegründet. Der Tod eines Ex-Partners oder eines Mitgliedes der »verlassenen« Familie aktualisiert alte familiäre Zwistigkeiten oder Schuldgefühle. Nicht verheilte Wunden brechen auf. Wo kein bewußtes Abschied-Nehmen und Los-Lassen stattfand, kann es zu Konflikten, zu Aggression und Wut kommen.

Beispiel:

Die Mutter informierte ihre bereits erwachsenen Kinder, daß der geschiedene Vater an Krebs erkrankt sei und nur noch wenige Tage auf der Intensivstation des Krankenhauses zu leben habe. Sie spricht von diesem »miesen Charakter, dem es recht geschehe, wenn er an Krebs verrecke. Nichts als Haß empfinde sie, die Sitzengelassene . . .«

Die jüngere Tochter, die auch nach der Scheidung zum Vater eine gute Beziehung pflegte, legt wortlos den Telefonhörer auf. Sie will mit ihrer Mutter nichts mehr zu tun haben.

Scheiden lassen kann man sich nur von der Rolle des Partners/der Partnerin, nicht aber von jener des Elternteils. Unverarbeitete Paarkonflikte werden oft noch über die Ausübung des Besuchsrechtes oder die Beziehungsmöglichkeiten ausgetragen. In jedem Sterben ist auch den möglicherweise gewesenen familiären Beziehungsmustern Beachtung zu schenken.

(FÄSSLER-WEIBEL, P.)

d. Die beruflichen Bezugspersonen

Die Liste der Berufsgruppen, die sich mit dem Sterben, dem Tod und der Trauer beschäftigen, ist endlos. Wichtig ist, daß jede in ein Sterben involvierte Persönlichkeit auch mit der eigenen Emotionalität in seinem Handeln spürbar wird. Je nach Problemstellung kann ein Sterben sehr heftig und sehr nahe betroffen machen.

Beispiel:

Ein junger Chauffeur der Städtischen Bestattung muß beim pathologischen Institut des Spitals eine bereits eingesargte Leiche eines totgeborenen Kindes abholen. Dort angekommen, schickt er seinen Beifahrer mit dem Hinweis, er sei persönlich nicht in der Lage, dies zu tun.

Im Gespräch wird der Grund für dieses Verhalten deutlich: seine Frau erwartet in wenigen Wochen ihr erstes Kind. Diese Totgeburt löst in ihm undenkbar bedrohliche Ängste aus.

(FÄSSLER-WEIBEL, P.)

Zusammenfassung:

- Jede(r) Angehörige (ob intrafamiliär, extrafamiliär, exfamiliär oder beruflich bedingt) erlebt eine besondere Form der Beziehung zum Sterbenden. Seine Trauer kann oft mit jener anderer Angehöriger nicht identisch, nicht einmal vergleichbar sein; die Form der Begleitung wird von der Form der Beziehung bestimmt.
- Jede(r) Angehörige unterscheidet sich von den anderen in der Art der Situationsbewältigung, der Begleitung und der Trauer, die sehr individuell sind und zum Beispiel auch mit seinem Temperament, seiner Erziehung, seinem Erleben von Krankheit, Sterben und Trauer in der Kindheit zusammenhängen.
- Jede(r) Angehörige erlebt Trauer in jener Intensität, die charakteristisch ist für die Intensität der Beziehung zum Sterbenden. Je enger die Beziehung war, um so intensiver wird die den Krankheits- und Sterbevorgang begleitende Trauer erlebt.
- Jede(r) Angehörige braucht soviel Zeit, wie er für richtig und angemessen betrachtet.

Angehörige in der Sterbebegleitung stellen für viele professionelle Helfer eine besondere Herausforderung dar. Wir glauben, daß es vielen Menschen in helfenden Berufen nicht bewußt ist, daß jede Sterbebegleitung bis zu einem gewissen Grad auch die Begleitung von Angehörigen einschließt – zumindest aber einer klaren Auseinandersetzung mit dem Thema »Angehörige« bedarf. Durch die Betreuung und Begleitung des Sterbenden seitens seiner Angehörigen, seitens der ihm »angehörenden« Menschen kommt es zusätzlich zu einer Überschneidung der Kompetenz- und Begegnungsfelder.

Aufgaben- und Auftragsklärung gehören ganz wesentlich zu einer professionellen Begleitung – und dies auch in Hinsicht auf begleitende Angehörige!

Schließlich sei noch darauf hingewiesen, daß in vielen Fällen eine Sterbebegleitung nach dem Tod des Patienten unmittelbar in eine Trauerbegleitung für die Angehörigen und/oder Freunde übergehen kann. Dies trifft zumindest für den ersten Abschnitt der Trauerbewältigung zu, der mit dem Überbringen der Todesnachricht zusammenhängt und eine Konfrontation mit ersten Trauer- und Schmerzreaktionen bedeutet.

Eine Geschichte des persischen Psychotherapeuten PESESCHKIAN möge die Situation so manchen Helfers zwischen Patient und Angehörigen verdeutlichen:

Die halbe Wahrheit
Vom Propheten Mohammed wird folgende Begebenheit berichtet: Der Prophet kam mit einem seiner Begleiter in eine Stadt, um zu lehren. Bald gesellte sich ein Anhänger seiner Lehre zu ihm: »Herr! in dieser Stadt geht die Dummheit ein und aus. Die Bewohner sind halsstarrig. Man möchte hier nichts lernen. Du wirst keines dieser steinernen Herzen bekehren.« Der Prophet antwortete gütig: »Du hast recht!« Bald darauf kam ein anderes Mitglied der Gemeinde freudestrahlend auf den Propheten zu: »Herr! Du bist in einer glücklichen Stadt. Die Menschen sehnen sich nach der rechten Lehre und öffnen ihre Herzen deinem Wort.« Mohammed lächelte gütig und sagte wieder: »Du hast recht!« »Oh, Herr«, wandte da der Begleiter Mohammeds ein: »Zu dem ersten sagtest du, er habe recht. Zu dem zweiten, der genau das Gegenteil behauptet, sagst du auch, er habe recht. Schwarz kann doch nicht weiß sein.« Mohammed erwiderte: »Jeder Mensch sieht die Welt so, wie er sie erwartet. Wozu sollte ich den beiden widersprechen. Der eine sieht das Böse, der andere das Gute. Würdest du sagen, daß einer von den beiden etwas Falsches sieht, sind doch die Menschen hier wie überall böse und gut zugleich. Nichts Falsches sagte man mir, nur Unvollständiges.« (PESESCHKIAN, N.)

3 Bedürfnisse Sterbender

Die letzte Lebenszeit eines Menschen wird zum einen von körperlichen Vorgängen bestimmt, zum anderen von der psychischen Situation, in der sich der Sterbende befindet. Wir möchten einen Überblick über die Bedürfnisse Sterbender geben und die wesentlichen Veränderungen aufzeigen, die beim Nahen des Todes typischerweise auftreten. Zunächst sei zwischen körperlichen und psychischen Bedürfnissen Sterbender unterschieden.

3.1 Körperliche Bedürfnisse

Bedürfnisse, die in erster Linie aus den körperlichen Empfindungen heraus entstehen, betreffen die Bereiche *Schmerz, Müdigkeit, Durst* und *Atmung*.

Schmerz
Aus zahlreichen Befragungen und Gesprächen geht hervor, daß der Wunsch nach einem schmerzfreien Sterben einen ganz besonders hohen Stellenwert hat. Die Entwicklung auf dem Sektor der Analgetika macht es heute möglich, daß jedem Patienten weitgehende Schmerzfreiheit gewährleistet werden

kann. Wichtig ist es, den Patienten (beziehungsweise auch die Angehörigen) über die Möglichkeiten einer Schmerztherapie zu informieren und eine Form zu finden, die auf die individuellen Schwankungen im Schmerzerleben eingehen kann.

Wenn wir uns auf die Bedürfnisse Sterbender beziehen, erachten wir folgende Punkte für wichtig:

- Bei der Medikamentenwahl und -gabe muß eine Orientierung an den Bedürfnissen des Patienten erfolgen und nicht an denen der Pflegeorganisation, des Arztes oder der Angehörigen.
- Kein »Ruhigstellen« der Patienten, vielmehr sollte eine bewußte Auseinandersetzungsmöglichkeit so lange und so gut es geht erhalten bleiben.
- Die Gabe von Schmerzmitteln sollte den Tagesschwankungen der Schmerzempfindungen und dem Verlangen des Sterbenden entsprechen.
- Berücksichtigung der Tatsache, daß Schmerzen ein komplexes Geschehen umfassen, in dem körperliche, seelische und soziale Prozesse eine Rolle spielen.

Müdigkeit

Der sterbende Mensch hat in der letzten Zeit nur mehr wenig körperliche Energie. Dies führt dazu, daß bereits kleine körperliche Anstrengungen Erschöpfungszustände nach sich ziehen. Einerseits mündet die Abnahme der Vitalität in einen Zustand häufiger Müdigkeit, andererseits bringt auch das seelische Bedürfnis nach Rückzug den Patienten oft in Zustände des Halbschlafes, des Dämmerns, der stillen Innenschau.

Folgendes ist bei der Begleitung besonders zu beachten:

- Dem großen Bedürfnis des Patienten nach Ruhe und Innenschau sollte Rechnung getragen werden, ohne ihn allein zu lassen.
- Gespräche, Handlungen der körperlichen Pflege sowie medizinische Maßnahmen müssen mit viel Verständnis für das Bedürfnis nach Ruhe erfolgen und mit dem Wissen, daß schon einfache Verrichtungen den Patienten erschöpfen.

Ohne auf diese Besonderheiten einzugehen, würde der Sterbende rasch überfordert sein. Das oft vorhandene Gefühl des Ausgeliefertseins und der Hilflosigkeit könnte sowohl durch eine unsensible Pflege (in bezug auf die Zeit, in der die Pflegemaßnahmen durchgeführt werden und auf die Art ihrer Durchführung) als auch durch ein Abschieben des Patienten (»Er schläft ja den ganzen Tag«) verstärkt werden.

Durst

In den letzten Lebensabschnitten empfindet der Patient meist kaum noch Hunger. Der sterbende Körper braucht nur wenig Nahrung, da sein Energiebedarf auf ein Minimum reduziert ist. Der Appetit kommt und geht. In der Regel werden flüssige Nahrungsmittel den festen Speisen vorgezogen. Oft will der Sterbende überhaupt keine festen Nahrungsmittel mehr zu sich nehmen, hat aber ein großes Bedürfnis nach Flüssigkeit. Wenn auch der Hunger in der letzten Lebensphase fast vollkommen verlischt, der Durst bleibt bis zuletzt erhalten. Gerade der Durst kann zu einem der quälendsten körperlichen Bedürfnisse werden.

Folgendes ist in der Begleitung zu beachten:

- Es ist wichtig, dem Patienten genügend zu trinken anzubieten und seinem Verlangen nach Flüssigkeitsaufnahme nachzukommen.
- Kann der Patient seinen Wunsch nach Flüssigkeitszufuhr nicht mehr ausdrücken, sollte besonders gewissenhaft darauf geachtet werden, genügend Flüssigkeit zuzuführen.
- Auch die Mundpflege ist bei sterbenden Menschen unter dem Gesichtspunkt des Bedürfnisses nach Flüssigkeitszufuhr zu sehen. Befeuchten des Mundes, Saugen an einem Waschlappen, Ausspülen des Mundes – all dies kann zur Linderung des Durstgefühls beitragen.

Atmung

Das Atmen wird durch die eingeschränkte Lungenfunktion für den Patienten zunehmend schwerer. Aus diesem Gefühl, »nicht mehr richtig Luft zu bekommen«, entsteht bei vielen Menschen ein beklemmendes Gefühl und die Angst, ersticken zu müssen. Da gerade unser Atem besonders sensibel auf psychosomatische Vorgänge reagiert, kann die Art und Weise, wie der Patient dieses Stadium erlebt, seine Atembeschwerden verstärken oder aber lindern.

Die Veränderung der Atemfrequenz zeigt ganz unterschiedliche Bilder: einmal kann der Atem viel rascher gehen (bis zu 40 Atemzüge in der Minute), dann wiederum kann er sehr langsam gehen. Lange Pausen zwischen den Atemzügen sind ebenso typisch wie eine große Unregelmäßigkeit der Atemzüge, die oft von gurgelnden Lauten begleitet wird. Schleimabsonderungen können oft nicht mehr abgehustet werden und verursachen rasselnde Geräusche.

Auf folgende Punkte ist bei der Begleitung besonders zu achten:

- Linderung der oft auftretenden Atemnot durch entsprechende Lagerung des Patienten. Ein Höherlagern von Kopf und Oberkörper kann als Erleichterung erlebt werden.

- Atembeschwerden auch im Zusammenhang mit auftretenden Ängsten begreifen lernen und versuchen, die größte Not zu lindern – dies ist oft die Angst vor dem Alleingelassenwerden und dem Erstickenmüssen.
- Schleimabsonderungen, die nicht mehr aktiv abgehustet werden können, durch Abklopfen oder/und entsprechende Lagerung versuchen zu lösen.
- Für eine gute Luftqualität sorgen (Befeuchten trockener Luft, störende Gerüche beseitigen ...)

Die eben beschriebenen Bedürfnisse des sterbenden Patienten sind im Zusammenhang mit einer Reihe von körperlichen Veränderungen zu sehen, die darauf hindeuten, daß die Lebenszeit zu Ende geht:
- Der Blutdruck sinkt;
- der Puls verändert sich – wird schwächer;
- die Körpertemperatur verändert sich;
- die Durchblutung der Arme und Beine wird schlechter;
- die Körperunterseite verfärbt sich dunkler;
- die Schweißabsonderung kann periodisch stark zunehmen;
- die Pupillen reagieren immer weniger auf Lichteinwirkung;
- Teilnahmslosigkeit, keine Reaktionen auf die Umwelt;
- das Bewußtsein kann eingeschränkt sein bis hin zum Zustand des Komas;
- Veränderungen des Atemrhythmus;
- der Mund ist geöffnet – Auftreten unartikulierter Laute;
- die Augen sind halboffen, sehen aber nicht wirklich – »Blick in die Ferne«.

3.2 Psychische Bedürfnisse

Neben den Bedürfnissen sterbender Patienten, die aus einer Reihe körperlicher Erscheinungsbilder abzuleiten sind, entstehen Bedürfnisse, die in engem Zusammenhang mit der seelischen Situation des Sterbenden zu sehen sind. Im Wesentlichen kreisen die psychischen Bedürfnisse sterbender Patienten um einen großen Themenbereich: *Berührung, Zuwendung, Nähe, Kontakt*.

Ob ein Patient Erinnerungen in einem Gespräch mitteilen will, ob er durch einen stillen Händedruck getröstet werden möchte, ob letzte Wünsche übermittelt werden – immer geht es darum, das Grundbedürfnis des Patienten nach Annahme, Beachtung und Aufgehobensein in einer menschliche Beziehung zu stillen.

Auch während der letzten Lebensstrecke ist die Sehnsucht der Menschen nach Erfüllung der seelischen Grundbedürfnisse sehr groß. Auffälligkeiten von resignativem Verhalten bis hin zu psychosomatischen Symptomen müssen in engem Zusammenhang mit mangelnder Erfüllung jener Grundbedürfnisse gesehen werden, die das ganze Leben lang wichtig sind: das Bedürfnis nach Liebe, Beachtung, Gemeinschaft, Orientierung und nach einem Lebensraum.

Tabelle 6: Zusammenfassende Darstellung der psychischen Grundbedürfnisse

Psychische Grundbedürfnisse
1. Bedürfnis nach Annahme (bedingungsloser Liebe)
2. Bedürfnis nach Beachtung (Gespräch, Gemeinsamkeit)
3. Bedürfnis nach Umwelterkundung (Spiel-»Raum«, Lebensraum)
4. Bedürfnis nach Vorbildern (Orientierung)
5. Bedürfnis nach Einbezogensein in eine Gemeinschaft, die zusammenhält (»dazugehören«)

Mögliche Reaktionen auf mangelhafte Befriedigung:
1. Resignation, Rückzug, Gehemmtheit
2. Aggression
3. Verhaltensstörungen, Regression, psychosomatische Symptome

Die Formen, in denen auf diese Bedürfnisse eingegangen werden können, sind sehr verschieden. Wir wollen im Folgenden einige wichtige Möglichkeiten festhalten:
- Verbale Kommunikation: Gespräche, in denen der Sterbende das Tempo, den Inhalt und die Form bestimmt
- Nonverbale Kommunikation: »Berührungsgespräche«, wie sie beispielsweise zwischen einander berührenden Händen möglich sind, zwischen Blicken und Gesten
- Anteilnehmen an der »Sprachlosigkeit«
- Anteilnahme an den Auseinandersetzungen des Sterbenden mit seiner Vergangenheit
- Stilles Da-Sein und Mit-Sein
- Signale tiefer Verbundenheit vermitteln: vertraute Gesten, »Mitatmen« (Anpassung der eigenen Atmung an den Atemrhythmus des Patienten), Vorlesen, Beten, Singen, Musik erleben

Neben allgemeinen körperlichen Begleiterscheinungen des nahenden Todes gibt es auch psychische, emotionale und kognitive Veränderungen, die für diese Zeit typisch sind:

- Die Fähigkeit, Probleme zu erfassen und Lösungen zu erarbeiten, nimmt ab
- Die Leistungsfähigkeit im Bereich des Denkens fällt ab
- Die Wahrnehmungsfähigkeit verändert sich
- Die räumlich-zeitliche Orientierungsfähigkeit ist eingeschränkt
- Das Erfassen komplexer Zusammenhänge fällt schwer
- Die Fähigkeit, Umweltreize zu organisieren und adäquat darauf zu reagieren, sinkt
- Das Kurzzeitgedächtnis ist nicht mehr so leistungsfähig
- Es kommt zu einem allgemeinen Leistungsabfall
- Das aktuelle Geschehen in der Umwelt tritt in den Hintergrund
- Es kommt zu einem Rückzug in die eigene Realität (Innenschau)
- Das emotionale Verhalten verändert sich (Angst, Depression, Aggression)
- Die Kommunikationsfähigkeit und -bereitschaft verändert sich

Sowohl bei den körperlichen als auch bei den seelischen Veränderungen ist zu bedenken, daß die angeführten Symptome auftreten können, jedoch nicht zwangsläufig alle bei allen Patienten oder in der gleichen Weise.

Tabelle 7: Bedürfnisse Sterbender, eine Zusammenschau

BEDÜRFNISSE auf der körperlichen Ebene	**BEDÜRFNISSE** auf der geistig-seelischen Ebene
– *Schmerzfreiheit* Linderung der Schmerzen Individuelle Schmerzberatung Individuelle Schmerztherapie	– *Annahme, Akzeptanz* »Ich liebe dich, so wie du bist«
– *Ruhe* Wenig Anstrengung Rücksichtnahme auf Tagesverfassung Störungsfreier Schlaf Wenig »Gestört-Werden«	– *Zuwendung* »Ich wende mich dir zu, beachte dich«
– *Durst stillen* Genügend Flüssigkeitszufuhr Mundpflege	– *Aufgehobensein, Geborgenheit* »Ich lasse dich nicht allein«
– *Atmung* Linderung der Atemnot Gute Luftqualität Entsprechende Lagerung	– *Berührung* »Ich lasse Nähe zu« – *Kontakt* »Ich schiebe dich nicht ab«

4 Sterbebegleitung ist Lebensbegleitung

Leben und Sterben gehören untrennbar zusammen. Wo es Leben gibt, da gibt es auch den Tod. Jedes Leben ist somit ein ständiges Sterben. Das Sterben ist ein Vorgang, der sich durch unser ganzes Leben zieht. Im Leben beginnt immer schon Sterben, in einem Sterbenden ist immer noch Leben.

Sterbebegleitung ist Lebensbegleitung bis zuletzt. Sterbebegleitung heißt, dem Schwerkranken Hilfen *im* Sterben, nicht *zum* Sterben anzubieten. Es kommt nicht darauf an, was Sterbebegleiter/innen tun, sondern *wie* sie es tun. In erster Linie zählt jetzt nicht mehr, daß die Bemühungen zum Erfolg führen, ein »Heilungserfolg« erzielt werden kann, sondern daß diese Menschen bei ihnen bleiben, ganz gleich, wie sich die Dinge entwikkeln. Das schafft jenen Raum des Vertrauens und der Sicherheit, den Sterbende brauchen, um sich in ihrem eigenen Tempo und auf ihre eigene Art und Weise mit dem bevorstehenden Sterben auseinanderzusetzen, sich einzuüben auf ein endgültiges Abschiednehmen und Loslassen.

Der sterbende Mensch steht vor einem ganzen Bündel von Schwierigkeiten, die zu bewältigen sind:
- körperliche Beschwerden und die Angst vor Zunahme dieser Beschwerden; Verlust von Funktionen, auch etwa Verlust der Fähigkeit zu arbeiten;
- existentielle Ängste;
- die Frage nach dem Sinn des Lebens, der plötzlichen Konfrontation mit der eigenen Endlichkeit.

Dies alles wird verschärft dadurch, daß der Betroffene weiß, daß seine Zeit begrenzt ist, daß er aber eigentlich gerade jetzt leben möchte.

Die Erwartungen und Wünsche eines sterbenden Menschen konzentrieren sich hauptsächlich darauf, daß
- er sich noch verständigen kann;
- Ärzte/Angehörige/Pflegepersonal ihm die Wahrheit sagen, wenn er/sie diese auf sich nehmen kann und will;
- ihm Geborgenheit geschenkt wird;
- er noch selbst entscheiden kann.

Die Hoffnungen eines sterbenden Menschen gehen dahin, daß
- mit dem Tod nicht alles endgültig aus ist und es vielleicht danach noch ein Weiterleben gibt;
- er in guter Erinnerung bleibt, Spuren hinterläßt, die andere weiterführen können;
- er als Vorbild und somit als nachahmenswert angesehen wird;
- die zurückbleibende Familie versorgt ist.

Was sollte zur Verfügung stehen?
- Eine kompetente pflegerische und medizinische Betreuung;
- das Getragenwerden von Menschen, die dem Schwerkranken/Sterbenden auch im Leben bisher nahestanden;
- Unterstützung im spirituellen Bereich (wenn er es wünscht);
- Hilfen bei Problemen in organisatorischer Hinsicht, besonders in Fragen der weiteren Versorgung der Familie, bei finanziellen Problemen etc.

Meist werden also in dieser Situation viele verschiedene Personen benötigt, die idealerweise untereinander im Kontakt stehen, so daß ein Betreuungsnetz geknüpft werden kann.

Sterbebegleitung besteht *praktisch* darin, daß man:
- mit dem Kranken über seine Gefühle der Unsicherheit, Angst, Auflehnung, Verlassenheit . . . spricht.
- eine Beziehung zum Kranken herstellt, die ehrliche Gespräche ermöglicht und durch die man dem Sterbenden in solcher Weise nahe sein kann, daß er aus dieser mitmenschlichen Verbundenheit den Mut schöpft, sich mit seinen Problemen auseinanderzusetzen und so schließlich »seinen eigenen Tod selbst zu sterben«.

Begleiter/innen müssen nicht versuchen, »über alles Bescheid zu wissen«, sondern einfach nur Mensch sein und aus ehrlicher Solidarität heraus versuchen, den Sterbenden auf einem langen, oft schwierigen und steinigen Weg zu begleiten.

Bitten eines Sterbenden an seinen Begleiter:

- Laß mich in den letzten Stunden meines Lebens nicht allein.
- Bleibe bei mir, wenn mich Zorn, Angst, Traurigkeit und Verzweiflung heimsuchen, und hilf mir, zum Frieden hindurchzugelangen.
- Denke nicht, wenn du ratlos an meinem Bett sitzt, daß ich tot sei. Ich höre alles, was du sagst, auch wenn ich meine Augen geschlossen halte.
- Sage jetzt nicht irgend etwas, sondern das Richtige. Das Richtige wäre, mir zu sagen, was es mir nicht schwerer, sondern leichter macht, mich zu trennen. So vieles, fast alles, ist jetzt nicht mehr wichtig.
- Ich höre, obwohl ich schweigen muß und nun auch schweigen will. Halte meine Hand. Ich will es mit der Hand sagen. Wische mir den Schweiß von der Stirn. Streiche meine Decke glatt. Wenn nur noch Zeichen sprechen können, so laß sie sprechen.
- Dann wird das Wort zum Zeichen. Klage nicht an, es gibt keinen Grund. Sage Danke.

- Laß mein Sterben dein Gewinn sein. Lebe dein Leben fortan etwas bewußter. Es wird schöner, reifer und tiefer, inniger und freudiger sein, als es zuvor war, vor meiner letzten Stunde. (IGSL)

Merksätze für die Sterbebegleitung

Welche Merksätze für die Sterbebegleitung ergeben sich aus der Zusammenschau von Bedürfnissen und Vorstellungen Sterbender:

1. Nähe spürbar machen.
   Nähe hat Sinn und macht sinnlich. Wir sollten uns als Begleiter/in mit allen unseren fünf Sinnen (Sehen, Hören, Fühlen, Riechen und Schmecken) dem Sterbenden zugänglich machen.

2. Aktiv zuhören.
   Hinhören, Einfühlen und Verstehen schafft Nähe und Begegnung, die Hilfe ermöglicht. Wir sollten uns immer vergewissern, ob wir den Sterbenden richtig verstanden haben, denn es besteht die Möglichkeit, daß wir in unserer eigenen Vorstellungswelt hängengeblieben sind.

3. Mit Achtung und Ehrfurcht handeln.
   Die Persönlichkeit des Sterbenden muß akzeptiert werden. Seine Not und Hilflosigkeit gehören ihm. Wertschätzung und würdevoller Umgang leiten unser Handeln.

4. Die Autonomie des Sterbenden wahren und gewährleisten.
   Wir dürfen nie an seiner Stelle handeln, sondern immer mit ihm, denn er weiß, was ihm guttut und was er braucht. Das Gesetz des Handelns liegt bei ihm. Ihm muß geholfen werden, damit er es wahrnehmen und ausüben kann.

5. Gefühle zulassen.
   Gefühle sind Informationen, die aus dem Inneren kommen, und diese braucht niemand zu fürchten. Eigene Gefühle und jene des Sterbenden sind ernstzunehmen.

6. Die Umwelt des Sterbenden beachten.
   Sie soll einbezogen werden in die Begleitung. Der Sterbende muß sich von ihr lösen können und seine Umwelt muß von ihm Abschied nehmen. Das Loslassen fällt den Angehörigen oft schwerer als dem Sterbenden. Auch sie brauchen Hilfe und Unterstützung.

7. Klar sein.
   In allen Gefühlen, Gesten und Worten, damit der Sterbende weiß, woran er ist.

8. Zeit haben und Ruhe vermitteln.
   Das Hier und Jetzt am Sterbebett verträgt nicht die Geschäfte von vorher und nachher. Oft braucht es nicht mehr als die Gegenwart eines Menschen in Ruhe und Gelassenheit.

9. Die eigene Hilflosigkeit ernstnehmen.
   Aufgrund der eigenen Grenzen im Nehmen und im Geben ist Hilfe nicht immer möglich. Wir müssen unsere eigenen Grenzen als Helfende erkennen und damit umzugehen wissen, wenn wir hilfreich sein wollen.

10. Begleiter/innen wissen nicht alles.
    Besserwisser haben am Sterbebett nichts verloren. Helfen braucht Demut. Wer hilft, muß sich helfen lassen können – auch und gerade von jenen, die seiner Hilfe bedürfen.

11. Selbst loslassen können.
    Sich selbst einüben in die Erfahrung des Abschiednehmens und Loslassens, denn Sterbende dürfen nicht festgehalten werden.

---

5 Eine spezielle Form der Sterbebegleitung: Die Hospiz-Bewegung

5.1 Historische Wurzeln

Mit dem Begriff »Hospiz« assoziieren die meisten von uns eine christliche Herberge, sei es ein Seefahrer-Hospiz am Meer oder eines der vielen Hospize an Alpenübergängen (zum Beispiel das Hospiz am Großen St. Bernhard mit seinen Bernhardiner-Hunden, die erfolgreich Verirrte aufspüren). Tatsächlich geht die Tradition der Hospiz-Bewegung zurück bis in die Frühzeit des Christentums. Die großen Mönchsorden bauten Hospize; später sorgten die Bischöfe in den Städten für solche Einrichtungen. Hospize standen damals allen offen, die unterwegs und hilflos waren: dem Pilger, dem Kranken und Sterbenden ebenso, wie der Frau in den Wehen und dem Aussätzigen mit seiner Klapper. Hier versuchte man, einem großen sozialen Gedanken folgend, jedem das zu geben, was er brauchte: Schutz und Geborgenheit, Erfrischung, Stärkung und Heilung.

Die lateinische Übersetzung des Wortes »Hospes« bedeutet Gast, aber auch Gastgeber. Hospiz ist demnach ein Rasthaus, eine Zwischenstation für Menschen auf »einer Reise«, in einer »Übergangssituation«. Es war ein irischer Orden, jener der Schwestern der Barmherzigkeit, die um die Mitte des vorigen Jahrhunderts zuerst in Dublin, später in ganz England, Hospize einrichteten, um sterbende Menschen aufzunehmen und zu pflegen, die keine andere Möglichkeit der Betreuung mehr hatten. Mary AIKENHEAD, die Gründerin dieses Ordens, gab ihren Häusern den Namen Hospiz, weil sie »den Tod nicht als Ende verstand, sondern als Durchgang, als Reise in ein anderes Land des Lebens«. Ihr Hospiz sollte dem Wanderer und Pilger auf dieser Reise Rast sein und Hilfe geben.

5.2 Die Entstehung der modernen Hospiz-Bewegung

Eine inhaltliche Wandlung erfuhr der Begriff Hospiz durch zwei Frauen: Elisabeth KÜBLER-ROSS bewirkte mit ihren »Interviews mit Sterbenden« einen gewaltigen Anstoß zum Nachdenken über das Sterben der Menschen in Einrichtungen. Die englische Krankenschwester und Ärztin Cicely SAUNDERS hingegen schuf einen sichtbaren Ort der menschlichen Zuwendung für Sterbende: ihr mittlerweile weltberühmt gewordenes *St. Christopher Hospice* in London. Sie ist auch die Begründerin der modernen Hospiz-Bewegung, die auf zwei Säulen fußt: Begleitung und Schmerztherapie.

Eigentlich war es ja eine Liebesgeschichte. Als Cicely SAUNDERS 1947 David TASMA traf, war sie Ende zwanzig und »hatte seit Jahren danach verlangt, sich zu verlieben und wiedergeliebt zu werden«. So steht es in ihrer Biographie. »Endlich war es passiert, aber David hatte Krebs, einen unheilbaren Krebs, und er lag im Sterben.« Dieser David hatte den Holocaust im Warschauer Ghetto überlebt und war erst vierzig Jahre alt. In den letzten zwei Monaten seines Lebens besuchte ihn die ausgebildete Krankenschwester und Sozialarbeiterin SAUNDERS, sooft sie konnte, auf der chirurgischen Station eines großen, lauten, voll belegten Londoner Krankenhauses. Die beiden redeten und redeten wider die zerrinnende Zeit und sie redeten, erinnert sich Cicely SAUNDERS später: »schließlich über eine Umgebung, in der David nicht nur die Linderung seiner Schmerzen gefunden hätte, sondern auch genug Raum und Zeit, ins reine zu kommen mit einem offenbar unerfüllten und sinnleeren Leben.«

Die Idee einer solchen Umgebung gewann Gestalt in diesen Gesprächen und David vermachte ihrer Verwirklichung alles Geld, das er hatte: fünfhundert Pfund. Cicely SAUNDERS nennt ihn immer wieder den wahren Begründer von *St. Christopher's*, den »Gründungspatienten«, obwohl das Haus in Sydenham erst zwanzig Jahre später seine Pforten öffnen konnte. Es ist das »Mutterhaus« der modernen Hospiz-Bewegung: ein Haus, in dem Sterbende bis zuletzt würdig leben können.

Cicely SAUNDERS erkannte bereits früh, daß zu dieser »Würde im Sterben« vor allem die Schmerzfreiheit gehört. Neben der Sorge für die Kranken, neben der mitmenschlichen Zuwendung steht eine sehr solide medizinische Betreuung, die eine ausgefeilte Schmerztherapie und zugleich eine Kontrolle der Nebenwirkungen solcher Schmerztherapie bietet. Neu am modernen Hospiz-Konzept waren weder der Name noch die Idee der Sterbebegleitung, wohl aber die Ergänzung durch wissenschaftlich fundiertes Fachwissen, insbesondere im medizinischen Sektor. Großer Wert wurde von Anfang an darauf gelegt, Sterben zu Hause wieder zu ermöglichen, also nicht eine neue »Institution für das Sterben und neue Sterbe-Profis als Begleiter/innen« einzuführen, sondern ein flexibles Konzept, von dem Sterbende überall profitieren können, zu Hause genauso wie in einem Pflegeheim oder Krankenhaus.

Das Hospiz wird dadurch wieder seinem ursprünglichen Namen gerecht: als Raststätte, nicht Endstation, auf einer letzten Wegstrecke, in der es keine Diagnostik oder aggressive Therapie mehr geben kann, sondern nur noch palliative (= lindernde) Maßnahmen unter Symptomkontrolle, Pflege, optimale Schmerzeinstellung, menschliche Zuwendung und ständige Begleitung. Damit wird ein Leben in Geborgenheit und Würde angesichts des nahenden Todes möglich. Entscheidend für die Arbeit im Sinne des Hospiz-Gedankens ist auch die gemeinsame Grundhaltung: »Jeder Mensch ist wertvoll, unabhängig von irgendwelchen Äußerlichkeiten oder inneren Einstellungen. Gerade der Sterbende muß dies im täglichen Umgang erfahren. Nur dadurch fühlt er sich mit seinen individuellen Wünschen verstanden, merkt er, daß er nicht zur Last fällt, sondern die notwendige Unterstützung selbstverständlich gegeben wird, weil er geliebt und akzeptiert wird. Solange ein Mensch mit erträglichen körperlichen Beschwerden dies spürt, wird er auch kein Verlangen nach Euthanasie (aktiver Sterbehilfe) äußern.« (SCHREIBER, H./KRÜGER, W.)

5.3 Palliative Fürsorge und neue Chancen, Schmerzen zu lindern

Beim zeitgemäßen Gedanken der Hospiz-Idee handelt es sich um eine neuartige Spezialisierung auf Problemsituationen während der letzten Lebensphase. Dabei wird versucht, das Leiden in seiner Gesamtheit zu erfassen und Hilfestellungen anzubieten, also körperliche, seelische und spirituelle sowie soziale Komponenten zu beachten. Ziel ist es, dem Patienten ein beschwerde- und schmerzfreies Dasein zu ermöglichen und zwar dort, wo er es wünscht (häufig daher zu Hause). Seine Selbständigkeit und seine körperlichen wie geistigen Fähigkeiten sollen gefördert werden, um ein gefürchtetes Dahinsiechen durch eine erfüllte Lebensspanne bis zuletzt zu ersetzen.

Die Linderung von Schmerz und Leid ohne Lebensverlängerung ist überhaupt das grundlegende Anliegen der Hospiz-Bewegung. Palliativ-Medizin macht die letzte Lebensphase eines Menschen nicht länger, aber leichter. Das kann nur, wer den Schmerz bezwingt. Andauernder Schmerz ist wie ein Gefängnis – am Ende bringt er den Menschen um seine Würde. Dies geschieht heute häufiger, als es geschehen müßte! Es gibt aber eine wirksame Schmerztherapie bei fast allen Erkrankungen im Endstadium. Es gibt auch die erforderlichen Medikamente, vor allem Opiate, und es gibt seit Jahrzehnten in verschiedensten Hospizen erprobte Möglichkeiten, sie beizeiten, also prophylaktisch zu verabreichen und nicht erst bei Bedarf, wenn der Schmerz wieder unerträglich ist. Durch genaue Dosierung können heute Tumorpatienten im finalen Stadium ihrer Erkrankung schmerzfrei gehalten werden.

Trotz aller dieser Möglichkeiten der modernen Schmerztherapie leiden laut WHO weltweit noch 60 % aller Krebspatienten an mittleren bis schweren Schmerzen. Die Hauptgründe dafür sind die noch immer großen Vorurteile gegenüber Opiaten. Einerseits bestehen auf dem Hintergrund der weltweiten Drogenproblematik Ängste vor einer Drogenabhängigkeit, die bei einem schwerkranken Patienten keine Bedeutung mehr hätte, andererseits sind die Ängste vor Nebenwirkungen wie Atemdepression, Halluzination, Verwirrtheit, Apathie – wie man sie früher bei injizierbaren Morphiumpräparaten (zum Beispiel nach dem Krieg) sah, noch immer bei Patienten, Angehörigen und Ärzten vorhanden.

Andererseits gehört die Angst vor Schmerzen zu den am häufigsten genannten Ängsten Schwerkranker und Sterbender. Jeder Schmerz ist ein komplexes Geschehen und setzt sich aus verschiedenen Komponenten zusammen.

Abbildung 7: **Schmerzwahrnehmung: vermindernde und verstärkende persönliche Situationen**

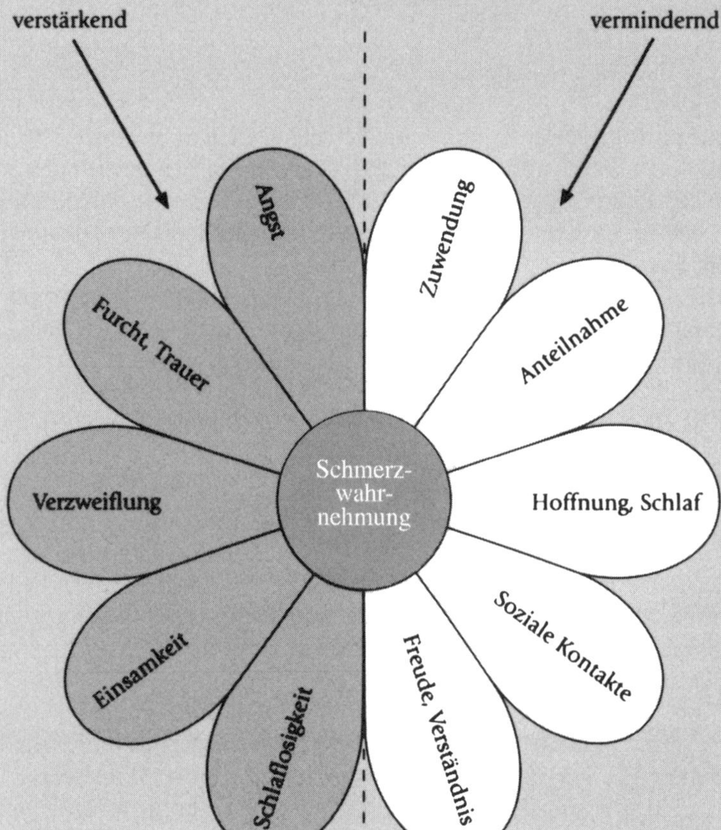

Die Angst vor Schmerz gliedert sich in:

- physischen Schmerz: Schmerztherapie lindert diesen Schmerz;
- psychischen Schmerz: Nicht aufgearbeitete Kränkungen, Mißverständnisse bedürfen dabei einer Klärung. Versöhnung – wenn dies möglich ist – wäre angebracht;

Abbildung 8: Schmerzspirale

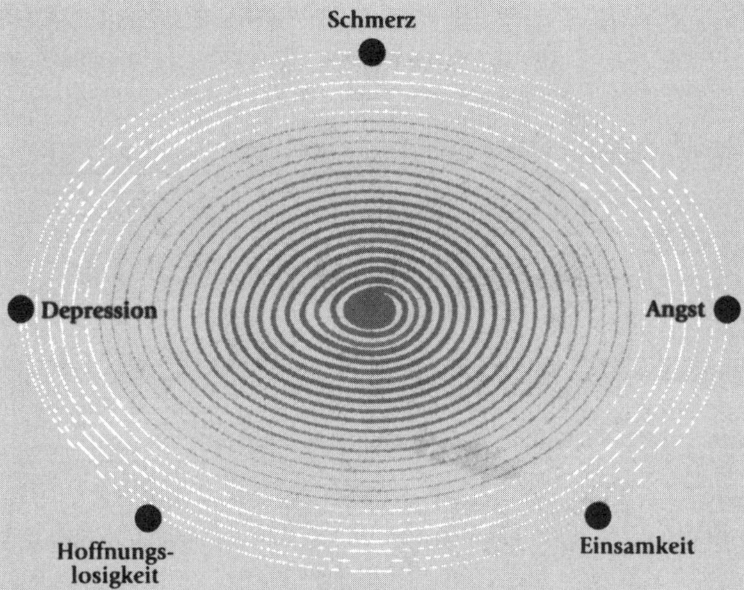

- sozialen Schmerz: Die Umgebung zieht sich oft zurück, eine Vereinsamung tritt ein.
- existentieller Schmerz: (An)Klage, Fragen ohne Antwort.

Jedes nicht entsprechend behandelte Schmerzgeschehen kann weitreichende Folgen für den gesamten Organismus haben. Der Begriff »Schmerzgedächtnis« umfaßt den gesamten Ablauf des Schmerzgeschehens von der auslösenden Ursache bis zur bewußten Wahrnehmung und Verarbeitung. Alle am gesamten Ablauf des Schmerzgeschehens beteiligten Zellen können sich an vorangegangene Schmerzzustände »erinnern«:

- Ein neuerliches Schmerzgeschehen wird subjektiv stärker empfunden, als es wirklich ist;
- ein neuer Schmerz hält länger an;
- ein neuer Schmerz kann sich auf Gebiete ausdehnen, die nicht unmittelbar durch das Schmerzgeschehen betroffen sind;

- mit jedem neuen Schmerz wird eine kompliziertere Behandlung notwendig.

Aber auch Psyche und persönliche Situation wirken auf das Schmerzerlebnis:
- Angst, Furcht, Trauer, Schlaflosigkeit, Verzweiflung, Einsamkeit *verstärken* den Schmerz.
- Zuwendung, Anteilnahme, Hoffnung, Schlaf, Freude, soziale Kontakte und Verständnis *vermindern* das Schmerzerlebnis (vgl. Abb. 7, S. 69).

Die wichtigsten Aufgaben der modernen medikamentösen Schmerztherapie lauten daher:
- bereits entstandene Schmerzen so früh als möglich behandeln;
- vorhersehbare Schmerzen gar nicht erst entstehen lassen.

Werden alle möglichen Maßnahmen zur Behandlung des Schmerzes eingesetzt, ist die Chance groß, keine Schmerzen zu empfinden. Die Verbesserung der Lebensqualität durch Schmerzfreiheit ist das Recht jedes Menschen.

Der deutsche Schmerzexperte Dietrich JUNGCK schätzt, daß sich jährlich zwischen 2 000 bis 3 000 Menschen in der BRD das Leben nehmen, weil sie ihre Schmerzen nicht mehr ertragen können. D. H. LAWRENCE spricht in diesem Zusammenhang von »qualifizierter Schmerztherapie«, dabei geht es darum
- physische Erleichterung zu verschaffen;
- blockierte Kommunikationskanäle zu öffnen;
- emotionale und soziale Unterstützung anzubieten.

***Abbildung 9:* Schmerzpyramide**

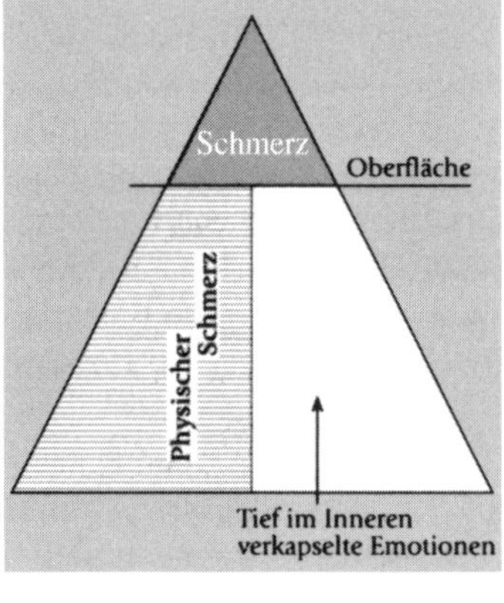

Was ein Patient spürt, ist die Spitze des Eisbergs. Die Wurzeln des Schmerzes liegen oft tief unter der Oberfläche. Die Erkenntnis über die physischen Ursachen des Schmerzes helfen bei der Behandlung. Emotionen, tief im Inneren verkapselt, bleiben dem behandelnden Arzt, dem Pflegeteam vielfach unbekannt.
Einziger Ausweg, sozusagen das »Megaphon«: über den physischen Schmerz. Das ist auch der Grund dafür, warum Schmerzen so oft so schwer in den Griff zu bekommen sind.

Das Palliativ-Konzept sieht vor, daß jede Schmerztherapie den »totalen Schmerz« erfassen muß. Denn wenn auch der körperliche Schmerz optimal behandelt wird, wird sich zwar die Angst vermindern, aber Einsamkeit kann nicht durch Schmerzmittel behoben werden, auch nicht die Hoffnungslosigkeit, die in eine Depression führen kann und wiederum den körperlichen Schmerz verstärkt, so daß die Dosis des Schmerzmittels mehr und mehr erhöht werden muß.

Schmerztherapie ist daher in diesem Zusammenhang ohnehin mehr als nur Morphium allein: die soziale, vor allem aber die psychische Situation eines Kranken hat erheblichen Einfluß auf die Höhe seiner Schmerzschwelle. Es schmerzt, wenn Ärzte und Pfleger sich allmählich zurückziehen, wenn die Trennung von den geliebten Mitmenschen als unabwendbar bewußt wird. Aber besonders schmerzlich ist die Erfahrung, daß der sterbende Mensch eine einzige, letzte, äußerst begrenzte Chance hat, seine »unerledigten Geschäfte« zu besorgen.

5.4 Palliativ–Stationen und ihr ganzheitlicher Anspruch

Palliativ-Stationen sind in einem auf Leistung und Heilungserfolg ausgerichteten Gesundheitswesen mit seiner Krankenhausstruktur daher die richtige Antwort, damit sich eine »Kultur des Sterbens« entwickeln und etablieren kann. Solche Stationen haben in der Bundesrepublik Deutschland oder in der Schweiz bereits einen reichen Erfahrungsschatz aufzuweisen. Sie entstanden sehr oft als »Nachsorgeambulanzen« auf chirurgischen Abteilungen (zum Beispiel Köln) oder onkologischen Stationen (zum Beispiel St. Gallen). Der Anspruch des Palliativ-Konzeptes ist ein hoher. Er erfordert:
- Ärztinnen/Ärzte, die ausgebildet wurden im Umgang mit Tod und Sterben, Gesprächsführung und Palliativ-Medizin;
- adäquat ausgebildetes Pflegepersonal,

- damit mit dem Widerspruch von Intimität und Routine umgegangen werden kann und eine Balance zwischen der nötigen Distanz und dem persönlichen Engagement gesichert ist;
- geklärtes, transparent gemachtes Verhältnis einzelner Berufsgruppen untereinander,
- soziale Unterstützung im Team mit Auswertung und Planung der Arbeit,
- Supervision als Ergänzung oder Ersatz von Teamstrukturen,
- Hilfe zur Selbsthilfe = Hilfe für Helfer, kraftquellenorientiertes Arbeiten durch ökonomischen Umgang mit den eigenen Kräften.

Auf diesen Palliativ-Stationen muß eine permanente Auseinandersetzung mit dem eigenen Tod und der eigenen Sterblichkeit, mit Trauer über Verluste, Abschiednehmen und Loslassen stattfinden.

Darüber hinaus muß von außen zusätzliche professionelle Hilfe geholt werden, damit beim Patienten alles ausgenutzt werden kann, was noch gesund ist, zum Beispiel durch: Atemtherapie, Musik als Therapiemöglichkeit, therapeutisches Malen und Gestalten mit Kranken, Arbeit mit Symbolbildern (nonverbale Kommunikation), Biographie/Lebensgeschichte aufarbeiten, Entspannungsübungen, um nur einige Beispiele aus einer ganzen Palette von therapeutischen und anderen Möglichkeiten zu nennen.

Kommunikation sowohl innerhalb des Teams, als auch mit Patienten und ihren Angehörigen ist auf einer Palliativ-Station selbstverständlich. Die Miteinbeziehung der Familie ist überhaupt eines der wichtigsten Prinzipien palliativer Betreuung. Die Qualität der Arbeit zeigt sich nicht nur am Wohlbefinden des Patienten, sondern auch an der Befindlichkeit seiner Angehörigen. Begleitete Angehörigengruppen und sogar eigene Gruppen für Kinder krebskranker Patientinnen gehören zu jeder gut geführten Palliativ-Station und tragen wesentlich zu einer gezielten Aufarbeitung der Trauer bei.

Palliativ-Stationen sind auch keine Sterbe-Ghettos, sondern »Lebenskliniken« – eine stationäre Aufnahme dient entweder zur vorübergehenden Entlastung sehr oft überforderter, pflegender Angehöriger oder zur Linderung der Schmerzen. Wesentliche Bedeutung kommt dabei der »Vorbereitung« auf das »Leben zu Hause« zu. Auch wir wissen, daß in unseren Plänen für die Kindererziehung eigene, schwere Krankheit nicht vorkommt. Man macht sich vielleicht Gedanken darüber, was bei einer Scheidung geschehen soll, oder darüber, wer im Todesfall als Vormund in Frage käme. Aber schwere Krankheit, zunehmende Behinderung mit all ihren Konsequenzen, darüber denken wir nicht nach. Daher lernen Patienten auf diesen Palliativ-Stationen auch, wie sie zu Hause mit den veränderten Lebensbedingungen zu Rande kommen können, wo und wie sie Hilfe annehmen und so die Schwierigkeiten des täglichen Lebens meistern können. In die Station integrierte amublante Teams begleiten und unterstützen diese Patienten. Palliativ-Stationen sind »nur« Raststätten, Brücken auf dem Weg zwischen Krankenhaus (nach einem operativen Eingriff etwa) und zu Hause (das können die eigenen vier Wände sein, aber auch ein Pflege- oder Altenheim).

6 Literarische Texte – Fallbeispiele – Meditatives Bildmaterial

Lyrik

Bleibe still neben mir
Wenn es so weit sein wird
mit mir,
brauche ich den Engel in dir.
Bleibe still neben mir
in dem Raum,
jag den Spuk, der mich schreckt,
aus dem Traum,
sing ein Lied vor dich hin,
das ich mag,
und erzähle was war
manchen Tag.

Zünd ein Licht an,
das Ängste verscheucht,
mach die trockenen Lippen
mir feucht,
wisch mir Tränen und Schweiß
vom Gesicht,
der Geruch des Verfalls
schreckt dich nicht.

Halt ihn fest, meinen Leib,
der sich bäumt,

halte fest, was der Geist
sich erträumt,
spür das Klopfen, das schwer
in mir dröhnt,
nimm den Lebenshauch wahr,
der verstöhnt.

Wenn es so weit sein wird
mit mir,
brauche ich den Engel in dir.
(BARTH, K. F./HORST, R.)

Unterricht

Jeder der geht
belehrt uns ein wenig
über uns selber.
Kostbarster Unterricht
an den Sterbebetten.
Alle Spiegel so klar
wie ein See nach großem Regen,
ehe der dunstige Tag
die Bilder wieder verwischt.

Nur einmal sterben sie für uns,
nie wieder.
Was wüßten wir je
ohne sie?
Ohne die sicheren Waagen
auf die wir gelegt sind
wenn wir verlassen werden.
Diese Waagen, ohne die nichts
sein Gewicht hat.

Wir, deren Worte sich verfehlen,
wir vergessen es.
Und sie?
Sie können die Lehre
nicht wiederholen.

Dein Tod oder meiner
der nächste Unterricht:
so hell, so deutlich,
daß es gleich dunkel wird.
(DOMIN, H.)

mein gelobtes land
mein gelobtes land
spiegle sich
in deinen augen

mein letzter blick
erahne es
hinter tränenschleiern

halt meine hand
dann schwanke ich nicht
beim letzten schritt
sag adieu

und aufwiedersehen
und es ist gut so
(MITTLINGER, K.)

Aussagen Betroffener

»Wenn es etwas gibt, das eine unverbrüchliche Beziehung zwischen Menschen stiftet, dann ist es die Liebe. Wenn wir in der Stunde, die zum Tod führt, Liebe zeigen, dann, glaube ich, verhelfen wir dem anderen zu einem guten Tod, wenn so etwas überhaupt in unserer Macht steht. Aber das ist ganz subjektiv.«
(FREUND EINES AIDS-PATIENTEN)

»Wenn einer aber Krebs hat und fröhlich herumläuft wie du, dann wird es den Leuten unheimlich. Sie sind plötzlich gefordert, sich mit dem Sterben und dem Tod als einem Teil des Lebens auseinanderzusetzen, und das wollen sie nicht. Das können sie auch nicht, solange sie nicht in deiner Situation sind. Darum ist es ärgerlich und verwirrend, daß du da sitzt und sagst, ich habe Krebs, aber nicht ins Spital gehst. Wenn du ins Spital gingest, dann wäre die Sache wieder in Ordnung. Dann hätte alles seinen richtigen Gang, dann könnte man dich besuchen, mit Blumen, und nach einer gewissen Zeit sagen, Gott sei Dank ist er entlassen, und sagen, nach einer gewissen Zeit, jetzt ist er wieder drin, und wieder kommen, mit Blumen, aber für immer kürzere Zeit. Doch wüßte man, wo er ist. Man wüßte, daß er nicht unter ein Auto gekommen ist, sondern Krebs hat und ins Spital geht, sich schneiden läßt, wie es sich gehört. Du bist ihnen ein Ärgernis, du zeigst ihnen, daß der Tod mitten unter uns ist und stellst das lebendig dar; sie müssen plötzlich an etwas denken, was sie immer verdrängt haben. Und sie denken natürlich nur an sich selbst. Um so schlimmer. Sie müssen daran denken, wie es ihnen ›dermaleinst‹ ergeht; sie sind mit etwas Lebendigem konfrontiert, das eigentlich schon tot sein müßte oder wenigstens im Spital.« (NOLL, P.)

»Sprachlosigkeit und Hilflosigkeit auf beiden Seiten. Ich mußte erst einmal reihum alle trösten, daß ich krank war. Und dann begann die Phase der subtilen Entmündigung. Plötzlich wußten alle, was mir guttut, was ich brauche, wie ich mich wohlfühle, was wichtig für mich ist. Aber niemand fragte *mich!* Ich sollte alles tun, was als gesund galt in den Augen der Freunde. Schließlich muß ich mich jetzt schonen, soll ›gesund‹ leben . . . Nur wollte ich eigentlich nur mehr denn je *leben!* Und schonen – wozu? Und ›gesund‹ – wozu? Um schonend-gesund gestorben zu sein? Ich hatte Bedürfnisse, wollte Gefühle und vor allem Freude zulassen. Ich wollte ein Fest mitfeiern, essen, was mir schmeckt, tun, was noch machbar für mich ist. Jetzt! Wenn ich es *jetzt* nicht tue, dann nie mehr. Ich habe nur noch heute zu leben.« (LEITER, K.)

Gedanken und Geschichten

Am nächsten Morgen kam der kleine Prinz zurück.
»Es wäre besser gewesen, du wärst zur selben Stunde wiedergekommen«, sagte der Fuchs. »Wenn du zum Beispiel um vier Uhr nachmittags kommst, kann ich um drei Uhr anfangen, glücklich zu sein. Je mehr die Zeit vergeht, um so glücklicher werde ich mich fühlen. Um vier Uhr werde ich mich schon aufregen und beunruhigen; ich werde erfahren, wie teuer das Glück ist. Wenn du aber irgendwann kommst, kann ich nie wissen, wann mein Herz da sein soll . . . Es muß feste Bräuche geben.« (SAINT-EXUPERY, A. de)

Die anderen Brücken

Du hast einen schönen Beruf, sagte das Kind zum alten Brückenbauer, es muß sehr schwer sein, Brücken zu bauen.

Wenn man es gelernt hat, ist es leicht, sagte der alte Brückenbauer, es ist leicht, Brücken aus Beton und Stahl zu bauen. Die anderen Brücken sind viel schwieriger, sagte er, die baue ich in meinen Träumen.

Welche anderen Brücken? fragte das Kind.

Der alte Brückenbauer sah das Kind nachdenklich an. Er wußte nicht, ob es verstehen würde.

Dann sagte er:

Ich möchte eine Brücken bauen von der Gegenwart in die Zukunft.

Ich möchte eine Brücken bauen von einem zum anderen Menschen, von der Dunkelheit in das Licht, von der Traurigkeit zur Freude.

Ich möchte eine Brücke bauen von der Zeit in die Ewigkeit, über alles Vergängliche hinweg.

Das Kind hatte aufmerksam zugehört. Es hatte nicht alles verstanden, spürte aber, daß der alte Brückenbauer traurig war.

Weil das Kind ihn wieder froh machen wollte, sagte es: Ich schenke dir meine Brücke. Und das Kind malte für den Brückenbauer einen bunten Regenbogen. (STEINWART, A.)

Der Blinde und der Lahme

Ein Blinder und ein Lahmer wurden von einem Waldbrand überrascht. Die beiden gerieten in Angst. Der Blinde floh gerade auf das Feuer zu. »Flieh nicht dorthin!« rief der Lahme. Der Blinde fragte: »Wohin soll ich mich wenden?« – Der Lahme antwortete: »Ich könnte dir den Weg vorwärts zeigen, so weit du wolltest. Da ich aber lahm bin, so nimm mich auf deine Schultern, damit ich dir angebe, wie du dem Feuer, den Schlangen und Dornen aus dem Weg gehen kannst, und damit ich dich glücklich in die Stadt weisen kann!«

Der Blinde folgte dem Rat des Lahmen, und zusammen gelangten die beiden wohlbehalten in die Stadt. (GESCHICHTE AUS INDIEN)

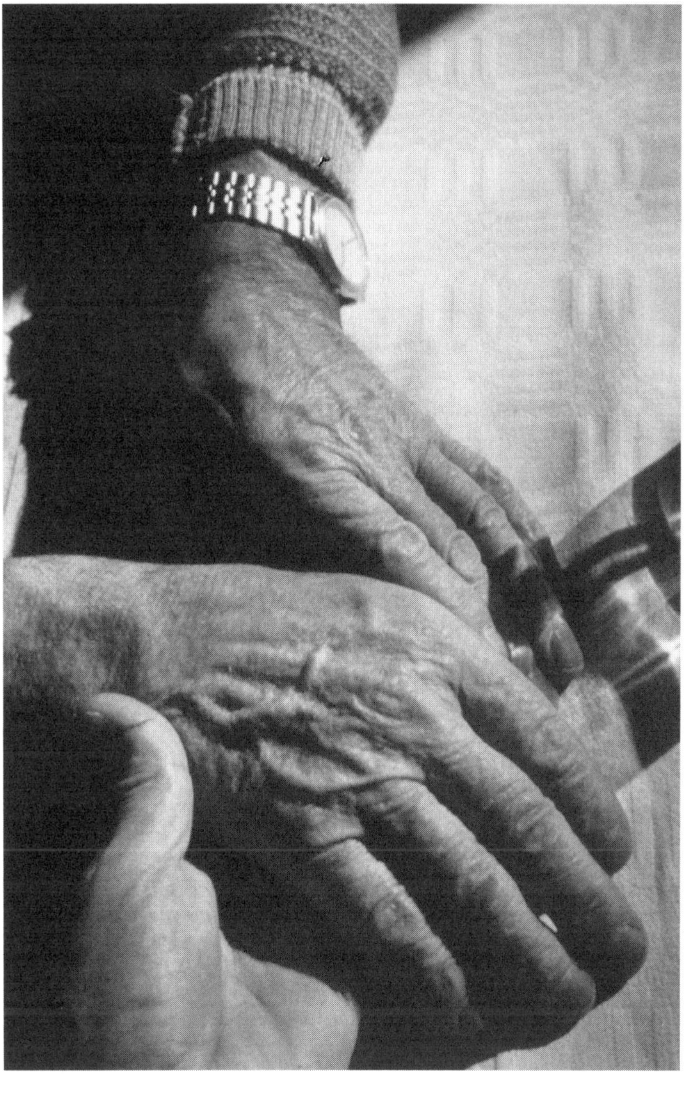

»Bob, ein Mann mittleren Alters, war an Darmkrebs erkrankt. Auf die Nachricht, daß er sich einer Operation unterziehen müsse, reagierte er zunächst mit Panik und lehnte den Eingriff kategorisch ab. Erst nachdem er sich beruhigt hatte, war er durch langes Zureden seiner Frau bereit, der Operation zuzustimmen. Das Ergebnis dieser Operation verlief für Bob dramatisch. Der operierende Arzt mußte feststellen, daß der Tumor bereits weit fortgeschritten und metastasiert war. Sein Arzt führte ein langes Gespräch mit Bob, in dem er auf seine Fragen einging und ihn mit der Wahrheit konfrontierte.

Der befürchtete Gefühlsausbruch blieb aus. Bob nahm den Befund ruhig und gefaßt entgegen ... Nach unserem Gespräch nach der Operation wußte er, daß er an Darmkrebs sterben würde, und er hatte die Absicht, sich ins Unvermeidliche zu fügen und keine weiteren Eingriffe über sich ergehen zu lassen. Er war nicht religiös, vertraute aber fest auf die eigene seelische Kraft, und das wirkte in der ihm noch verbleibenden Zeit als stabilisierender Faktor.

Bob hoffte nicht auf die Kunst der Fachärzte, er entschloß sich für eine weitere Therapie nur, um dem Wunsch seiner Frau zu entsprechen. Gleichzeitig war ihm voll bewußt, daß die Medikamente nur palliativ verabreicht wurden. Die Krankheit nahm einen – auch für die Ärzte – überaus raschen Verlauf. Bald konnte Bob nicht mehr seiner Arbeit als Anwalt nachkommen. Seine Tochter blieb bei ihm zu Hause.

Jahre später erzählte sie mir, daß sie mit ihrem Vater ganze Nächte hindurch über sich und ihr Leben geredet hätte. »Obwohl unser Verhältnis schon zuvor sehr innig gewesen war, rückten wir in diesen letzten Monaten noch enger zusammen ...«

Für Bob war Weihnachten immer ein wichtiges Fest, zu dem er Menschen einlud, die ihm besonders vertraut waren. Er selbst gestaltete diese Feiern immer mit und legte Wert darauf, daß er seine Lieblingsgeschichte von Dickens, ›Der Weihnachtsabend‹ selbst vortrug. Auch sein letztes Weihnachtsfest gestaltete Bob aktiv mit. Er lud wie immer Freunde ein. Auch sein behandelnder Arzt war gekommen.

»Wir setzten uns nebeneinander auf Bobs gemietetes Krankenhausbett. Nach einer Weile nahm ich seine Hand in meine. Jetzt fiel mir das Sprechen leichter. Wir waren zwei Männer ungefähr gleichen Alters, aber in ganz verschiedenen Lebenssituationen. Bob hatte keine Zukunft mehr vor sich. Aber er hatte für sich eine Form der Hoffnung gefunden: Er wollte bis zum letzten Atemzug er selbst bleiben, und seine Freunde sollten ihn so in Erinnerung behalten, wie er immer gelebt hatte. Er feierte sein letztes Weihnachten und war sich dessen voll bewußt. Nachdem ich mit ihm gesprochen hatte, war er bereit, die Dienste der Schwestern des Hospizes für die verbleibende Zeit in Anspruch zu nehmen.«

Schließlich konnte die Betreuung zu Hause nicht mehr durchgeführt werden, und Bob und seine Familie sahen ein, daß eine stationäre Aufnahme ins Hospiz für alle eine Erleichterung bedeutete.

»Nach der Einlieferung schien er stündlich schwächer zu werden. Er zwang sich, zum Wasserlassen aufzustehen, und machte erfolglose Versuche zu gehen. Obwohl er den Tod angenommen hatte, konnte er vom Leben offenbar noch nicht lassen. Am Nachmittag nach dem Tag seiner Einlieferung wurde er plötzlich sehr unruhig. Er erklärte Carolyn und Lisa (seiner Frau und Tochter, Anm.), er wolle jetzt sofort sterben. Die Frauen begannen in ihrer Hilflosigkeit zu weinen. Bob sah sie bittend an, breitete seine noch immer massigen Arme aus und drückte sie tröstend an sich, wie er es schon so viele Male getan hatte. Während er sie festhielt, bat er sie um Erlaubnis zu sterben. Ohne ihre Einwilligung, so meinte er, könne er nicht gehen. Er verlangte von ihnen nichts als die Erlaubnis, und erst, als er sie erhielt, beruhigte er sich wieder. Einige Augenblicke später sagte er zu Carolyn: ›Ich möchte sterben.‹ Dann flüsterte er: ›Aber ich will leben.‹ Dann schwieg er.

Bob war fast den ganzen nächsten Tag über wie betäubt. Er sprach bis zum Nachmittag kein einziges Wort, aber Carolyn war überzeugt, daß er sie verstand, wenn sie zu ihm sprach. Sie redete leise mit ihm und sagte ihm, wieviel er ihr bedeute. Plötzlich, als sehe er durch die geschlossenen Lider etwas Wunderbares, legte sich ein Lächeln über sein ganzes Gesicht. ›Was er auch gesehen hat‹, meinte Carolyn danach, ›es muß sehr schön gewesen sein.‹ Fünf Minuten später war er tot.

Bob wurde von einer großen Anzahl von Menschen zum Grab geleitet. In seiner Anzugtasche war ein Abschiedsbrief seiner Tochter Lisa.

Ich besuchte das Grab von Bob, als ich diese Seiten schrieb. Ich wollte einen Mann ehren, der für sich einen neuen Lebenssinn gefunden hatte, als ihm klargeworden war, daß er bald sterben würde. Er hat mir gezeigt, daß Hoffnung auch dann noch möglich ist, wenn es keine Rettung mehr gibt.

Als Grabspruch hatte Bob noch zu Lebzeiten ein Lieblingszitat von Dikkens ausgewählt. Dieser Spruch stand auf dem Stein aus Granit an Bobs Grab: ›Und immer wurde von ihm gesagt, wenn jemand Weihnachten richtig feiern könne, dann sei er es‹.«
(NULAND, S.)

Tabelle 8: Schematische Darstellung von Krankheitsverlauf, Reaktionen des Patienten und dem Verhalten des behandelnden Arztes sowie der Angehörigen anhand des oben dargestellten Fallbeispieles

Krankheitsverlauf	*Reaktionen des Patienten*	*Verhalten des Arztes*	*Verhalten der Angehörigen*
Beschwerden Untersuchung und Diagnose-stellung	Beschwerden werden nicht ernstgenommen, verdrängt	Untersuchung	Unsicherheit
Diagnose Krebs Operation	Panik Allmähliches Bewußtwerden, an einer tödlichen Krankheit zu leiden	Übermittlung des Befundes Aufkklärung über die Bedeutung des Befundes Intensive, offene und ehrliche Gespräche	Betroffenheit Verständnis für die Reaktion des Patienten Gespräche
Konfrontation mit neg. Operationsbefund	Ruhige Gefaßtheit Wunsch nach Wahrheit und Offenheit seitens des Arztes	Darlegung der Möglichkeiten und Grenzen der Therapie Ansprechen der Wahrheit: Rettung ist nicht möglich	Ermutigung zur Behandlung
Stationäre Behandlung: Chemotherapie	Einwilligung in die Behandlung, um den Wunsch seiner Familie gerecht zu werden	Einleiten einer palliativen bzw. metastasenbezogenen Präventiv-therapie	Bitten, die medizinische Be-handlung fortzusetzen
Entlassung Ärztlich Betreuung zu Hause Eingeschränkte Lebensbedingungen	Vertrauen in die eigene seelische Kraft Hoffnung, Weihnachten noch zu erleben Wunsch, Weihnachten aktiv mitzugestalten Hoffnung, bis zuletzt er selbst sein zu können	Hausbesuche Medizinische Betreuung unter dem Gesichtspunkt einer Verbesserung bzw. Erhaltung der vorhandenen Lebensqualität Schmerzthapie	Intensive Betreuung sowohl kör-perlich als auch seelisch Gespräche über »Gott und die Welt« Möglichkeiten, körperliche Nähe spüren zu lassen Helfen, daß die »Hoffnung Weih-nachten« möglich wird

Metastasenbildung schreitet fort Verschlechterung des Zustandes Angstzustände Stationäre Aufnahme	Annahme der eigenen Bedürftigkeit Widerstand gegen Klinikaufenthalt Einwilligung in die Betreuung durch die Tochter Auseinadersetzung mit der Lebensgeschichte in zahlreichen Gesprächen mit der Tochter Erleichterung über Aufnahme ins Hospiz	Anwesenheit der Angehörigen ermöglichen Fortsetzung intensiver palliativmedizinischer Maßnahmen	Überforderung in der Pflege Erleichterung nach Hospizaufnahme
Allgemeine Schwäche	Verzweiflung, vom Leben nicht lassen zu können Gesteigerte Unruhe Bitte an die Angehörigen um Erlaubnis, sterben zu dürfen Starke Ambivalenz: »Ich will sterben – Ich will aber leben«	Gesprächsbereitschaft für Patient und Familie	Hilflosigkeit angesichts des seelischen Kampfes des Patienten, das Leben loszulassen Weinen auf Aussagen des Patienten: »Ich möchte sterben« Gespräche, Körperkontakt »Erlaubnis« an den Patienten, sterben zu dürfen
Eingeschränkter Bewußtseinszustand Koma	Vollkommener Rückzug Keine Reaktionen auf seine Umwelt	Rückzug auf der Ebene »Arzt«-Bereitschaft, sich als »Mitmensch« einzubringen	Am Bett verweilen Da-Sein Worte der Liebe als letztes Geleit
Herzstillstand	Lächeln	Da-Sein	Wahrnehmen des friedlichen, glücklichen Lächelns kurz vor dem Tod

IV AUSEINANDERSETZUNG MIT ZENTRALEN LEBENSTHEMEN KRANKER UND STERBENDER MENSCHEN

In diesem Kapitel wollen wir uns mit vier Themenschwerpunkten befassen, die für alle Menschen in immer wiederkehrenden Zyklen relevant und brisant werden. Für Menschen, deren Leben sich dem Ende zuneigt, nehmen sie jedoch einen ganz besonderen Stellenwert ein. Es handelt sich dabei um das Thema *Angst*, die Frage nach dem Sinn des Lebens im allgemeinen und nach dem individuellen *Lebenssinn* im besonderen, ferner um Fragen der *Schuld* und schließlich um die Auseinandersetzung mit dem Begriff *Wahrheit* und jenem Prinzip, das uns letztlich alle hält: dem Prinzip *Hoffnung*.

1 *Lebensangst – Todesangst*

1.1 Angst – eine Farbe des Lebens

»Es gibt kein Leben ohne Angst vor dem anderen, schon weil es ohne diese Angst, die unsere Tiefe ist, kein Leben gibt. Erst aus dem Nicht-Sein, das wir ahnen, begreifen wir für Augenblicke, daß wir leben. Man freut sich seiner Muskeln, man freut sich, daß man gehen kann, man freut sich des Lichtes, das sich in unserem dunklen Auge spiegelt, man freut sich seiner Haut und seiner Nerven, die uns so vieles spüren lassen, man freut sich und weiß mit jedem Atemzug, daß alles, was ist, eine Gnade ist. Ohne dieses spielende Wachsein, das nur aus der Angst möglich ist, wären wir verloren. Wir wären nie gewesen.« (FRISCH, M.)

Was immer wir auch tun, hängt mit Angst zusammen. Mit Ausleben, bewußtem Vermeiden, ungewußtem Verdrängen, Projektion, Überkompensation, bearbeitender Überwindung von Angst. Überall müssen wir mit unserer Angst rechnen. Wir haben Angst vor Isolation, vor Versagen, vor Strafe, vor unserem Gewissen und vor dem Tod.

Erhöhte Belastung kann ebenfalls zu Angststörungen führen, die wiederum starken Streß auslösen. So schaukeln Streß und Angst einander hoch. Als häufige Auslöser haben Forscher kritische Lebensereignisse ausgemacht: Tod oder Krankheit von nahestehenden Menschen, Arbeitslosigkeit, Prüfungssituationen, Partnerschaftsprobleme, Geburten.

Angst trägt Masken, und sie versteckt sich gerne. Der Psychoanalytiker Horst-Eberhard RICHTER spricht von einer »Okay-Moral« des ewigen Lächelns. Wer demnach offen Kummer, Sorge, Angst zeige, gelte als schwach und labil. Darin zeige sich die Moral einer entseelten Relativitätskultur, in der Siege und Macht alles gelten – eine »Kultur der Unbarmherzigkeit«.

Das Thema Angst wird in dieser Okay-Gesellschaft genauso tabuisiert wie das Thema Tod und Sterben. Dabei gehört es unvermeidlich zum Leben.

»Angst vor dem Leben – Angst vor dem Tod.« Verena KAST meint, daß Angst vor dem Leben und Angst vor dem Tod zusammenhängen. Anders ausgedrückt: wer sehr befangen ist aus Angst vor dem Tod, der leidet auch an der Angst vor dem Leben. Angst ist eine Emotion, ein Gefühl, ein Affekt. Sie gehört zum Menschen. Angst ist notwendig, weil die Angst uns signalisiert, daß wir von einer Gefahr ergriffen sind und daß wir etwas verändern müssen. Angst als Signal, als Chance, als Aufruf, seine Lebenssituation zu überdenken, wird zur positiven Handlungsanleitung für die Zukunft. Die Angst als unterdrückte Wut, als Verzweiflung, die einen zweifeln läßt an der Art und Weise, wie wir bislang gelebt haben. Dann ist die Angst ein Aufruf, einen neuen Weg einzuschlagen und sie wird zu einer Farbe des Lebens, die das Bild entscheidend verändert.

Angst kann aber auch zur Krankheit, zur Bedrohung werden. Ängste sind oft die Vorstufe zu Depressionen und schweren Angstattacken. Dann wird Angst zum undurchdringlichen Dschungel, zum negativen Gefühl, zur Vernichtung des Selbstwertes.

1.2 Angst als Schlüsselbegriff

Angst als Begriff wird als eine Stimmung oder ein Gefühl der Beengtheit, Beklemmung und Bedrohung, ein unangenehmer, spannungsreicher, oft quälender emotionaler Zustand bzw. ein negativer Erwartungsaffekt, verbunden mit einer Minderung oder Aufhebung der willens- und verstandesmäßigen »Steuerung« der eigenen Persönlichkeit erlebt. Angst äußert sich je nach dem Grad ihrer Intensität in verschiedenen Körperreaktionen. Die Angst hat viele Gesichter:

A. Autonome Körperreaktionen:	Herzklopfen, Zittern, weitgeöffnete Augen, Erbleichen, starre Körperhaltung, kalter Schweißausbruch, Schlaflosigkeit usw.
B. Emotionale Angsterlebnisse:	Beklemmung, Bangigkeit, Schaudern usw.
C. Kognitive Angstzustände:	Fassungslosigkeit, Befürchtungen, geistige Blockaden.

Angst-Gefühle können sowohl aus äußeren Gefahren- und Bedrohungssituationen, als auch aus inneren Streßsituationen erwachsen, sie sind ein Zeichen eines inneren Alarms, der das Erreichen der Grenzen der Belastbarkeit anzeigt. Dann wird die Angst zum Gefahrensignal. Angst ist – neben den bereits genannten Phänomenen – eng verwandt mit Furcht, Entsetzen, Schreck, Grauen, Panik, Sorge, Schmerz, Niedergeschlagenheit und Hoffnungslosigkeit.

Mit Angst im weiteren Sinn bezeichnet man heute einen äußerst weitgefächerten und vielschichtigen Phänomenbereich, der von der konkreten Furcht vor einem bestimmten Gegenstand bis zur gegenstandslosen Lebens-, Existenz- und Weltangst, von der dispositionellen Ängstlichkeit oder Furchtsamkeit bis zur chronischen Angst, von der krankhaften Angst (Neurosen, Phobien) bis zur Angst als Wesensbestandteil menschlichen Seins reicht. Ebenso schwanken auch die Wirkungen der Angst zwischen einer die Aktivität fördernden und einer die Aktivität lähmenden Beeinflussung. Unterschieden werden muß aber auch zwischen der angeborenen, primären Angst, die zum Wesen des Menschen gehört als lebensförderndes Grundelement und jenen gemachten und erworbenen Ängsten, die in individualpsychologischen, gesellschaftlichen und politischen Zusammenhängen anzutreffen sind.

Alltäglich bedrückende Ängste sind u. a.:

Angst vor Arbeitslosigkeit, Angst vor Krankheit, Prüfungsangst, Angst vor atomarer Bedrohung, Angst vor Einsamkeit, Angst vor Versagen in der auf Leistung ausgerichteten Gesellschaft, Angst vor sozialem Abstieg, Angst vor politischer Verfolgung, Angst vor dem Verlust menschlicher Freiheit angesichts einer Übermacht der Technik u. ä.

Ein Leben ohne Angst gibt es nicht. Wir leben in Abhängigkeiten (Familie, Arbeitsplatz) und wissen um unsere Sterblichkeit. Auch wenn wir dazu neigen, der Angst auszuweichen, sie zu verdrängen, zu betäuben oder zu überspielen, sie hört dennoch nicht auf zu existieren. Wer versucht, angstfrei zu leben, verdrängt die Angst und dadurch besteht die Gefahr, daß sie einen Menschen überwältigt.

Was macht die Angst mit uns?

- Sie kann uns aktiv machen und uns lähmen.
- Sie ist ein Signal, eine Warnung vor Gefahren.
- Sie enthält einen Aufforderungscharakter, etwas zu tun, uns der Situation angemessen zu verhalten.
- Sie ist ein wesentlicher Teil unserer Lebenszeit, unserer Biographie.
- Sie ist ein Aufruf, einen neuen Weg einzuschlagen, sich auf etwas Neues einzulassen.
- Sie kann als wertvolles Gefühl erlebt werden, aber auch als vernichtend bis hin zur Todesangst.
- Sie läßt uns einen Schritt reifen, wenn wir sie annehmen; das Ausweichen läßt uns stagnieren.

Sich der kranken Angst zu stellen und die schützende Angst zu kultivieren, darin liegt eine Chance für die Zukunft unserer Gesellschaft!

1.3 Formen der Angst

Begreifen wir die Angst als ein Emotionsfeld, so gilt auch für die Angst, was für andere Emotionen gilt: Wir haben selten nur Angst allein. Zum Emotionsfeld der Angst gehören daher die Spannung, die Beklemmung, die Panik, die Furcht. Dieses Emotionsfeld Angst geht aber noch wesentlich weiter, denn dazu gehören auch Kummer und Zorn, Wut, Aggression, Feindseligkeit, Schuld und Scham.

Auf der anderen Seite hingegen erwartet uns ein breites Emotionsfeld zwischen Mut und Hoffnung. Angst wird geradezu als Gegenpol von Hoffnung gesehen. Und manche Menschen erleben in solchen Lebenssituationen Angst als Kriegszustand, als Minenfeld, wo jederzeit – völlig unerwartet – eine Bombe hochgehen kann. »Es riecht hier förmlich nach Angst« – die Beschreibung einer betroffenen Frau, die jahrelang in Angst vor ihrem Mann lebte und diese Angst modellhaft in verschiedenen Phasen erlebte:

1. Phase der Angst – *Nicht-Wahrnehmen*
»Alle Menschen, die Freunde und Bekannten bemerken bereits diese Atmosphäre der Angst, die betroffene Person selbst kann und will es nicht wahrhaben.«

2. Phase der Angst – *Verleugnung, Nicht-Wahrhaben-Wollen*
»Den Clown spielen, damit ja nichts nach außen dringt. Eine heile, perfekte Familie darstellen und so tun, als ob nichts sei.«

3. Phase der Angst – *Körperliche Symptome*
Angstattacken, Schlaflosigkeit, Angstzustände in der Nacht, Panik, entsetzliche Schmerzen, Todesangst. »Meine eigene Körperhaltung und die der Kinder war gebückt, gekrümmt. Es dauerte ein halbes Jahr, bis ich hinaufschauen konnte zum hohen Wipfel einer Tanne.«

Bei den Grundformen der Angst nach RIEMANN geht es um die Auseinandersetzung mit polaren Tendenzen in der Persönlichkeitsentfaltung. Hier stehen:

- Selbstbewahrung gegen Selbsthingabe;
- Selbstverwirklichung gegen Selbstvergessenheit;
- Streben nach Dauer gegen Streben nach Wandlung.

RIEMANN nennt die vier Grundformen der Angst:

1. Angst vor Selbsthingabe:
   Diese Form der Angst beinhaltet die Gefahr von Ich-Verlust und Abhängigkeit.
2. Angst vor Selbstwerdung:
   Gefahr von Ungeborgenheit und Isolierung.
3. Angst vor Wandlung:
   Permanente Gefährdung durch Vergänglichkeit und Unsicherheit.
4. Angst vor dem Unausweichlichen:
   Gefährdung durch Endgültigkeit und Unsicherheit.

Alle Emotionen betreffen immer unsere Identität. Sie bilden den Kern unseres Selbstseins. Wenn wir von Emotionen sprechen, geht es immer um Selbstwahrnehmung, und zwar jeweils in der »Farbe« der entsprechenden Emotion. Wir nehmen uns ganz anders wahr, wenn wir ängstlich sind, als wenn wir zum Beispiel freudig sind oder inspiriert. Es geht bei jeder Emotion, bei jedem Wahrnehmen von Angst auch um unser Selbsterleben, um unsere Identität. Die von RIEMANN beschriebenen Grundformen der Angst lassen sich am besten im Thema »Lebensübergänge« begreifen, Lebensübergänge, die jeder Mensch bewältigen muß, wie Pubertät, Adoleszenz, Klimakterium, Übergang ins höhere Alter usw. Es gibt auch Lebensübergänge, die situativ sind: Krankheit, Trennung, Verliebtheit, neue Partner, kein Partner usw. Übergangsphasen sind immer Phasen der Labilität verbunden mit Angst, Spannung, Selbstzweifel und Konflikten.

Wir haben aber nicht nur Aufbruchphasen in unserem Leben, sondern auch Konsolidierungsphasen, Phasen, in denen das Neue ins Leben integriert wird, in denen das Leben sich beruhigt. In diesen Phasen spürt man weniger Angst, ist weniger sensibel, emotional auch weniger ansprechbar. Wir haben dann so etwas wie eine sichere Identität, die es erlaubt, verhältnismäßig viel Angst auszuhalten. Zu dieser sicheren Identität gehört ein sicheres Gefühl von sich selbst als ein aktiver, kompetenter Mensch, der eine Ich-Aktivität hat.

Dann wird Angst zu einer positiven Farbe unseres Lebens.

Tabelle 9: Merkmale von Lebensübergängen

Mißbehagen:
- Tiefe Unzufriedenheit
- »War das jetzt alles?«
- Bisher Vertrautes trägt nicht mehr – Neues trägt noch nicht
- Alles ist frag-würdig (einer Frage würdig)

Suchen:
- »Was kann ich tun?«
- Es ist viel Chaos auszuhalten
- Angst muß bewältigt werden
- Neu-Orientierung kann nur aus einem selbst kommen

Inkubationsphase:
- Resignation (»Ich bin der letzte Mensch«)
- Probleme gären im Inneren
- Ärger, Depression, Frustration
- Selbstzweifel
- Identitätsveränderung

Neue Idee:
- Freude
- Klarheit darüber, welche Sehnsucht in einem steckt
- Zukunftsorientierung

1.4 Angstbewältigung – wie wir mit der Angst umgehen

Es geht nicht einfach darum, die Angst zu vermeiden, es geht darum, ihren *Sinn* zu erfahren, um sie nutzen zu können. Beim Ausdruck »Angstbewältigung« wäre es zu einfach, dabei an »Angstfreiheit« zu denken. Verena KAST schreibt dazu: »Die Angst gehört zum Menschen. Angstbewältigung meint nur das Umgehen mit der Angst, im idealsten Fall ist es so, daß nicht ständig mehr Angst daraus entsteht. Nun ist die Angst eine Emotion, die man gut beschreiben kann. Schon bei der Beschreibung der Angst wird deutlich, daß in dieser Emotion selber viele Schlüssel liegen, wie man mit ihr umgehen kann, wo man ansetzen kann, auch jenseits der Abwehrmechanismen. Kurz gesagt, überall dort, wo uns die Angst angreift, uns beeinträchtigt, da ist auch ein Ansatzpunkt, um mit ihr umzugehen.«

Die größten Ängste ranken sich meistens um befürchtete Verluste, um Mißerfolge, um Dinge, die für uns persönlich bedeutsam sind und die wir möglicherweise verlieren werden. Angst ist daher meistens eine Angst vor *Verlust,* dazu gehören natürlich auch Trennung und Mißerfolg, vor Verlust, auf den wir keine *adäquate* Antwort oder Reaktion haben. Wenn Angst auftritt, entwickeln wir oft eine Bewältigungsstrategie oder Bewältigungsmechanismen.

Zunächst sei auf drei Möglichkeiten verwiesen, wie ein Mensch prinzipiell auf Angst reagieren kann: *Fliehen – Standhalten – Angreifen.* Differenziertere Modelle führen folgende Bewältigungsmechanismen in der Konfrontation mit Angst an:

1. Akzeptieren
2. Distanzieren
3. Rationalisieren
4. Analysieren
5. Projektion
6. Entwerten
7. »Flooding«

zu 1. Akzeptieren

Wir haben die Möglichkeit, unsere Angst anzunehmen und zu akzeptieren. Sie als einen selbstverständlichen Teil unseres Lebens, unseres Wesens zu sehen. Wir können fragen: »Was will die Angst mir sagen?« und leiten aus diesen Informationen den Handlungsbedarf für weiteres ab. Dann wird Angst ein Teil des Ausdrucks unseres Seelenlebens.

zu 2. Distanzieren
Wenn wir von einer panischen Angst erfaßt sind, dann sagen wir uns: Jetzt bleibe ich ruhig, atme tief durch und zähle bis zehn. Dann versuchen wir gedanklich, einen Schritt zurückzutreten und die Angst aus der Distanz, durch eine andere Brille zu betrachten.

zu 3. Rationalisieren
Dieser Abwehrmechanismus wird häufig mit dem Distanzieren kombiniert. Wir sagen uns schnell, daß wir »davor« überhaupt keine Angst zu haben brauchen, und wir nehmen uns vor, diese Situation oder Bedrohung »in den Griff zu bekommen«.

zu 4. Analysieren
Wenn wir das Problem lang und breit analysieren, es von allen Seiten betrachten oder uns einen Menschen suchen, um mit ihm gemeinsam die »Ursachen« dafür zu besprechen, erhalten wir wieder die nötige Distanz zu unserer Angst.

zu 5. Projektion
Haben wir zum Beispiel eine diffuse Angst und wissen überhaupt nicht, woher diese Angst stammt, dann beziehen wir die Angst auf konkrete Personen oder Ereignisse. Das kann auch in viel pauschalerer Weise auftreten: Frauen haben etwa Angst, weil die Männer ihnen immer etwas Böses tun wollen; Männer haben Angst, weil die Frauen ihnen immer etwas Böses tun wollen. Die Problematik der Projektion besteht jedoch darin, daß man die Ursache für die Angst nie bei sich selbst, sondern immer nur bei anderen Menschen sucht.

zu 6. Entwerten
Wenn wir Angst vor einer Kritik haben und das Gefühl entwickeln, diese Kritik könnte uns vernichten und unsere Kompetenz ernsthaft in Frage stellen, dann entwerten wir den potentiellen Kritiker oder die Kritikerin, indem wir ihm oder ihr die Kompetenz oder die Differenziertheit absprechen, uns oder unser Werk überhaupt kritisieren zu können.

zu 7. »Flooding«
So nennen Experten die Methode, in der schlimmste Angstsituationen aufgesucht und sogar noch künstlich verstärkt werden – je intensiver, desto wirksamer ist dabei das Motto. Menschen mit extremer Platzangst werden zum Beispiel in engen, dunklen Räumen für Stunden eingesperrt, um sie in einer massierten Konfrontation ihre Angst immer wieder durchleben zu lassen, bis ein »Gewöhnungseffekt« eintritt.

- Angst kann in einem Gespräch an- und ausgesprochen werden.
- Das Verhalten der Begleitperson soll seinen Schwerpunkt im Wahrnehmen und Verdeutlichen der Angst haben, nicht im Argumentieren. Dieses Wahrnehmen der Situation erfordert *Ehrlichkeit* und diese wiederum schafft *Gemeinsamkeit,* dann wird Angst nicht ins Ghetto, in die Isolation führen.
- Hauptakzent liegt im Zuhören: Aktives Zuhören ist gefragt, nicht die Frage: »Was muß *ich* tun?«, sondern: »Was ereignet sich zwischen uns? Entsteht ein Gefühl des Vertrauens und der Möglichkeit, über Ängste frei und offen zu reden?«

Anregungen für eine persönliche Auseinandersetzung

Impulsfrage 1:

Stellen Sie sich die folgende Frage und versuchen Sie ein möglichst genaues Bild jener Situationen, Menschen, Gegenständen, Gedanken usw. zu geben, die Ihnen im Laufe Ihres Lebens Angst machten oder machen: Frage: Was macht mir angst?

Impulsfrage 2:

»Was macht die Angst mit mir?«
Versuchen Sie sich anhand dieser Frage mit Ihren ganz persönlichen und für Sie typischen Reaktionsweisen auseinanderzusetzen!

Impulsfrage 3:

Wie bin ich schon einmal mit konkreten Angstsituationen umgegangen?
Wo war ich kompetent im Umgang mit Angst?
Sammeln Sie Beispiele und schreiben Sie diese auf.

Impulsfrage 4:

Malen oder zeichnen Sie ein Bild zum Titel: »Meine Ängste«, lassen Sie Ihren Emotionen freien Lauf!

2 *Auseinandersetzung mit der Sinnfrage*

»Jeder Tag, jede Stunde wartet also mit einem neuen Sinn auf, und auf jeden Menschen wartet ein anderer Sinn. So gibt es einen Sinn für einen jeden, und für einen jeden gibt es einen besonderen Sinn.« (FRANKL, V.)

2.1 Zur Sinnfrage: Einführende Gedanken

Menschen, die mit einer schweren Lebenskrise – sei diese nun seelisch, körperlich oder sozial – konfrontiert sind, stellen sich und ihren Gesprächspartnern oft in sehr radikaler Art und Weise die Frage nach dem Sinn ihres Leidens – ja ihres ganzen Lebens. Die Konfrontation mit der Sinnfrage führt viele professionelle Helfer in sehr schwierige Situationen, in denen sie jeweils sehr behutsam und flexibel reagieren können sollten. Was macht es so schwierig, kranken und sterbenden Menschen gerade bei Fragen der Sinnfindung ihrer Situation Beistand zu leisten? Warum fühlen sich so viele Begleiter gerade in diesem Zusammenhang oft ohnmächtig und hilflos?

Vielleicht hängt dies damit zusammen, daß es für viele Begleiter selbst schwierig ist, der Situation und den konkreten Lebenssituationen ihrer Patienten einen Sinn abzuringen. Nur zu gut werden Klagen, Gefühle von Sinnlosigkeit und Resignation von Begleitern gut verstanden, sie können sich gleichsam sehr gut in die zum Ausdruck gebrachte scheinbare »Sinnlosigkeit« einfühlen. Dieses gute Einfühlen, dieses Verstehen blendet jedoch die Tatsache aus, daß jede Situation für jede Person ihren einzigartigen, unverwechselbaren und unübertragbaren Sinn in sich birgt. Diesen Sinn zu entdecken, ihn herauszufinden, ist nicht die Aufgabe der Begleiter, sondern muß einzig und allein vom Patienten, vom betroffenen Menschen selbst geleistet werden. Die Rolle der Begleiter ist es, sich selbst mit Deutungen, mit einem zustimmenden Verstehen scheinbarer Hoffnungslosigkeit und Sinnlosigkeit zurückzunehmen. Es geht vielmehr darum, Menschen bei ihrer Entdeckungsreise zu unterstützen, an deren Ende eine ganz persönliche Sinnfindung stehen kann – die sich manchmal dem Verstehen der Begleiter entzieht. Aber nicht die Begleiter sollen im Leben ihrer Patienten Sinn entdecken, sondern die Betroffenen selbst!

Nun ist es die tägliche Realität vieler professioneller Helfer, mit Menschen konfrontiert zu sein, die in ihrem Leben keinen Sinn mehr sehen können, die keinen Lebensinhalt mehr haben und keinen Lebenszweck wahrnehmen. Ihnen fehlt gleichsam ein *Warum* ihres Lebens. Daß dies besonders problematisch ist und in jeder Lebenssituation zur Selbstaufgabe führen kann, ist aus zahlreichen Beobachtungen und Untersuchungen bekannt. NIETZSCHE schreibt etwa: »Wer ein *Warum* zu leben hat, erträgt fast jedes *Wie.*« Wo dieses »Warum« eben verlorenging oder nicht gesehen werden kann, werden Situationen des Leidens, der Schmerzen, des Alleinseins sehr schwer ertragen, lassen ein Gefühl der Sinnlosigkeit entstehen und führen zu Depression, Resignation und dem Wunsch, zu sterben.

Worin liegen die Möglichkeiten für Begleiter von Menschen, die das »Warum« ihres Lebens verloren, vergessen, verdrängt haben? Was bleibt zu tun, wenn auf jeden aufmunternden Zuspruch, auf jede Argumentation nur Resignation erfolgt und Aussagen, wie etwa diese: »Ich habe von meinem Leben nichts mehr zu erwarten.«

Wenn wir die anfangs gemachte Aussage ernst nehmen, daß jeweils nur der betroffene Mensch selbst den Sinn seines Lebens und Leidens finden und entdecken kann, so müssen wir uns auf die Suche nach Möglichkeiten machen, unterstützend – nicht sinngebend – tätig zu sein. V. FRANKL, der große Arzt und Begründer der Logotherapie, schreibt in diesem Zusammenhang:

»Wir müssen lernen und die verzweifelten Menschen lehren, daß es eigentlich nie und nimmer darauf ankommt, was wir vom Leben noch zu erwarten haben, vielmehr lediglich: was das Leben von uns erwartet!«

Dabei fällt auf, daß es manchmal schon hilfreich sein kann, Fragen anders als gewohnt zu stellen. Im Fall von Menschen, die sich elend hoffnungslos fühlen und ihrem Leben keinen Sinn mehr abgewinnen können, gilt es herauszufinden, welche Aufgabe das Leben an die Betroffenen stellt. Die Fragenden werden so zu Befragten. Jede Situation kann sinnerfüllt gemeistert werden in dem Bewußtsein, daß jeder Mensch zumindest die Möglichkeit hat, den für ihn jeweils einzigartigen und einmaligen Sinn, der in jeder Situation verborgen ist, aufzuspüren.

»Sofern nun das konkrete Schicksal dem Menschen ein Leid auferlegt, wird er auch in diesem Leid eine Aufgabe, und ebenfalls eine ganz einmalige Aufgabe, sehen müssen. Der Mensch muß sich auch dem Leid gegenüber zu dem Bewußtsein durchringen, daß er mit diesem leidvollen Schicksal sozusagen im ganzen Kosmos einmalig und einzigartig dasteht. Niemand kann es ihm abnehmen, niemand kann an seiner Stelle dieses Leid durchleiden. Darin aber, wie er selbst, der von diesem Schicksal Betroffene, dieses Leid trägt, darin liegt auch die einmalige Möglichkeit zu einer einzigartigen Leistung.« (FRANKL,V.)

2.2 »Hauptstraßen« der Sinnfindung

Wodurch finden Menschen im allgemeinen den Sinn ihres Lebens? Darauf gibt es unzählige Antworten – je nach Kultur, Religion, Werteeinstellung, sozialem Hintergrund, Alter, Geschlecht u. ä. Trotz aller Verschiedenartigkeit der Antworten lassen sich drei Hauptwege beschreiben, auf denen es Menschen gelingt, Sinnmöglichkeiten für ihr Leben aufzuspüren.

Einmal kann jedes individuelle Leben dadurch Sinn erhalten, daß ein Werk geschaffen, eine Tat gesetzt wird. Es geht nicht nur um große Taten oder überragende Werke, es geht um die Verwirklichung individueller Möglichkeiten in einer Handlung, in einer Gestaltung, in einem ganz persönlichem Tun. In der Fachsprache nennt man diese erste Möglichkeit *»Sinnerfüllung durch das Werk«*.

Ferner kann das Erleben von Situationen oder Gegenständen, die Zuwendung einem Menschen gegenüber und das Bemühen, ihn in seiner Einmaligkeit und Einzigartigkeit zu begegnen, sinngebend sein. Im Dienst an einer Sache oder in der Liebe zu einer Person können wir uns selbst verwirklichen und unserem Leben einen Sinn geben. In diesem Zusammenhang spricht man von der *»Sinnerfüllung durch Liebe«*.

Die dritte Möglichkeit ist wohl eine jener Möglichkeiten, mit denen wir als professionelle Helfer in Berührung kommen, wenn es Menschen gelingt, *trotzdem* Sinn in ihrer Lebens- und Leidenssituation zu finden. In der Konfrontation mit Situationen, die wir nicht ändern können, steht jedem Menschen die Tür offen, sich selbst und seine Einstellung zu dieser Situation zu ändern. Gerade diese *»Sinnfindung durch Änderung der Einstellung«* ist es, der wir manchmal in der Begleitung schwerkranker Menschen begegnen können. Den Begleitern scheint dies oft wie ein Wunder, wenn sie Zeuge werden dürfen, wie Menschen gerade auch in ausweglosen Situationen neuen Sinn und Glanz in ihrem Leben entdecken können.

Leben und Werk von Karin LEITER können als ein hervorragendes Beispiel gelungener Sinnfindung durch Änderung der Einstellung zur Lebenssituation genannt werden:

Dankbrief

»Ich danke allen, die meine Träume belächelt haben.
Sie haben meine Phantasie beflügelt.
Ich danke allen, die nicht an mich geglaubt haben.
Sie haben mir zugemutet, Berge zu versetzen.
Ich danke allen, die mich verletzt haben.

Sie haben mich gelehrt, im Schmerz zu wachsen.
Ich danke allen, die meinen Frieden gestört haben.
Sie haben mich stark gemacht, dafür einzutreten.
Ich danke allen, die mich verwirrt haben.
Sie haben mir meinen Standpunkt klar gemacht.
Vor allem danke ich aber allen, die mich lieben, so wie ich bin.
Sie geben mir die Kraft zum Leben!«
(LEITER, K.)

Was können wir als Begleiter mit Menschen tun, die für sich noch nicht die Möglichkeit einer Sinnfindung ihrer Lebenssituation gefunden haben? Sicherlich sind wir nicht in der Lage, den Menschen, die wir begleiten, den Sinn des Lebens zu verordnen. »Auf Rezept ist er nicht zu haben. Was sehr wohl möglich ist, ist aber begreiflich zu machen, daß unser Leben der Möglichkeit nach unter allen Bedingungen und Umständen sinnvoll ist und es bis zuletzt bleibt.« (FRANKL, V.) Zahlreiche Forscher haben zu diesem Thema gearbeitet und wollten herausbekommen, ob die Verwirklichung dieser Möglichkeit, seinem Leben einen Sinn zu geben, von bestimmten Faktoren beeinflußt wird. Die Forschungsergebnisse haben auf eindrucksvolle Weise gezeigt, daß prinzipiell *jeder* Mensch fähig ist, seinem Leben Sinn zu verleihen und zwar grundsätzlich unabhängig von Geschlecht, Alter, Intelligenz, Ausbildung, Charakterstruktur, Umwelt, Religiosität und Art der Konfessionszugehörigkeit. Diese Aussagen können professionelle Begleiter ermutigen, ihren Patienten beizustehen, den für sie jeweils ganz persönlichen Lebenssinn zu finden – es bedarf dazu seitens der Patienten keiner Vorbedingungen – weder religiöser noch sonstiger Art. Individuelle Sinnfindung zu stützen, zu fördern und möglich zu machen, kann zu einer sehr lohnenswerten Aufgabe werden. »Wenn ich im rechten, nämlich aufrechten Leiden noch eine letzte und doch die höchste Möglichkeit zur Sinnfindung sichtbar mache, dann leiste ich nicht erste, sondern letzte Hilfe.« (FRANKL, V.)

2.3 Der Patient auf der Suche nach Sinn: Hinweise für Begleiter

Wie kann eine konkrete Hilfestellung aussehen? Wir haben schon mehrfach auf die Bedeutung eines »guten« Gespräches für die Begleitung schwerkranker und sterbender Menschen hingewiesen. So ist es auch in erster Linie das Gespräch und die innere Haltung, die wir dem Patienten gegenüber einnehmen, die Menschen auf ihrer Sinnsuche unterstützen können. Das sogenannte biographische Gespräch, das Reden über die ganze Lebensgeschichte, die einzelnen Stationen des Lebens mit all ihren Licht- und Schattenseiten kann der Schlüssel zu einem tieferen Verständnis des eigenen Lebens und seiner Sinnhaftigkeit sein. In Gesprächen kann der professionelle Helfer sowohl auf die Gegenwart der ihm anvertrauten Menschen Bezug nehmen, als auch die Zukunft anklingen lassen – aber er kann sich vor allem mit dem Patienten auf eine Reise in die Vergangenheit begeben. Nach dem Motto: »Was du erlebst, kann keine Macht der Welt dir rauben«, kann der Patient aufgefordert werden, von der Fülle des vergangenen Lebens zu berichten, sie aus dem Dunkel des Vergessens heraufzuholen. Alles, was erlebt, gelebt, gedacht, entdeckt, durchlitten wurde, ist Bestandteil des Lebens, ein für allemal. »Und mag es auch vergangen sein – eben in der Vergangenheit ist es für alle Ewigkeit gesichert! Denn Vergangensein ist auch eine Art von Sein, ja vielleicht die sicherste.« (FRANKL, V.)

Wie in einem Film können die einzelnen Lebenssequenzen beleuchtet werden und in ihrer Sinnhaftigkeit aufleuchten. So manch Erlebtes, so manche Lebenssituation kann vielleicht gerade erst am Ende des Lebens besser verstanden werden. Durch die Auseinandersetzung mit der eigenen Lebensgeschichte wird es dem Patienten möglich, eine Kontinuität zwischen den einzelnen Lebensphasen herzustellen. Die eine oder andere Lebenssituation kann auch nachträglich mit Sinn versehen werden, wodurch Aussöhnung mit Unerledigtem gelingen kann. Dies alles bedeutet für Begleiter, den Mut zu haben, sich auf eine Reise zu begeben, die auch stürmische Zeiten mit sich bringen kann, gilt es doch auch den Zweifeln, den negativen Dingen, dem Leid, den Tränen zu begegnen, die das Leben dieses Menschen zu einem unverwechselbaren, einzigartigen Dasein macht. Es geht nicht um Hinwegtrösten, um Verdrängen, es geht vielmehr darum, dem Patienten zu helfen, sich dem eigenen Leiden zu stellen. Analog zum Begriff des »Aufarbeitens« spricht RILKE im Zusammenhang mit der Auseinandersetzung leidvoller Erfahrungen: »Wieviel ist aufzuleiden!« Dieses »Aufleiden« kann auch zu Tränen führen, deren sich Menschen nicht zu schämen brauchen. Sie können vielmehr als Ausdruck von Mut verstanden werden, sich der Leidensfülle des eigenen Lebens zu stellen.

Im Verlauf eines Gespräches kann es oft schwierig sein, die nötige Distanz zu bewahren und nicht vorschnell mit Deutungen, mit Sinngebungen, mit Vertröstungen aus dem eigenen Lebensmuster zu reagieren. »Um jeden Preis helfen wollen. Den anderen Leiden erspart. Dadurch ihr Wachsen verhindert.« Diese Sätze des Theologen und Dichters Martin GUTL beschreiben in sehr treffender Weise, was gerade besonders engagierten Menschen in der Begleitung von Patienten passiert. Im Zusammenhang mit der für jeden einzelnen Menschen zu klärenden Sinnfrage ist eine besondere Behutsamkeit angesagt. Wachstum des einzelnen Menschen kann nicht stellvertretend geschehen. Und kein noch so empathischer, liebevoller, respektvoller Begleiter kann dem Patienten die Auseinandersetzung mit seinen eigenen Lebensfragen abnehmen. So könnte man in Anlehnung an GUTLs Worte sagen: Nicht um jeden Preis helfen wollen – aber durch mitfühlenden Beistand das Wachstum des anderen möglich machen.

Für Begleiter ist es besonders wichtig, aufmerksam den Sinndeutungen des Patienten zu lauschen. Erst wenn uns klar wird, welcher Weg der Sinnfindung im Erleben, Denken und Fühlen des Patienten möglich ist, wenn wir klare Hinweise dafür haben, welche Richtung diese Sinndeutung einschlägt, haben wir das Recht, diese Deutungsvorschläge aufzugreifen und als weiterführende Bausteine in unser Gespräch einzubeziehen.

Bei schwerkranken und sterbenden Patienten scheint es von besonderer Bedeutung zu sein, auf die Fülle des Lebens hinschauen zu können. Menschen, die in Ruhe und Frieden mit sich und der Welt scheinbar gelassen ihrem Ende entgegengehen, sind oft Menschen, denen bewußt ist, daß sie in der Welt etwas zurücklassen. Manchmal kann es hilfreich sein, behutsame Hinweise darauf zu geben, daß der Abschied vom Leben jedem bevorsteht – daß es jedoch in ganz besonderer Weise darauf ankommt, »ob überhaupt etwas existiert, von dem wir Abschied nehmen müssen. Etwas, das wir in der Welt zurücklassen können, mit dem wir einen Sinn und uns selbst erfüllen an dem Tag, an dem sich unsere Zeit erfüllt.« (FRANKL,V.)

Es geht also zum einen darum, Menschen bei der Rückschau auf ihr Leben so zu begleiten, daß individueller Sinn entdeckt werden kann. Zum anderen kann in dem Durchwandern des Lebenspanoramas auch deutlich gemacht werden, welches geistiges Testament hinterlassen wird. Sehr oft geht es den sterbenden und schwerkranken Menschen darum, die Frage zu klären: »Was bleibt von mir, wenn ich nicht mehr bin?« Und in jedem Leben gibt es eine Fülle von Ereignissen, Begegnungen, Gedanken, Gefühlen . . ., die etwas bewirkt haben, in anderen weiterleben und so »überleben«!

Als äußere Anhaltspunkte für biographische Gespräche oder einfach für Gespräche, die dem Patienten eine Rückschau auf sein Leben möglich machen – sei dies nun versöhnt und liebevoll oder noch voll Hader, Zweifel und Zorn – können Begleiter Anregungen direkt aus dem Kontakt mit dem Patienten holen. Wie ein Mensch spricht, welche Themen anklingen, was ihm auffällt, wie er lacht, weint, sich bewegt, die Hand gibt –

alles kann aufgegriffen werden und gleichsam als Eintrittskarte in ein Gespräch dienen.

Dann nehme ich deine Hand und lege sie vielleicht eine Spur zur Seite oder hebe die Hand. Und während ich etwas tue und warte, kommt auch von dir irgendeine Reaktion: Du läßt mich, oder du eilst vor, oder du bist hilfsbereit oder hältst zurück – irgendeine Geste kommt aus deiner Hand. Ich verstehe das so, daß ich damit einen Bericht von deinem Lebensstil bekomme. Ich fange nicht damit an, daß ich dir das sage, aber wenn wir darüber sprechen, was eigentlich geschieht, so erhalte ich durch dieses Geben der Hand einen Bericht über dein jetziges Dasein, deine Einstellung, auch davon, ob du Angst hast, und wie du reagiert. Das sind Details, und sie sind für mich die Ausgangspunkte zum nächsten Schritt. (GOLDBERG, M.)

Manchmal werden es Worte oder Redewendungen sein, die einen Einstieg ermöglichen, dann wieder Namen, die oft vorkommen. Feste, Feiertage, Jahrestage u. ä. bieten sich besonders für eine Rückschau unter dem Motto: »Wie es früher war« an. Auch Fotoalben können hilfreich sein, einzelne Lebensstationen aus dem Dunkel der Vergangenheit hervorzuholen. Geschichten, Zeichnungen, Lieder, Gebete, Reime, einfache Fingerspiele – alles kann zum Schlüssel in die verborgene Welt des Patienten werden, in der so mancher dunkle Ort liegen mag aber auch eine Menge an Schätzen und Geheimnissen.

Ernstnehmen, Interesse am Leben des anderen, Respekt vor der Einmaligkeit dieses Lebens, Geduld, Zeit, die Fähigkeit des guten Zuhörens und behutsamen Nachfragens und die Einsicht in die eigenen Interpretationsmuster können als Grundvoraussetzungen für eine erfolgreiche Begleitung von Menschen angesehen werden, die sich in schwierigen Lebenssituationen oder aber am Ende ihres Lebens der Sinnfrage ihres Daseins stellen.

Der Patient auf der Suche nach dem Sinn seines Lebens und Leidens: Hinweise für Begleiter

- Respekt vor der Einzigartigkeit jedes Lebens
- Jeder Mensch hat seine eigenen Sinndeutungen
- Sinn kann nicht »verordnet«, sondern muß gefunden, entdeckt werden
- Unterstützung bei der Reise in die Vergangenheit: Mitgehen statt Aufgehen
- Auseinandersetzung mit den Schattenseiten des Lebens zulassen, nicht »wegreden«

- Helfen und Beistehen heißt nicht, eigene Interpretationen anbringen
- Phasen der scheinbaren Sinnlosigkeit aushalten, ohne Drängen, Hinwegtrösten ...
- Tränen zulassen
- Wahrung der nötigen Distanz
- Keine Wertungen vornehmen
- Wertschätzung zeigen
- Behutsames Aufgreifen individueller Sinndeutungen
- Dableiben, Mut machen, Ausharren
- Interesse und Anteilnahme bekunden, ohne in die Sinnfindung aktiv einzugreifen
- Anerkennung, Bewunderung zum Ausdruck bringen

Anregungen für eine persönliche Auseinandersetzung

Impulsfrage 1:

Denken Sie an Situationen Ihres Lebens, in denen es für Sie schwer war, einen Sinn zu sehen. Was hat Ihnen geholfen, über diese Situationen hinwegzukommen?

Impulsfrage 2:

Welche Personen, Ereignisse, Werke und Taten haben Ihrem Leben bisher Sinn verliehen?

Impulsfrage 3:

Gibt oder gab es in Ihrem Leben Situationen, durch die Sie »anders« geworden sind, sich selbst oder Ihre Einstellung verändert haben?

Impulsfrage 4:

Halten Sie in Ihrem Arbeits- und Lebensbereich nach Menschen Ausschau, denen es gelingt, auch in schwersten, nicht abwendbaren Situationen ein subjektiv sinnerfülltes Leben zu führen. Versuchen Sie das »Geheimnis« zu ergründen!

Impulsfrage 5:

Stellen Sie sich vor, ein alter Mann spricht die folgenden Sätze zu Ihnen:

»Wenn ich noch einmal zu leben hätte, dann würde ich mehr Fehler machen; ich würde versuchen, nicht so schrecklich perfekt sein zu wollen;

dann würde ich mich mehr entspannen und vieles nicht mehr so ernst nehmen; dann wäre ich augelassener und verrückter, ich würde mir nicht mehr so viele Sorgen machen um mein Ansehen; dann würde ich mehr reisen und mehr Berge besteigen, mehr Flüsse durchschwimmen und mehr Sonnenuntergänge beobachten; dann würde ich mehr Eiscreme essen; dann hätte ich mehr wirkliche Schwierigkeiten als nur eingebildete; dann würde ich früher im Frühjahr und später im Herbst barfuß gehen, dann würde ich mehr Blumen riechen, mehr Kinder umarmen und mehr Menschen sagen, daß ich sie liebe.
Wenn ich noch einmal zu leben hätte, aber ich habe es nicht . . .«

Versuchen Sie, diesem Menschen einen Brief zu schreiben!

---

3 Umgang mit Schuld

Schuld und Unschuld sind oft verwendete Begriffe in unserem Sprachgebrauch – leichtfertig wird von der Schuld anderer gesprochen. Die Tageszeitungen sind voll davon, eine Einteilung in Schuldige und Unschuldige scheint zum Standard der täglichen Berichterstattung geworden zu sein. Doch was bedeutet Schuld überhaupt? Wie entsteht das Schuldgefühl, ein Gefühl, das zu den »verachteten«, den unangenehmen, ja sogar schrecklichen Gefühlen zählt? Welche Bilder entstehen in uns selbst, wenn wir über Schuldig-Sein nachdenken?

Die Religionsgeschichte und das antike Drama zeigen, daß Schuldigwerden eine Urerfahrung des Menschen darstellt, die in den mythologischen Erzählungen aller Völker ihren Ausdruck findet. Dabei stehen sowohl die schicksalhafte Macht der Schuld als Verhängnis (dargestellt zum Beispiel im Ödipusmythos) als auch das Problem des Übergangs vom Zustand der Unschuld in den Zustand der Schuld (zum Beispiel im Alten Testament der Fall aus dem Paradies) im Vordergrund. Die archaische Sprache, die diesen Übergang mythologisch deutet, enthält in allen Religionen eine Reihe wiederkehrender Metaphern. Sie spricht vom Schuldigwerden des Menschen im Bild des Makels oder der Befleckung; später auch in den Metaphern der Abirrung, des verfehlten Zieles, der Übertretung und Verirrung, wohingegen die Verinnerlichung von Schuld als eine das individuelle Gewissen belastende Erfahrung einer späteren kulturellen Entwicklungsstufe angehört. In der jüdisch-christlichen Tradition bezeichnet man Schuld auch als Sünde, was somit einer Verfehlung des

Menschen gegen Gott gleichkommt. Jahrhundertelang wurden auch schwere Krankheit und unerwarteter Tod als »Rache Gottes«, als Strafe gegen den betroffenen Menschen gesehen und erlebt.

3.1 Schuld und Unschuld im Ausgleich

Wenn wir davon ausgehen, daß menschliche Beziehungen durch Geben und Nehmen bestimmt sind, dann kommt dem »Ausgleichsmodell« von B. HELLINGER wesentliche Bedeutung zu, zumal es auch in der Helferposition und beim Helfersyndrom um dieses Geben und Nehmen geht.

»Wer gibt, der hat auch Anspruch, und wer nimmt, der fühlt sich verpflichtet.« In diesem Spannungsfeld entstehen demnach auf einfache Weise Schuld und Unschuld. Wenn wir von anderen etwas bekommen, verlieren wir nicht nur unsere Unabhängigkeit, sondern auch unsere Unschuld. Und damit beginnt der Kreislauf: Wir erleben Schuld als Unlust und geben selbst, um uns von dieser Unlust zu befreien. Unschuld, so HELLINGER, erleben wir dann, wenn wir geben, ohne zu nehmen. Dieses Gefühl ist in Form von Leichtigkeit und Freiheit spürbar.

Abgeleitet von der freien Entscheidungsmöglichkeit des Menschen zu geben oder zu nehmen, beschreibt HELLINGER drei Verhaltensweisen von Menschen in ihrem Streben, einen Zustand der Unschuld zu erreichen:

1. Die Aussteiger

Sie wollen in diesem Geben-Nehmen-Spiel nicht mitspielen. Sie nehmen nichts, leben auf »Sparflamme« und wollen sich die »Unschuld des Nicht-Spielers« bewahren. Solche Menschen fühlen sich sehr oft leer und unzufrieden und sind depressiv. Sie bleiben unfähig, in Beziehungen zu leben, haben Angst »schuldig« zu werden.

Dazu zählen alle jene Menschen, die Hilfe – auch oft in der größten Not und Hilflosigkeit – nicht annehmen können und durch ihr Verhalten abstoßend auf Helfer wirken.

2. Die Idealgesinnten

Der Anspruch an andere ist hoch: Wenn ich ihnen mehr gegeben habe, als sie mir jemals zurückgeben können, dann bleibe ich unschuldig. Dabei handelt es sich jedoch nur um eine vorübergehende Unschuld. Das Motto dieser Menschen ist einfach: »Lieber sollst du dich verpflichtet fühlen als ich.« Bei vielen »Idealgesinnten« wird dieses Motto zur bestimmenden Basis und führt später vom Helferideal wie eine Einbahnstraße direkt ins Helfersyndrom. Auch dieses Verhalten ist beziehungsfeindlich, denn wer nur geben will, der verweigert dem Anderen die Ebenbürtigkeit. Durch den Rückzug der anderen werden die Idealgesinnten einsam und verbittert.

3. Entlastung nach dem Ausgleich

Das ist die befreiendste Form, Unschuld zu erleben.

Entlastung nach dem Ausgleich bedeutet, daß sowohl genommen als auch gegeben werden kann. Wer etwas nimmt, der gibt auch etwas zurück.

Dieses Ausgleichs-System ist begleitet von einer Fülle von positiven Gefühlen wie jenen des Glücks, der Leichtigkeit und Freiheit, der Gerechtigkeit und des Angenommenseins.

Oft ist dies jedoch nicht möglich, weil es ein »Gefälle« zwischen Gebendem und Nehmendem gibt (zum Beispiel zwischen Kind und Lehrer, Patient und Arzt).

Die letzte Möglichkeit des Ausgleichs wäre dann: Danken. Behinderte, sterbende, kranke und liebende Menschen haben oft nur diese einzige Möglichkeit des Ausgleichs. Hier kommt neben dem Bedürfnis nach Ausgleich auch jene elementare Liebe mit ins Spiel, die die Mitglieder eines sozialen Systems zusammenhält wie die Schwerkraft die Körper im All. Diese Liebe begleitet das Nehmen und Geben und geht ihm voraus. Beim Nehmen zeigt sie sich als Dank. Gerade in der Begleitung Schwerstkranker und Sterbender haben wir sehr oft die wahre Größe dieser Menschen begriffen, wenn sie sich bedankten, in Dankbarkeit in ihr unausweichliches Schicksal einwilligten.

Wer sich untätig der Schuld des anderen unterwirft, der kann nicht nur seine »Unschuld« nicht bewahren, er sät auch Unheil. Als Ersatz für eine fällige Auseinandersetzung dient auch das Verzeihen, wenn es den Konflikt nur zudeckt und verschiebt statt ihn zu lösen.

Auf unser Thema der Sterbebegleitung und den Umgang mit Schuld bezogen, erscheint es uns weiterhin wichtig, auf die »doppelte Verschiebung« von Schuld hinzuweisen. Solche Verschiebungen treten dann auf, wenn oft jahrzehntelang Groll verdrängt wurde und später auftaucht und sich dann gegen andere Personen richtet.

Dazu ein Beispiel aus der Psychotherapie:
Eine Frau erlebt als Kind, daß der Vater die Mutter, sie und ihre Geschwister

jedes Jahr im Sommer aufs Land schickt, um mit seiner Freundin allein in der Stadt zu leben. Manchmal kommt der Vater mit seiner Freundin auch zu Besuch, und die Mutter bedient die beiden schweigend und ohne Vorwurf. Diese Tochter behandelt als erwachsene Frau ihren Ehemann schlecht, sie verbringt Nächte außer Haus und kann nicht glücklich werden. Als »altes Ehepaar« finden sie sich bei einem Therapeuten ein, der die Ursachen für das Verhalten der Frau in dieser doppelten Verschiebung erkennt.

1. Verschiebung auf ein anderes Subjekt (der nicht stattgefundene Groll der Mutter über die Beziehung des Vaters übertrug sich auf die Tochter)
2. Verschiebung auf ein anderes Objekt (der schuldige Vater wird auf den »unschuldigen« Ehemann übertragen)

Dazu kommt, daß der Ehemann als »Opfer« zu bezeichnen ist, also jemand, der sich nicht wehren kann (HELLINGER, B.).

3.2 Wege, mit Schuldgefühlen besser umzugehen

In unserer Praxis, aber auch in Fortbildungen und Supervisionen mit professionellen Helfern erleben wir immer wieder, daß Schuld und Schuldgefühle am Ende eines Lebens für die betroffenen Menschen eine wesentliche Rolle spielen. »Das hätte ich nicht tun/sagen/denken/fühlen dürfen. Weil ich es dennoch tat, bin ich schlecht und abzulehnen.« Solche und ähnliche Gesprächssequenzen kennen alle, die Menschen bis zuletzt begleiten und ihnen in Krisensituationen beistehen. Es ist schwierig, mit folgenden Symptomen und deren Folgen umzugehen:

- Angst und Anspannung
- quälende Empfindungen, Unrecht getan zu haben
- das ohnedies angeschlagene Selbstwertgefühl wird noch weiter herabgesetzt und scheint ins Bodenlose zu zerfließen

Die Folgen sind:

- Grübeln und Selbstvorwürfe
- Wälzen von Plänen für die Wiedergutmachung
- Furcht vor zu erwartenden Strafen
- gesenkter Kopf, trauriger Blick, abgewandtes Gesicht

Schuldgefühle . . .
. . . machen uns klein, minderwertig, manipulierbar;
. . . binden, machen abhängig, »stabilisieren« Beziehungen;
. . . machen depressiv, zwanghaft und körperlich krank;
. . . verleiten, sie zu verleugnen, auf andere zu projizieren.

Wer Schuldgefühle bewußt verursacht, übt eine Form von Macht aus.

Welche Gedanken können im Menschen Schuldgefühle auslösen? In einigen Beispielen wollen wir versuchen, diese Gedanken und die dahinter liegenden »Gedankenfehler« aufzuzeigen.

Schuldgefühle können ausgelöst werden, wenn ich von mir verlange . . .
. . . etwas vorherzusehen, im voraus wissen zu müssen;
. . . fehlerlos zu sein, wider besseres Wissen handeln zu können;
. . . für alles verantwortlich, allmächtig zu sein;
. . . vergangenes Verhalten mit heutigen Maßstäben zu messen;
. . . nicht nur Verhalten, sondern Menschen zu verurteilen.

Die Korrektur der sogenannten Fehler könnte ein Ansatz zur Lösung von Schuldgefühlen sein, wenn Menschen zur Veränderung bereit sind.
Das könnte bedeuten,

- daß ich nicht alles wissen und nicht jede Erfahrung haben kann;
- daß sich die Wertvorstellungen verändern/widersprechen;
- daß Menschen unterschiedliche Bedürfnisse haben;
- daß Menschen schwach und nicht vollkommen sind;
- daß die Verletzungen, das »Angetane«, zu groß ist, zu sehr drückt.

Menschen sind ganz unterschiedlich anfällig dafür, Schuldgefühle zu entwickeln. Zusätzlich gibt es bestimmte situative Zusammenhänge, in denen Schuldgefühle häufig auftreten.

Zusammenfassend sei an dieser Stelle festgehalten, daß für Schuldgefühle besonders jene Menschen empfänglich sind, die:

- perfektionistisch nach Vollkommenheit streben;
- sehr sensibel Verantwortung für das Leid der anderen (»der ganzen Welt«) übernehmen (»in ihren Rucksack packen«);
- am Helfersyndrom leiden;
- den Tod eines nahestehenden Menschen erlebten, wo viele Fragen offen blieben.

Um Schuldgefühle abzubauen, können wir uns das *A-B-C-Modell* vor Augen führen:

A – Anlaß (der auslösenden Situation) – Frage: Was haben ich (der andere) getan?

B – Bewertung – Entspricht es der Tatsache? Wie denke ich (die andere Person) darüber?

C – Consequenzen – Hilft meine Bewertung, mich so zu fühlen, wie ich es möchte?

Dies ereignet sich in mehreren Phasen:

1. Eine neue, der Sache oder Situation angepaßte Bewertung erarbeiten.
2. Neues Denken einüben, auch wenn die Selbstvorwürfe immer wiederkommen.
3. Mit jedem neuen Gedanken beginnt der »alte Machtkampf« über die alten Gefühle der Schuld.
4. Bei neuen Fehlern treten Reue/Bedauern, aber nicht mehr Schuldgefühle auf.
5. Neues Denken geht in Gewohnheit über.

3.3 Resümee

Es gibt keine Fehler, für die ich mich schlecht oder schuldig fühlen oder mich gar verurteilen muß. Fehler sind dazu da, sie zu erkennen und zu bedauern, auch Verantwortung dafür zu übernehmen.

Ungeeignete »Methoden« sind jedoch:

- Schuld auf andere projizieren oder sie gar demütigen;
- Unterschiede betonen und anderen Menschen ihre »Menschlichkeit« absprechen;
- nicht wahrhaben wollen;
- permanentes Konzentrieren auf Belanglosigkeiten;
- eigenes Vergehen herunterspielen (so unter dem Motto: »einmal ist keinmal«);
- Schuldgefühle zuerst wecken, um sie dann mit Vergebung zu lösen.

Wir alle müssen lernen, mit dem *Schatten der Schuld zu leben*. Folgendes Modell kann uns helfen, Klarheit in das komplexe Geschehen rund um das Thema »Schuld« zu bringen und Handlungsansätze für eine individuelle Lösungsmöglichkeit zu erkennen:

Abbildung 10:

Wir müssen lernen, mit dem *Schatten der Schuld* zu leben
Ich hatte die Freiheit zu entscheiden:

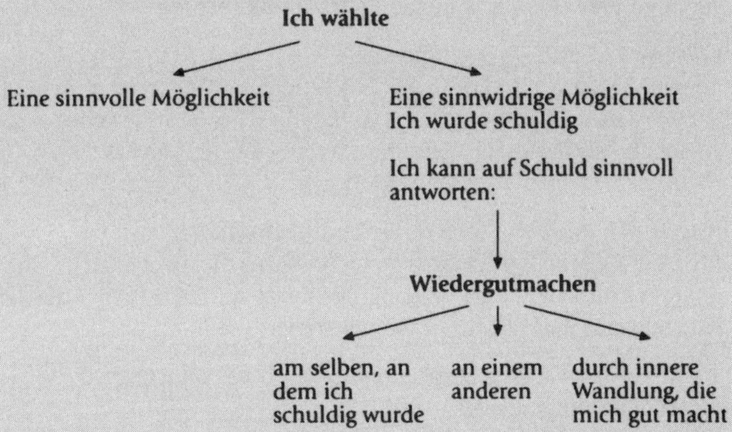

Grundlegende Gedanken zu Fragen der Schuld: Modell relevanter Handlungsansätze

Abschließend möchten wir die sogenannten »sieben Wege aus der Schuldigkeit« nach GROND ansprechen, die für alle Menschen zu einem Leitfaden in der Auseinandersetzung mit Schuldfragen werden könnte.

Sieben Wege aus der »Schuldigkeit«

1. Habe ich absichtlich gehandelt?
   Zum Zeitpunkt des Handelns war ich von der Richtigkeit überzeugt!
2. Weil ich mich »schlecht« verhielt, bin ich nicht schlecht!
3. Ich höre auf mit dem ewigen: »Ich hätte es nicht tun dürfen!«
   In Zukunft heißt es nun: »Wie kann ich es gutmachen?«
4. Ich muß Rücksicht nehmen, bin aber nicht für die Gefühle aller anderen verantwortlich!
5. »Ich muß, ich darf nicht« – wird ersetzt durch: »Ich würde gern . . .«
6. Ich bin mir gegenüber tolerant und versöhne mich mit mir selbst (so, wie ich auch anderen bei Selbstvorwürfen immer wieder helfe)

7. Ich darf Fehler machen, deshalb bin ich nicht schlecht, habe keinen Grund für Schuldgefühle (das ist wie ein tägliches Gebet, ein persönliches Credo)

Anregungen für eine persönliche Auseinandersetzung

Impulsfrage 1:

Kennen Sie das Gefühl der Selbstbeschuldigung (Ich werfe mir vor, daß ich ... dies und jenes nicht getan habe)? Schreiben Sie zehn »Selbstvorwürfe« aus der letzten Zeit und weiter zurückliegend auf.

Impulsfrage 2:

Fragebogen mit zwölf Fragen zur Selbstüberprüfung:
Kreuzen Sie jene Zahl zwischen 1 und 4 an, die am besten zu Ihnen paßt. Machen Sie diesen Vorgang rasch und mit dem Gefühl aus dem Bauch heraus und überlegen Sie nicht lange.

1 = Aussage, die für Sie überhaupt nicht in Frage kommt.
2 = Aussage, die nur wenig zutrifft.
3 = Aussage, die eher zutrifft.
4 = Aussage, die ganz sicher für Sie zutrifft.
Am Ende zählen Sie ihre Punkteanzahl zusammen.

1. Ich helfe und unterstütze gerne andere Menschen.
   1 2 3 4
2. Ich bin anderen gegenüber tolerant und rücksichtsvoll.
   1 2 3 4
3. Belanglosigkeiten regen mich sehr auf.
   1 2 3 4
4. Ich traue mir nicht sehr viel zu, fühle mich oft klein und verlassen.
   1 2 3 4
5. Ich kann mich sehr gut auf andere einstellen.
   1 2 3 4
6. Ich lasse mich von meinen Gefühlen leiten.
   1 2 3 4
7. »Nein« zu sagen, wenn Menschen mit einem Anliegen an mich herantreten, fällt mir schwer.
   1 2 3 4

8. Es fällt mir leicht, schnell und unmittelbar mit anderen Menschen in Kontakt zu treten.
   1 2 3 4
9. Ich mache mir Selbstvorwürfe, weil ich oft nicht richtig gehandelt habe.
   1 2 3 4
10. Ich fühle mich in meiner Arbeit für alle verantwortlich.
    1 2 3 4
11. Schlamperei und Unordnung der anderen ärgern mich.
    1 2 3 4
12. Das Leid der anderen Menschen macht mich sehr betroffen.
    1 2 3 4

Wenn Ihre Punkteanzahl insgesamt bei 40 und darüber liegt, sollten Sie Ihre persönliche Haltung und Einstellung überprüfen. Dabei geht es um das »Sich-schuldig-Fühlen« im Sinne einer Begleitung als Helfer. Es sollte aber auch dazu dienen, Aspekte einer möglichen, persönlichen Überforderung transparent zu machen.

4 *Von der Wahrheit am Krankenbett und dem Prinzip Hoffnung*

4.1 Situative Ausgangslage

Jede Beziehung und jedes Gespräch besteht aus einem Wechsel von Geben und Nehmen. Die Art der Beziehung, die zwischen zwei Gesprächspartnern besteht, wird Inhalt und Form des Gespräches beeinflussen. Nicht nur die Beziehung zwischen den Gesprächspartnern, ihr Vertrauensverhältnis, das Ausmaß von Nähe oder Distanz, das sie zueinander aufgebaut haben, wird wichtig, sondern auch die jeweils besondere Lebenssituation. Wir haben bereits auf den besonderen Charakter der Lebenssituation von kranken und sterbenden Menschen hingewiesen. Nun steht nicht allein der Patient in einer ganz besonderen Lebenssituation, sondern auch der Begleiter – der betroffene Angehörige ebenso wie der professionelle Begleiter. Alle zusammen sind sie gleichsam aus dem Rahmen einer »normalen« Gesprächsbeziehung herausgenommen.

»Das Gespräch zwischen einem, der weiß, daß seine Zeit bald abläuft, und einem, der noch eine unbestimmte Zeit vor sich hat, ist sehr schwierig. Das Gespräch bricht nicht erst mit dem Tod ab, sondern schon vorher. Es fehlt ein sonst stillschweigend vorausgesetztes Grundelement der Gemeinsamkeit.« (NOLL, P.)

Diese Aussage bezieht sich auf eine wichtige Voraussetzung für ein für beide Seiten befriedigendes Gespräch, nämlich auf das Vorhandensein eines verbindenden Elements.

Menschen in Ausnahmesituationen müssen oft erfahren, daß ihre Situation beim Gesprächspartner Angst und Schrecken auslöst, eine Art von Betroffenheit, die ein aufrichtiges und gutes Gespräch nicht möglich macht. Das, was verbindend sein könnte, kann nicht zum Tragen kommen. Die unterschiedliche Betroffenheit beider Gesprächspartner und das Verstricktsein in verschiedene seelische Prozesse (hier Sterbeprozeß – dort Trauerprozeß) schafft Distanz statt Gemeinsamkeit und führt in vielen Fällen zu einer Polarisierung der Meinungen und Einstellungen, zu Strategien des Verdrängens, Vertuschens – bis hin zur Lüge.

Wenn wir an Gespräche mit kranken oder sterbenden Menschen denken, so sind es zum einen die Angehörigen und engsten Freunde, die als Gesprächspartner in Frage kommen, zum anderen professionelle Helfer. Angehörige und enge Freunde befinden sich selbst in einer Ausnahmesituation, sie durchleben und durchleiden den Prozeß des Abschiednehmens und der Trauer. Die eigene Betroffenheit macht sie oft unfähig, auf die Bedürfnisse der Kranken und Sterbenden adäquat einzugehen. Gespräche bleiben an der Oberfläche, stocken, versickern oder versuchen, Wesentliches zuzudecken. Offene und ehrliche Gespräche, in denen nichts ausgeklammert werden muß, sind selten und bedürfen einer großen inneren Kraft und Stärke. Oft aber ist die Hilfe professioneller Begleiter angesagt, um dort unterstützend einzugreifen, wo gute Gespräche prinzipiell möglich sind und wo eine Auseinandersetzung nötig wäre, um die seelische Lage des Patienten entscheidend zu verbessern.

4.2 Vom schwierigen Umgang mit der Wahrheit am Krankenbett

In diesem Zusammenhang sei auf den heiklen Umgang mit der Wahrheit eingegangen. Da geht es zunächst einmal um die Wahrheit bei der Übermittlung von Diagnose und Prognose des Krankheitsgeschehens. Meist wird diese Aufgabe von einem behandelnden Arzt übernommen. Es wird nun von der Einstellung dieses Arztes zum Thema Wahrheit abhängen, wie und in welcher Weise er mit dem Patienten reden wird. Selten sind Ärzte für diese heiklen Gespräche ausgebildet, vielmehr hängt viel an der Persönlichkeit und den ethischen Einstellungen der Ärzte, wie ein solches Wahrheitsgespräch verlaufen wird. Manchmal werden Patienten nicht informiert und nur die Angehörigen verständigt, manchmal werden Prognosen klar, manchmal nur vage abgegeben. Hier gibt es kein einheitliches Vorgehen. Zu berücksichtigen ist bei solchen Gesprächen natürlich immer der Gesundheitszustand des Patienten, seine Persönlichkeit, seine Lebenssituation, sein Alter u. ä. Auch darf nicht vergessen werden, daß die »Wahrheit« hören eines ist, die Wahrheit verstehen und für sich selbst wirklich begreifen noch etwas ganz anderes. Für diesen zweiten Teil, dieses Integrieren der gehörten Wahrheit – sprich Diagnose und Prognose – in das eigene Denken und Fühlen, braucht man Zeit und Beistand. Bei unzähligen Befragungen an schwerkranken Patienten aber auch an Gesunden hat sich herausgestellt, daß eine überragende Mehrheit es vorziehen würde, die Wahrheit über ihr Leben und ihre Chancen mitgeteilt zu bekommen. Und dennoch: wie schwer ist es, mit dieser Wahrheit umzugehen – auf beiden Seiten! M. FRISCH hat auf sehr treffende Weise beschrieben, wie man sich einen heilsamen Umgang mit der Wahrheit vorstellen könnte: »Man soll dem Kranken die Wahrheit hinhalten wie einen Mantel, in den er hineinschlüpfen kann, wenn er will – und sie ihm nicht wie einen nassen Fetzen um die Ohren schlagen.« Das bedeutet viel Fingerspitzengefühl von seiten der aufklärenden Gesprächspartner und viel Verständnis dafür, daß der hingehaltene Mantel vielleicht nicht die passende Form oder Farbe hat, daß die Qualität des Stoffes nicht die rechte ist oder daß der Mantel ein paar Nummern zu groß oder zu klein sein könnte. Dann gilt es, sich auf die Suche zu machen nach einem passenden Mantel. Es gilt in Gesprächen herauszufinden, wie dieser Mantel beschaffen sein sollte, daß er als Kleidungsstück akzeptiert werden kann, von diesem einen und einmaligen Patienten. Es gibt nicht *den* Mantel, es gibt so viele Mäntel, wie es Patienten gibt, denen man die Wahrheit über ihren körperlichen oder seelischen Zustand mitteilen muß.

»Der Arzt muß imstande sein, mit Empathie und Feingefühl den Patienten zusammen mit seinen Angehörigen die Konsequenzen der Krankheit deutlich zu machen. Dabei ist es wichtig, wie reif der Patient ist, die Wahrheit zu hören, und wie reif der Arzt ist, darüber in der rechten Weise zu sprechen. Wahrheit am Krankenbett bedeutet aber nicht eine Ankündigung des Sterbens, sondern einen Prozeß, der die Sinnerschließung des Sterbens beinhaltet.« (HUSEBÖ, S.)

Eine andere Ebene der Gespräche, bei denen der Umgang mit der Wahrheit auch schwierig ist, ist die zwischen dem Patienten und den Angehörigen und engsten Freunden. Hierbei wird die gemeinsame Lebens-

und Lerngeschichte eine große Rolle spielen. Wie sind wir bisher mit der Wahrheit umgegangen? Wie können wir die Schattenseiten des Lebens ertragen? Wer muß stark sein? Viele Patienten stellen sich die Frage: »Wieviel kann meine Familie verkraften, was kann ich meiner Frau, meinen Kindern zumuten . . .?« Umgekehrt fragen sich Angehörige oft: »Kann ich das meinem Mann zumuten? Wird er diese Wahrheit verkraften . . .?«

In der Regel kann man davon ausgehen, daß auf seiten des Patienten viel mehr »gewußt« wird, als dieser zu wissen vorgibt. Dabei kann es sich durchaus um ein »tieferes Wissen« handeln, also um ein Wissen, das eher als eine intrapsychische Gewißheit, denn als objektiv greifbares Wissen zu bezeichnen wäre. Der Umgang mit der Wahrheit ist ein sehr heikles Thema, Seelsorger, Ärzte, Schwestern und alle jene Menschen, die an Krankenbetten stehen, wissen um diese Problematik. Karin LEITER, selbst Betroffene und engagierte Streiterin für mehr Menschlichkeit im Umgang mit Krankheit, Tod und Sterben, meint, daß gerade in solchen Situationen die Wahrheit im buchstäblichen Sinne »auf der Zunge liege«! Dabei verweist sie zurecht auf den Umstand, daß in Krisen- und Trauerzeiten Menschen dazu neigen, der Lüge einen moralischen Wert einzuräumen, sie zum »Gnadenakt« hochzuheben. Lüge kann aber kein haltbares, nur ein scheinbares Vertrauen schaffen, kann den Schmerz nur chronisch verschleppen, ihn aber nicht heilen. Es ist nicht einfach, braucht viel Mut, aber es lohnt sich für alle Beteiligten, ehrlich zu sein – meint Karin LEITER.

»An einem Sterbebett haben Lügen keinen Platz mehr, wollen wir nicht jede Chance verlieren, dem Sterbenden selbst seine Würde und Achtung zu bewahren, ihm die Möglichkeit eines Abschiednehmens zu schenken und auch uns als Zurückbleibende eine Chance zu geben, mit der Trauer heilsam umgehen zu können!« (LEITER, K.)

4.3 Prinzip Hoffnung

Eng verknüpft mit dem Thema Wahrheit ist das Thema Hoffnung. Wie kann ich Patienten die Wahrheit sagen und ihnen dennoch nicht alle Hoffnung nehmen? Diese Frage ist für viele professionelle Helfer zu einer Kernfrage geworden.

Der Begriff Hoffnung ist ein abstrakter Begriff, ein Begriff, der für Menschen verschiedenster Zeiten und in verschiedensten Lebenssituationen etwas anderes bedeuten kann. Allen Definitionsversuchen des Begriffes Hoffnung gemeinsam ist der zukunftsorientierte Charakter. Hoffnungen beziehen sich immer auf ein bestimmtes Ziel, dessen Erreichen in der Zukunft liegt. Gerade dieser zukunftsweisende Moment ist es, der die Probleme rund um Hoffnungen Schwerkranker, Sterbender und deren Angehörigen ausmacht. »Durch den Verlust an Zukunft – der eigenen Zukunft oder der Zukunft der Kinder oder anderer lieber Menschen – wird ein intensives Unglücksgefühl ausgelöst. In dieser Dimension des Seins ist die Hoffnung angesiedelt.« (CASSEL, E.)

NULAND sieht einen ganz wichtigen Zusammenhang zwischen einer ehrlichen Auseinandersetzung mit der Wahrheit und der Hoffnung auf ein Sterben in Würde. Ein Sterben in Würde bedeutet auch, die Möglichkeit haben, Abschied zu nehmen, Rückschau zu halten, den Sinn des gelebten Lebens zu erkennen.

»Man kann Todgeweihten immerhin versprechen, daß man sie im Sterben nicht allein läßt. Besonders trostlos und einsam ist das Sterben, wenn dem Kranke vorenthalten wird, daß der Tod gewiß ist. So kann die Absicht, einem Todkranken die Hoffnung nicht nehmen zu wollen, ihn einer wertvollen Hoffnung berauben. Solange wir nicht wissen, daß wir sterben, und die Umstände unseres bevorstehenden Todes nicht möglichst genau kennen, können wir von unseren Lieben nicht Abschied nehmen. Dann bleiben wir, auch wenn sie in der Stunde des Todes anwesend sind, einsam und ohne Trost. Erst das Versprechen geistigen Beistandes am Ende gibt uns eine Hoffnung, die viel stärker ist als der Trost physischer Hilfe.« (NULAND, S.)

Für Ärzte ist es besonders schwierig, Patienten so zu begleiten, daß sie einerseits der Wahrheit gegenüber verpflichtet bleiben, andererseits nicht Hoffnung rauben. Hoffnung allein kann Menschen in bestimmten Situationen überhaupt erst befähigen, die Last der gegenwärtigen Leiden zu tragen. Dieses Wissen um die große Bedeutung des Prinzips Hoffnung für jedes Leben und speziell auch für das Leben mit Schmerzen und Krankheit einerseits und die Schwierigkeiten, eigene Hoffnungen auf Therapieerfolge zum Wohl des Patienten zu modifizieren sind es andererseits, die manchen engagierten Arzt vor ein großes Dilemma stellen. »Wie zahlreiche Kollegen habe ich mehr als einmal entgegen aller Absicht Patienten das Sterben erschwert, weil ich Hoffnungen geweckt hatte, wo keine mehr waren«, schreibt NULAND und führt weiter aus: »Ein Arzt hat viele Möglichkeiten, einem todgeweihten Patienten dabei zu helfen, die Hoffnung zu entdecken. Eine Art der Hoffnung schließt alle anderen ein: die Hoffnung, daß ein letzter Erfolg erzielt werden kann, der das momentane Leid und Elend überwinden hilft. Zu oft mißverstehen Ärzte Hoffnung allein als Hoffnung auf Behandlung und Heilung.« Und so gilt es für alle am Geschehen Beteiligte, sich darauf einzulassen, den Begriff Hoffnung mit neuen, anderen, ungewöhnlichen Inhalten zu füllen. Wenn der Tod sicher ist, können neue Hoffnungen entstehen, die tiefere Schichten des Menschen ansprechen. Es können aber auch ganz »kleine« Hoffnungen wieder an Kraft und Bedeutung gewinnen.

Der Begriff Hoffnung wird von den verschiedenen Menschen, die in das Geschehen rund um einen kranken Menschen involviert sind, sehr unterschiedlich verstanden. Für die meisten Ärzte verbindet sich mit dem Begriff Hoffnung eine medizinische Möglichkeit zur Heilung oder zumindest zum Aufhalten des pathologischen Geschehens. Für die Angehörigen kommen noch weitere Punkte hinzu, etwa die Hoffnung, ob es überhaupt einen Arzt geben wird, der sich des Patienten annehmen wird, ob es außerhalb der Schulmedizin vielleicht noch Chancen geben kann, ob ein einigermaßen symptomfreies und vor allem schmerzfreies Leben mit dem Patienten wenigstens zeitweise möglich sein wird, ob es Aussicht auf umfassenden Beistand geben kann und vieles andere mehr. Für den betroffenen Patienten selbst spielen alle einzelnen Hoffnungsaspekte eine große Rolle, und es wird nicht zuletzt vom Geschick, der Sensibilität und Behutsamkeit der professionellen Helfer abhängen, daß Hoffnung in jedem Stadium der Krankheit möglich ist. »Hoffnung lassen« bedeutet jedoch keineswegs »Hoffnung wecken«! Es ist eine Gratwanderung, auf die sich professionelle Helfer begeben, wenn sie sich im Umgang mit dem Patienten sowohl der Wahrheit als auch dem Prinzip Hoffnung verpflichtet fühlen. (VERRES, R.)

Für Betroffene und deren Angehörige werden sich die Hoffnungen im Laufe des Krankheitsprozesses verändern. Der norwegische Arzt und Palliativmediziner Dr. Stein HUSEBÖ beschreibt diesen Wandel der Hoffnungen, wie er sie bei einem Freund und dessen Frau erlebt hat, wie folgt:

»Wir dachten alle, jetzt besteht keine Hoffnung mehr. Nach und nach haben Lars und ich doch ein anderes Verständnis darüber gewonnen.
Zuerst die kleinen Hoffnungen. Die Hoffnung auf einen guten Tag und einen guten Schlaf. Die Hoffnung, daß wir es schaffen, noch einmal fischen zu fahren. Die Hoffnung, daß die Medikamente die Übelkeit und die Schmerzen unter Kontrolle halten werden. Dann kamen größere Hoffnungen. Daß es den Kindern gut gehen wird oder daß ich ohne Lars überlebe. Lars freute sich, daß es für uns möglich war, nach seinem Tod in unserem Haus weiterzuwohnen.
Zuletzt haben wir eingesehen, daß es für uns immer eine ganz große Hoffnung gibt. Die Tage, die wir gemeinsam verbringen dürfen, und ein Leben miteinander. Die Hoffnung, daß Lars in Frieden zu Hause sterben würde. Daß wir es geschafft haben, ein gemeinsames Kind zu bekommen. Und die Liebe.
Lars hat die letzten Tage gesagt: er glaubt, wenn die Menschen längst tot sind,

gibt es eine Liebe, die von uns übrigbleibt und weiterlebt – und daß es für ihn diese Liebe ist, die er Gott nennen kann. In der Familie sprechen wir jetzt oft darüber: die Liebe von Lars, die in uns weiterlebt . . .
Es gab für mich, für Lars und für die Kinder nie eine Zeit mit mehr Hoffnung als die letzten Wochen zusammen.«

Im Verlauf einer Begleitung von kranken oder sterbenden Menschen erleben professionelle Helfer, wie einerseits eine Hoffnung nach der anderen stirbt, wie sich ein Hoffnungstor nach dem anderen schließt. Gleichzeitig entstehen neue Hoffnungen, öffnen sich neue Türen, die andere Hoffnungen in das Leben einlassen und dazu beitragen können, daß ein Tag, eine Stunde, eine bestimmte Lebensspanne positiv, sinnerfüllt und hoffnungsvoll durchlebt werden kann. Wir wollen einige Beispiele anführen, um zu zeigen, wie vielfältig die Hoffnungen kranker und sterbender Menschen sein können – und daß es nicht immer um »große« Hoffnungen geht, die wir als Begleiter aufgreifen und mitgestaltend wahrnehmen können.

Beispiele von Hoffnungen schwerkranker Menschen:
- die Hoffnung, schmerzfrei bleiben zu können
- die Hoffnung, mit den Symptomen der Krankheit umgehen zu lernen
- die Hoffnung, am Leben anderer noch lange teilnehmen zu können
- die Hoffnung auf gute Stunden, die man genießen kann
- die Hoffnung, lange selbst mitentscheiden zu können
- die Hoffnung, mit der Wahrheit behutsam konfrontiert zu werden
- die Hoffnung auf ein friedliches Sterben
- die Hoffnung, einmal noch wegzufahren, spazierenzugehen . . .
- die Hoffnung, Wichtiges noch erledigen zu können
- die Hoffnung, seinen Aufgaben noch ein wenig gerechtwerden zu können
- die Hoffnung, noch ein paar gute Tage zu haben
- die Hoffnung, nicht allein zu sterben
- die Hoffnung, sich bis zuletzt mitteilen zu können
- die Hoffnung, nicht alleingelassen zu werden
- die Hoffnung, Hilfe annehmen zu können
- die Hoffnung, Tränen zeigen zu können
- die Hoffnung, Gefühle – alle Gefühle zeigen zu können
- die Hoffnung, sich mit Gott aussöhnen zu können

- die Hoffnung, Trost zu finden
- die Hoffnung, daß nach dem Tod nicht alles aus ist
- die Hoffnung, daß man in der Erinnerung lieber Menschen weiterlebt
- die Hoffnung, daß man Spuren hinterläßt
- die Hoffnung, Gott zu begegnen

Anregungen für eine persönliche Auseinandersetzung

Impulsfrage 1:

Stellen Sie sich vor, Sie sind auf dem Weg zum Arzt, um von ihm das Ergebnis einer Untersuchung zu erfahren. Die Befunde sind schlecht.
Wollen Sie mit der Wahrheit konfrontiert werden?
Was wäre Ihnen in dieser Situation wichtig?
Was oder wen würden Sie in dieser Situation brauchen?

Impulsfrage 2:

Denken Sie an Ihre berufliche Situation. Wie stehen Sie persönlich zum Thema Wahrheit am Krankenbett? Wie gehen Sie konkret mit dieser Frage um? Welche Erfahrungen haben Sie in diesem Zusammenhang schon gemacht?

Impulsfrage 3:

Versetzen Sie sich in die Lage, selbst am Ende Ihres Lebens zu stehen. Welche Hoffnungen könnten für Sie – aus der jetzigen Sicht – in Ihrem letzten Lebensabschnitt wichtig werden? Versuchen Sie verschiedene Hoffnungsbereiche in Ihre Überlegungen einzubeziehen (Hoffnungen bezogen auf Körper, Seele, Geist, Umwelt, Gott).

Lyrik

Wenn ich gestorben bin

Wenn ich gestorben bin
singt keine traurigen Lieder.
Pflanzt keinen Baum über mein Grab.
Ich will ruhen unter dem Rasen,
den der Regen näßt
und der Tau berührt.
Laßt mich ruhen!
Doch – wenn Ihr wollt: *Erinnert euch!*
(IRISCHER SEGENSWUNSCH)

Inmitten aller Vergänglichkeit

Einmal wichtig gewesen zu sein,
für jemanden, der einem selber
so wichtig war, daß man glaubte,
alles vorher sei unwichtig gewesen,
und nichts könnte nachher wichtiger werden
als dieses eine Mal –
es bleibt und wird zu erfülltem Leben.
Auch wenn man es längst vergessen wähnt.
(BUSTA, Ch.)

Die Linien des Lebens

Die Linien des Lebens sind verschieden,
Wie Wege sind und wie der Berge Grenzen.
Was hier wir sind, kann dort ein Gott ergänzen
Mit Harmonien und ewigem Lohn und Frieden.
(HÖLDERLIN)

Aussagen Betroffener

»An dem geglückten Tag wird es noch einmal Tag werden mitten am Tag. Es wird mir einen Ruck geben, einen zweifachen: über mich hinaus, und in mich, ganz hinein. Zum Schluß des geglückten Tags werde ich die Stirn haben zu sagen, ich hätte einmal gelebt, wie sich's gehört.« (HANDKE, P.)

Iwan Iljitschs größte Qual war die Lüge – jene von allen anerkannte Lüge, daß er nur krank, aber nicht dem Tode nahe sei und daß er nur ruhig zu sein und sich behandeln zu lassen brauchte, um wieder ganz gesund zu werden. Er aber wußte es besser: was man auch tun mochte – es konnte kein anderes Ereignis erreicht werden als noch größeres Leiden und der Tod. Und diese Lüge quälte ihn; es quälte ihn, daß niemand das eingestehen wollte, was alle wußten und was auch er wußte, daß sie ihn über seinen schrecklichen Zustand täuschen wollten und ihn selber veranlaßten, an dieser Lüge teilzunehmen. Die Lüge, die Lüge, diese am Vorabend seines Todes über ihn verhängte Lüge, die den furchtbaren, feierlichen Vorgang seines Todes auf die Stufe aller ihrer Besuche und Gardinen und des Störs zum Mittagessen erniedrigen mußte, war für Iwan Iljitsch furchtbar quälend. Und seltsam! er war oft, wenn sie ihre Mätzchen vor ihm machten, nur noch auf Haaresbreite davon entfernt, ihnen zuzurufen: »Hört auf zu lügen! Ihr wißt es, und ich weiß es, daß ich sterbe, so hört wenigstens auf zu lügen!« Aber er fand niemals den Mut, das zu tun. (TOLSTOI, L.).

»Andere Menschen finden Hoffnung im Vertrauen auf einen Schöpfer und im Glauben an ein Leben nach dem Tod; wieder andere hoffen darauf, daß sie einen bestimmten Augenblick noch miterleben oder eine bestimmte Angelegenheit noch zu Ende bringen können. Und einige hoffen sogar darauf, daß sie über den Augenblick ihres Todes frei entscheiden oder ihn sogar selbst ungehindert herbeiführen können. So muß jeder zu seiner persönlichen Hoffnung finden.« (NULAND, S.)

Gedanken und Geschichten

Wir können nur dann in Frieden leben und in Frieden sterben, wenn wir uns unserer Rolle ganz bewußt werden, und sei diese auch noch so unbedeutend und unausgesprochen. Das allein macht glücklich.
Was aber dem Leben Sinn verleiht, gibt auch dem Tod Sinn. Es ist leicht zu sterben, wenn es in der Ordnung der Dinge liegt.
(SAINT- EXUPERY, A. de)

Wir verlangen, das Leben müsse einen Sinn haben – aber es hat nur ganz genauso viel Sinn, als wir selber ihm zu geben imstande sind. Weil der

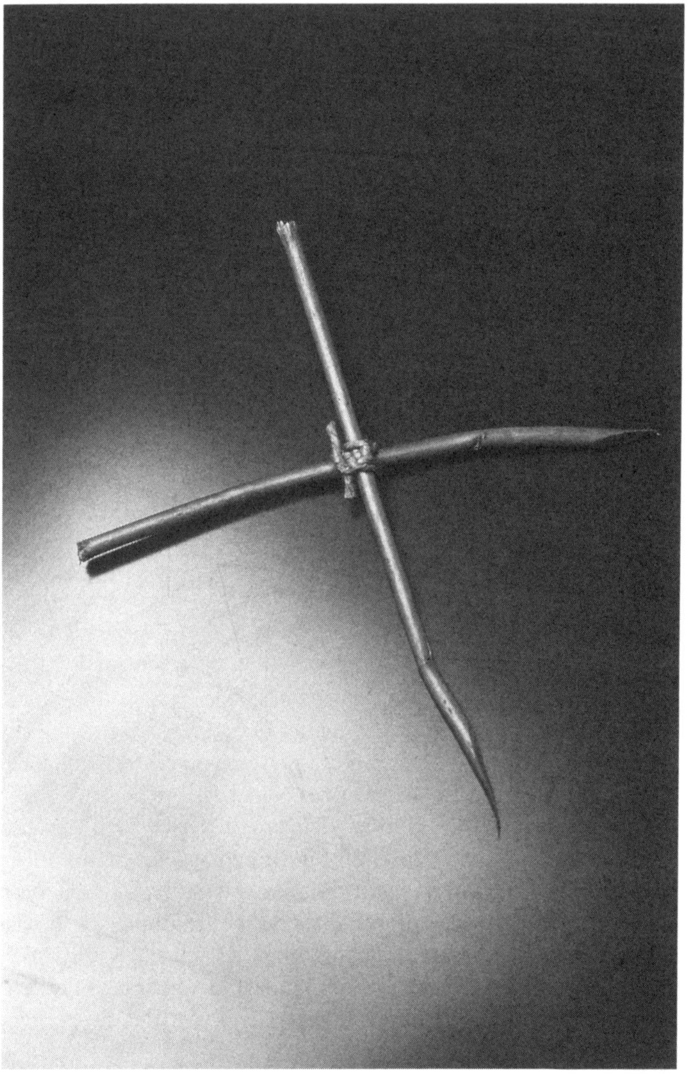

einzelne das nur unvollkommen vermag, hat man in den Religionen und Philosophien versucht, die Frage tröstend zu beantworten.

Diese Antworten laufen alle auf das Gleiche hinaus: den Sinn erhält das Leben einzig durch die Liebe. Das heißt: je mehr wir zu lieben und uns hinzugeben fähig sind, desto sinnvoller wird unser Leben. (HESSE, H.)

Über das ewige Leben

König Anoschirwan, den das Volk auch den Gerechten nannte, wandelte einst zur Zeit, als der Prophet Mohammed geboren wurde, durch sein Reich. Auf einem sonnenbeschienenen Hang sah er einen ehrwürdigen alten Mann mit gekrümmtem Rücken arbeiten. Gefolgt von seinem Hofstaat trat der König näher und sah, daß der Alte kleine, gerade ein Jahr alte Stecklinge pflanzte. »Was machst du da?« fragte der König. »Ich pflanze Nußbäume«, antwortete der Greis. Der König wunderte sich: »Du bist schon so alt. Wozu pflanzt du dann Stecklinge, deren Laub du nicht sehen, in deren Schatten du nicht ruhen und deren Früchte du nicht essen wirst?« Der Alte schaute auf und sagte: »Die vor uns kamen, haben gepflanzt, und wir konnten ernten. Wir pflanzen nun, damit die, die nach uns kommen, ernten können.« (PESESCHKIAN, N.)

Fallbeispiel

Zu den Erlebnissen, die ihn am meisten ergriffen hatten, gehörte eine Begegnung, die schon in die erste Zeit seiner Betreuungsarbeit fiel. Da war er mit einem Manne ins Gespräch gekommen, einem einfachen Landmann, der den noch jugendlichen Sohn seines Nachbarn im Jähzorn erschlagen hatte. Dieser Mann gehörte zu den wenigen, die wirklich Reue fühlten. Er wurde aber nicht nur von Gewissensbissen geplagt, sondern hatte in den Träumen so fürchterliche Gesichte, daß er sich vor jedem Einschlafen fürchtete. Er erzählte Johannes, daß in diesen Träumen die Gestalt des Getöteten vor ihm stehe. Daß er dann die bittersten Vorwürfe und Klagen hören müsse . . . Sein Zustand sei allmählich so unerträglich, daß er sich nur noch Gift wünsche oder sonst einen Tod, der das ewige Vergessen bringt.

Johannes hatte aus eigener Überzeugung heraus das Leiden dieses Unglücklichen zunächst noch verschlimmern müssen. Er sprach davon, daß der Tod kein ewiges Vergessen bringen könne, weil er ein Erwachen sei, weit über unser gewöhnliches Wachen hinaus, und daß er auch sonst erfüllt sei von Wirksamkeit und Wundern. Der Gefangene hatte erst nur dumpf zugehört. Dann hatte er aufgebracht gerufen: »Das kann gar nicht sein!« Und auf die Frage von Johannes, warum das nicht sein könne, hatte er halb gestöhnt, halb geschrien: »Weil Gott dann noch grausamer wäre als die Menschen!« – Und dumpf hatte er dazu gemurmelt, er glaube nicht an den ewigen Fluch. – »Und ich auch nicht«, hatte Johannes ruhig gesagt. Das verschlug dem Gefangenen die Rede: »Aber an was dann?« – »An die heilende Macht guter Gedanken, in der Zeit und auch in der Ewigkeit.«

Damit hatte er es zunächst belassen. Aber in anderen Gesprächen hatte er mehr gesagt und hatte das Gemüt des Unglücklichen aus der dumpfen Welt der Verzweiflung in die, wenn auch noch so schmerzliche, Lebendigkeit des Zweifels hinaufgehoben. Und dann hatte er wieder warten müssen. Bis er endlich sagte: »Von dem, daß es ein Unsichtbares gibt, das lebt und wirksam ist, werdet Ihr Euch durch Grübeln nie überzeugen; versucht etwas zu tun!«

Nun hatte er dem Gefangenen vorgeschlagen, er solle sich vorstellen, als sei die Seele des von ihm Getöteten nicht unendlich fern, sondern als sei sie nahe und könne ihn hören. Und dann solle er versuchen, für sie zu beten.

Als er den Gefangenen nach einiger Zeit besucht hatte, war dessen Zustand noch ärger als zuvor. Er ächzte und stöhnte, daß ihn die quälenden Bilder jetzt gar nicht mehr losließen, weder bei Tag noch bei Nacht. Da hatte Johannes nur gesagt: »Jedes wirklich gute Heilmittel steigert erst die Erscheinungsform der Krankheit, ehe es diese selbst an der Wurzel packen kann; Ihr müßt fortfahren!«

Und siehe, schon beim nächsten Besuch war es anders.

Mit einem scheuen, immer noch leisen Zweifel verratenden Lächeln hatte der Gefangene gesagt, er glaube, daß an dem Ratschlag des Helfers doch etwas daran sein könne und daß es ihm vielleicht etwas besser gehe. Bei Tag sei er jetzt von den alten Qualen frei, und auch nachts habe er einige Male völlig traumlos geschlafen. – »So, geht es Euch besser?« hatte Johannes mit Nachdruck gesagt und war dann unvermittelt gegangen.

Und wieder beim nächsten Mal hatte der Gefangene die Hand von Johannes erfaßt: »Ich danke Euch. Jetzt geht es auch ihm besser.« Da hatte Johannes ihn freudig angeschaut. Er wußte, daß nun jenes Schrecklichste vom Furchtbaren aufgehört hatte, das unbewegliche Anstarren der schlimmen Tat. Die Bilder waren gewiß in Bewegung gekommen, und ein neues

Geschehen begann. Und es war ihm nur eine Bestätigung, daß der Gefangene erzählen konnte, jüngst im Traum sei die Gestalt des jungen Mannes wieder erschienen, aber vorwurfslos. »Nur ernst und mild hat er mich angeblickt.« (. . .)

Jetzt hatte Johannes den Mann wieder öfters besucht. Er hatte Mühe, mit Heiterkeit in dieses sich mehr und mehr abzehrende Gesicht zu blicken. Mit dem feinen Gefühl, das die hoffnungslos Erkrankten entwickeln, hatte der Gefangene auch dieses abgetastet: »Ihr braucht nicht traurig zu sein, Herr. Mir wird von Tag zu Tag wohler. Was macht es, wenn der Leib verfällt. Sobald man nur weiß, daß es ein Drüben gibt, wo die Dinge nicht stille stehen, wo selbst die Schuld zur neuen guten Tat verwandelt wird, – ist doch alles leicht zu ertragen.« (. . .) Mitten in seinem Grübeln (. . .) wurde er plötzlich an das Lager des Schwerkranken gerufen. Es hieß, jener liege im Sterben. Obwohl Johannes diese Nachricht schon seit einiger Zeit erwartete, traf sie ihn doch hart. Der Verwalter hatte ihm zu Weihnachten eine schöne Wachskerze geschenkt. Diese nahm er jetzt mit und steckte sie in der kleinen Fensternische der Zelle an. Aber ihr goldener Glanz schien zu verblassen gegen das Gold, das von dem Gesicht des Sterbenden ausging. Dunkel, groß und wie erfüllt von der Wärme einer heiligen Nacht, standen in diesem Gesicht die Augen. Der Scheidende erkannte ihn, und durch eine leise Bewegung seiner Lippen, die Johannes mit dem Herzen verstand, bat er ihn, ganz nahe heranzukommen. Er reichte ihm noch einmal die Hand, die schwer in der Hand des Besuchers ruhte. Es herrschte für einige Augenblicke ein tiefes, helles Schweigen, in dem die leisen Atemzüge des Davongehenden wie eine feine Musik schwebten.

Wieder bewegten die Lippen sich, und Johannes begriff, daß er sein Ohr zu ihnen hinneigen sollte. Jetzt konnte er vernehmen, was der Mann flüsterte. Ganz langsam und doch eines für eines, deutlich geformt, kamen die Worte: «Er ist hier gewesen vorhin bei mir. Er hat gelächelt«, Johannes verstand, daß vom Jüngling die Rede war. Und weiter der Sterbende: »Und ich habe gesagt, daß ich viel hab leiden müssen und daß ich jetzt froh bin zu kommen, und ihm dienen will.« Der Flüsternde machte eine Pause. Johannes wußte nicht, ob dieser leichte Atem, in den die Worte wie aus Licht geformt wurden, je noch wiederkehren werde. Ein Ausdruck unaussprechlichen Glückes lag jetzt auf dem abgezehrten Gesicht. In Demut und mit Ehrfurcht schaute Johannes auf das heilige Geschehen, das ihm ganz wie eine Geburt vorkam.

Der Sterbende schien auch etwas von diesen Gedanken zu vernehmen. Noch einmal lebte der Atem auf. Und noch langsamer, aber auch heller, entschiedener kam es jetzt: »Ja, wir sind glücklich, glücklich alle beide. Besonders, weil noch ein Dritter dabei war.« Wieder eine lange Pause. – »Ein Dritter, wer?« rief Johannes. – »Der reine Mensch, der ganz reine Mensch«, raunte die Stimme. »Er ist groß und doch rein wie ein kleines Kind.« Und jetzt schlossen sich die Lippen. Die Augen schimmerten noch einmal ganz weit auf, als ob ein lichtes Meer aufgerissen wurde. Und jetzt, ganz deutlich konnte Johannes hören, wie sie sprachen: »Ich sehe ihn, ich sehe den reinen Menschen.«

Die Geburt war geschehen. (HAHN, H.)

V KOMMUNIKATION: MIT ANDEREN MENSCHEN IN BEZIEHUNG TRETEN

1 *Was versteht man unter Kommunikation?*

Wenn wir bisher über die Bedeutung zwischenmenschlicher Beziehungen in der Begleitung Schwerkranker und Sterbender gesprochen und auf typischerweise auftretende Verhaltensformen, Gefühle und Äußerungen der Patienten hingewiesen haben, so wollen wir in diesem Abschnitt auf die zugrunde liegenden Gesetzmäßigkeiten und Merkmale zwischenmenschlicher Kommunikation eingehen.

Was ist Kommunikation überhaupt? Ganz einfach gesprochen geht es dabei um den Vorgang, daß ein Mensch (Person A) einem anderen (Person B) etwas mitteilen möchte. In der Fachsprache heißt dies dann:

»Kommunikation ist das Senden und Empfangen von Botschaften.« Beziehen wir diesen Satz auf zwei Menschen, lautet dieser Satz: »Ein *Sender* übermittelt einem *Empfänger* eine *Nachricht.*« Daß es bei diesen Aussagen nicht um das Beschreiben von Sachverhalten geht, die für unser Leben relativ bedeutungslos sind, geht nicht zuletzt aus den Arbeiten von SATIR, WATZLAWICK, SCHULZ v. THUN, TAUSCH, PERL, GORDON, RICHTER und vielen anderen hervor. Kommunikation gilt als das Herzstück zwischenmenschlicher Beziehungen, ja ohne Kommunikation ist keine Beziehung denkbar. Eine Pionierin in Sachen Kommunikation, Virginia SATIR, hat geschrieben: »Kommunikation ist für eine Beziehung genauso wichtig wie das Atmen fürs Leben. Wenn man diesen Zusammenhang sieht, versteht man leichter, warum es so viel Schmerz in menschlichen Beziehungen gibt. Jeder Mensch atmet und jeder Mensch kommuniziert. Die Frage ist wie und mit welchem Ergebnis.« Diese Gedanken von Virginia SATIR können durch einen berühmt gewordenen Satz von Paul WATZLAWICK ergänzt werden: »Man kann nicht ›nicht-kommunizieren‹ «.

Jede Nachricht hat – wie aus der folgenden Abbildung (11) zu entnehmen ist – einen *Sachaspekt*, einen *Beziehungsaspekt*, einen *Selbstoffenbarungsaspekt* und einen *Appellaspekt*.

Abbildung 11: Die vier Seiten einer Nachricht

nach Schulz v. Thun

Die sogenannten »vier Seiten einer Nachricht« sind von uns aus der Sicht des »Senders«, also jenes Menschen beschrieben worden, der eine Nachricht mitteilen will. Kommunikation spielt sich jedoch immer in einem Wechselspiel ab. So können wir nicht nur beim Sender verschiedene Schwerpunkte in der Kommunikation erkennen, sondern auch beim Empfänger. SCHULZ v. THUN spricht von den »vier Ohren des Empfängers«.

Abbildung 12:
Die »Vier Ohren« der Empfänger nach Schulz v. Thun

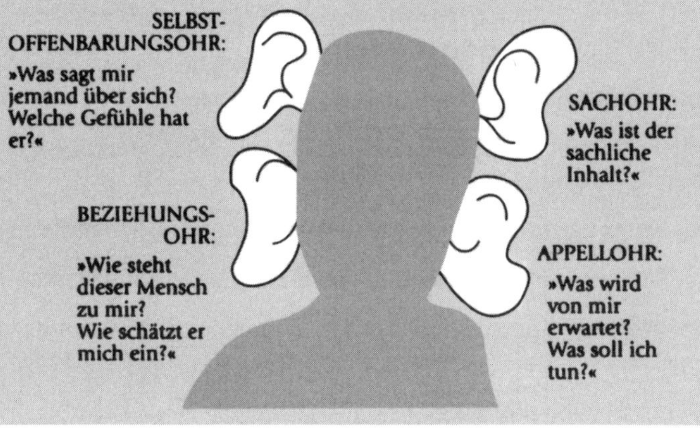

2 Kommunikation: eine Zusammenfassung

Anhand der folgenden Abbildung möchten wir eine Zusammenschau wichtiger Kommunikationsaspekte geben. Selbst an diesem kleinen Ausschnitt ist zu erkennen, wie viele Aspekte eine Rolle spielen, wenn Menschen der scheinbar so leichten Aufgabe nachkommen, einem anderen Menschen eine Mitteilung zu machen.

Einige Merksätze sollen abschließend das Bild von der menschlichen Kommunikation abrunden:

- Von Beginn des Lebens steht der Mensch in einer »dialogischen Grundsituation«.
- Man kann nicht »nicht« kommunizieren!
- Kommunikation ist das Senden und Empfangen von Botschaften.
- »Wahr« ist nicht, was der Sender sagt, sondern was der Empfänger versteht.
- Jede Kommunikation enthält emotionale und rationale Elemente.

- Jede Kommunikation enthält verbale Elemente (gesprochenes Wort) und nonverbale (Mimik, Gestik, Körpersprache).
- Nur wenn verbale und nonverbale Anteile übereinstimmen (kongruent sind), können Menschen überzeugend und glaubwürdig wirken.
- Stimmen verbale und nonverbale Botschaften nicht überein, wird dem nonverbalen Anteil mehr Bedeutung beigemessen.
- Jede Kommunikation enthält ein Paket von Botschaften (»vier Seiten einer Nachricht«).
- Jede Kommunikation hat einen Sach- und einen Beziehungsaspekt.
- Der Beziehungsaspekt bestimmt die Aufnahme der Inhalte.
- Inhalte können nur dann voll aufgenommen werden, wenn der Beziehungsaspekt positiv oder neutral ist.
- Störungen haben Vorrang!

***Abbildung 13:* Kommunikation: Übersichtsskizze**

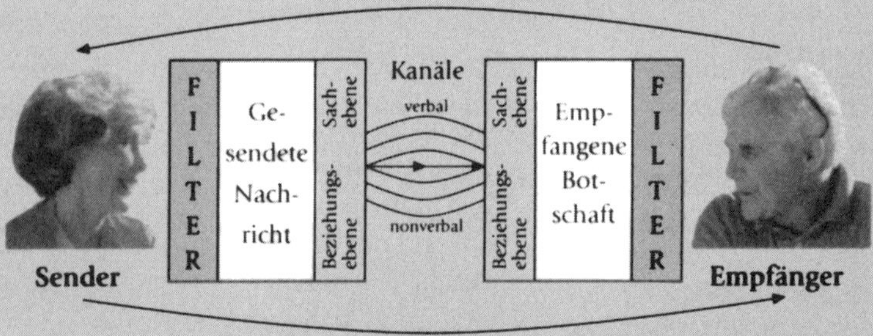

- **Kommunikation ist das Senden und Empfangen von Botschaften.**
- **Menschliche Kommunikation bedient sich zweier Kanäle: verbaler (Sprache, Schrift) und nonverbaler (Mimik, Gestik) Kanal.**
- **Nachrichten enthalten einen Sach- und einen Beziehungsaspekt.**
- **Nachrichten werden »verschlüsselt« und »entschlüsselt«.**
- **Nachrichten passieren verschiedene Filter.**

3 *Angewandte Kommunikation*

Was macht aus einem Gespräch ein »gutes Gespräch«? Bevor wir eine Reihe von Möglichkeiten darstellen, deren Umsetzung wesentlich zum Gelingen einer Kommunikation beitragen kann, möchten wir auf zwei zentrale Begriffe eingehen, die aus den Überlegungen, wie Kommunikation gelingen und zu einem für beide Seiten befriedigenden Ergebnis führen kann, nicht wegzudenken sind. Es handelt sich dabei um den Begriff der Kongruenz und des Aktiven Zuhörens.

3.1 Kongruenz und Aktives Zuhören

Ein Schlüsselbegriff in der Kommunikation ist die sog. *Kongruenz* oder auch Authentizität genannt. Der Wunsch nach Kongruenz entspricht der Aufforderung: »Sei du selbst und teile dich so mit, wie dir zumute ist.« Eine gute Kommunikation wird weitgehend auch davon bestimmt, wie gut die Gesprächspartner in der Lage sind, sich kongruent zu verhalten. ROGERS, dem wir diese wesentlichen Erkenntnisse verdanken, weist darauf hin, daß es bei dem Begriff der Kongruenz vor allem um die Übereinstimmung wichtiger Bereiche des Menschen geht, nämlich zwischen seinem innerem Erleben, dem Bewußtsein darüber und schließlich der Entscheidung, wieviel mitgeteilt werden soll.

Wenn wir an anderer Stelle gemeint haben, daß es in jeder Kommunikation verbale und nonverbale Anteile gibt, so sei hier ergänzt, wie wichtig für das Gelingen einer Kommunikation die Kongruenz dieser beider Elemente ist. Je besser unsere Worte mit dem übereinstimmen, was wir durch unseren Tonfall, durch die begleitenden Gesten, unsere Körperhaltung und ähnliches ausdrücken, um so klarer und eindeutiger kann die Botschaft beim Gesprächspartner ankommen. Dies wiederum schafft Vertrauen und Sicherheit. Auch wirkt sich ein offenes Darstellen der eigenen Gefühle und Gedanken auf die Bereitschaft des Gesprächspartners, zuzuhören, sehr positiv aus. Intensives Zuhören wird um so eher möglich sein, je weniger Verschleierung und Vorspielen stattfindet. So ein besonders intensives Zuhören – auch aktives Zuhören genannt – bewirkt wiederum ein Klima der positiven Wertschätzung und der Akzeptanz. In all jenen Fällen, wo jedoch eine Übereinstimmung verbaler und nonverbaler Elemente nicht oder nur unzureichend möglich ist, wo statt »Echtheit« anderes zum Ausdruck gebracht wird, kommt den nonverbalen Elementen unserer

Kommunikation größere Bedeutung zu. Der nichtsprachliche Anteil zeigt dann deutlich an, wie es im Inneren des Kommunikationspartners wirklich aussieht beziehungsweise welche Botschaften verborgen bleiben.

Wenden wir uns noch dem Begriff des *Aktiven Zuhörens* etwas genauer zu. Aktives Zuhören setzt zunächst eine Grundhaltung voraus, die dem Gesprächspartner das Gefühl vermittelt, er stehe im Augenblick ganz im Mittelpunkt, er sei im Augenblick das Wichtigste. Dieses positive Zugewandtsein ist der Nährboden für Vertrauen und Sicherheit in einer Kommunikation – und gerade in Situationen, in denen wir Menschen in schweren Lebenslagen begleiten und mit ihnen in Beziehung treten, wird dies besonders wichtig. Aktives Zuhören bedeutet zunächst einmal, dem Gesprächspartner eine ganz besondere Einstellung entgegenzubringen.

***Abbildung 14:* Aktives Zuhören**

Zum anderen heißt es aber auch, bestimmte Verhaltensweisen zu bedenken. Beim aktiven Zuhören ist es wichtig, dem Gesprächspartner volle Aufmerksamkeit zu schenken und dies bedeutet wiederum, seinen Worten keine Ergänzungen, Erweiterungen, Interpretationen hinzufügen, vielmehr einfühlsam die Dinge aus seiner Sicht heraus zu verstehen versuchen. Um sich ein Bild davon zu machen, ob man »richtig« verstanden hat, kann es gut sein, Rückmeldungen an den Gesprächspartner zu geben. Dabei handelt es sich jedoch nicht um Ergänzungen oder weitergeführte Sätze, sondern dabei geht es um den Versuch, das Gehörte, Wahrgenommene mit eigenen Worten nochmals auszudrücken, um so dem Gesprächspartner die Möglichkeit zu geben, Stellung zu nehmen. »Wurden meine Worte so verstanden, wie ich sie gemeint habe?« – diese Frage kann durch Rückmeldungen, durch Wiederholungen des Wahrgenommenen geklärt werden (Paraphrasieren, Wiederholungen). Ebenso gehört zu einem guten aktiven Zuhören die Fähigkeit, Gefühle anzusprechen, sie in Worte zu kleiden (Verbalisieren). Auszudrücken, was bei mir – dem Gesprächspartner auf der sachlichen Ebene (Inhalt) und der emotionalen Ebene (Ausdruck) ankommt, ist für eine gute, partnerschaftliche Kommunikation ganz wesentlich.

3.2 Hilfen für ein gutes Gespräch

Ein guter Redner
ist nicht so viel wert wie ein
guter Zuhörer.
(Chinesische Weisheit)

Jedes Gespräch ist als Kommunikation zwischen den Gesprächspartnern zu betrachten, somit gilt bei jedem Gespräch, die Regeln der Kommunikation und ihre Gesetzmäßigkeiten zu beachten. Was ist nun aber bei einem »guten« Gespräch zu beachten? Was liegt in der Hand der Gesprächspartner? Worauf sollten Menschen in helfenden Berufen bei ihren Gesprächen besonders achten? Wir können sicherlich kein Patentrezept für das Gelingen von Gesprächen liefern, meinen jedoch, einige Punkte herausstreichen zu können, die in einer Gesprächssituation hilfreich sein können. Immer wird das Ergebnis eines Gespräches sowohl auf der inhaltlichen wie auch auf der emotionalen Ebene von vielerlei Faktoren bestimmt werden, die nicht alle von den Gesprächspartnern selbst beeinflußt werden können.

Im folgenden haben wir versucht, jene Elemente näher zu beleuchten, die gleichsam die Basis für eine partnerschaftliche Kommunikation darstellen und bis zu einem gewissen Grad als Garanten einer guten, echten und offenen Kommunikation gelten, die Vertrauen schafft, Angst abbaut und das Gefühl des Angenommenwerdens zurückläßt.

Elemente eines guten Gesprächs

- Zu Beginn jedes Kontaktes sollte die Einladung an den Gesprächspartner stehen, in Kontakt treten zu wollen. Dieses Signal kann ein einladender Satz, eine Geste oder ein Wort sein. Das gilt auch, wenn wir meinen, »nur« eine Sachinformation anbringen zu müssen. (zum Beispiel: »Ist es Ihnen möglich, mit mir zu sprechen?« – »Kannst du kurz zuhören?« – »Es gibt noch etwas zu besprechen; sind Sie im Moment bereit dazu?«).

- Die Grundhaltung dem Gesprächspartner gegenüber sollte von Wertschätzung und Respekt vor dem anderen Menschen geprägt sein. Jeder Mensch hat das Recht auf eigene Meinungen und Positionen – diese ernst zu nehmen heißt nicht, sie zu teilen. Einen Gesprächspartner zu akzeptieren heißt, ihm mit emotionaler Wärme zu begegnen, ihn in seinem individuellen Sein bedingungslos anzunehmen. Wertschätzung und Akzeptanz kann besonders durch die Körpersprache zum Ausdruck gebracht werden, zum Beispiel in der körperlichen Position, die ich während des Gespräches einnehme. Ein deutlicher Größenunterschied zwischen den Gesprächspartnern (zum Beispiel ein Kommunikationspartner steht, während der andere liegt) schafft Distanz, verschärft Status- und Machtunterschiede und kann sich negativ auf eine partnerschaftliche Kommunikation auswirken. In einem Klima der Akzeptanz wird persönliche Auseinandersetzung und personale Zuwendung möglich.

- Für ein gutes Gespräch ist es grundsätzlich wichtig, Aufnahmebereitschaft zu zeigen. Auch diese Aufnahmebereitschaft kommt in erster Linie durch die Körpersprache, die Körperhaltung zum Ausdruck. Es ist wichtig, sich dem Partner zuzuwenden, einen Abstand zu ihm zu wählen, der etwa im Bereich der ausgestreckten Arme liegt, dafür zu sorgen, daß Blickkontakt möglich ist und ähnliches.

- Authentisches Verhalten, eine hohe Übereinstimmung zwischen verbalen und nonverbalen Kommunikationselementen (Kongruenz) schafft Vertrauen, Sicherheit und die Bereitschaft, selbst authentisch und kongruent zu kommunizieren. Dabei kommt der Sprache und ihren Ausdrucksmöglichkeiten eine große Bedeutung zu. Nicht, *was* ich sage, entscheidet oft über die Wirkung, sondern *wie* ich es sage. Sogenannte »Ich-Aussagen« sind das

Merkmal authentischer Kommunikation und signalisieren, daß der Gesprächspartner zu dem Gesagten und den begleitenden Gefühlen steht.

- »Aktives« Zuhören bedeutet, den Partner im Mittelpunkt des Geschehens zu sehen, ihm Wertschätzung entgegenzubringen und ihm mit Empathie, einem einfühlenden Verstehen, zu begegnen. Der Partner soll die Möglichkeit haben, in Ruhe sprechen zu können, auszusprechen. Beim aktiven Zuhören werden der sachliche Inhalt des Gespräches paraphrasiert (mit eigenen Worten die Meinungen, Sichtweisen des Partners wiederholen, um sicherzustellen, richtig verstanden zu haben) und der emotionale Aspekt verbalisiert (Gefühle des Partners ansprechen und in Worte fassen). Aktives Zuhören gehört mit der Eigenschaft der Empathie und der Fähigkeit, sich kongruent auszudrücken zu den Grundbedingungen guter, echter, partnerschaftlicher Kommunikation.

- Hören und Zuhören stehen vor der Fähigkeit, sich selbst gut artikulieren zu können. Dieses gute Hören kann von verschiedenen Grundfragen geleitet sein, die zur Entschlüsselung der Botschaften dienen können. »Was vernehme ich, was meint der Gesprächspartner und wie meint er das?«

- Ein gutes Gespräch braucht Zeit. Die Bedeutung der Zeit kann dabei aus verschiedenen Perspektiven betrachtet werden. Zum einen muß man sich für ein Gespräch Zeit nehmen, ferner ist es notwendig, einen Zeitrahmen festzusetzen und schließlich muß ein Gespräch von dem Zugeständnis an den Partner getragen werden, sich gemäß seiner Zeit in Ruhe aussprechen zu können.

- In einem guten Gespräch soll Platz für Fragen sein. Fragen dienen dazu, Informationen zu erhalten. Allerdings wird es von der Art der Fragen abhängen, ob diese eher bedrohlich wirken oder dazu beitragen, den Gesprächsfaden weiterzuspinnen und Vertrauen zu schaffen. Fragen können offen sein (jede nur erdenkliche Antwort hat Platz), sie können geschlossen sein (eng abgesteckter Rahmen der Antwortmöglichkeiten – oft nur als Ja-Nein-Kategorie) oder sie können Alternativen zur Antwort anbieten. Sogenannte W-Fragen (wer, was, wo, wann, wie, weshalb) bringen zwar viel an Information, lösen beim Gesprächspartner aber eher Angst und Unbehagen aus und haben in einer partnerschaftlichen Kommunikation nur einen eingeschränkten Platz. Die Kunst, gute Fragen zu stellen, gehört in den Bereich des empathischen Umganges.

- Empathie als Grundvoraussetzung des menschlichen Miteinanders ist für ein gutes Gespräch von großer Bedeutung. Sich in den anderen einzufühlen, zu versuchen, die Dinge aus seiner Sicht heraus zu sehen und zu verstehen, steht in enger Wechselwirkung zu den bereits erwähnten Fähigkeiten der Kongruenz, der Akzeptanz und des Respekts vor dem Gesprächspartner.

- Fähigkeit, auf Einwände, Ablehnung, negative Äußerungen positiv einzugehen und in allen Schwierigkeiten eine Herausforderung zu sehen, Neues zu entdecken, Hindernisse zu überwinden und neue Sichtweisen erlangen zu können.

Abbildung 15: **Gesprächshaus: Elemente eines »guten« Gesprächs**

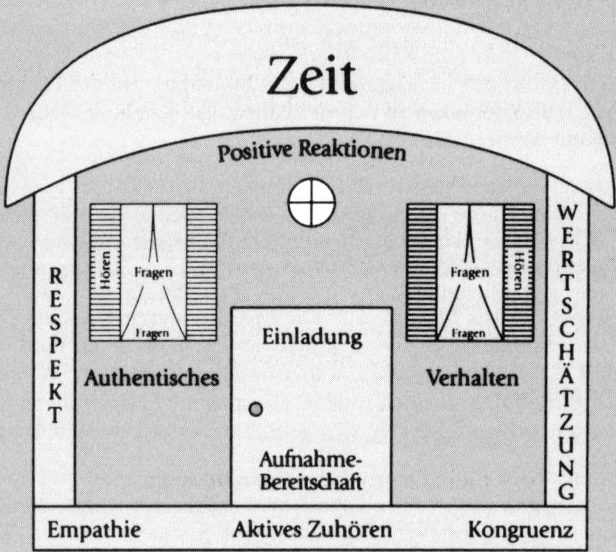

3.3 Persönliche Voraussetzungen

Bisher wurden eine Reihe von Verhaltensweisen beschrieben, die ein gutes Gespräch charakterisieren. Welche Voraussetzungen müssen Menschen jedoch mitbringen oder sich erarbeiten, um in einer Gesprächssituation möglichst viele der genannten Aspekte berücksichtigen zu können?

»Ich bin ich – und so, wie ich bin, bin ich ganz in Ordnung.«
Als eine der wichtigsten Voraussetzungen ist die Annahme der eigenen Person zu erwähnen. Nur wer sich selbst mit allen Schwächen und Stärken

akzeptieren und annehmen kann, wird in der Lage sein, anderen Wertschätzung, Respekt und Akzeptanz entgegenzubringen. Selbstwahrnehmung, Selbsterkenntnis, Selbstkritik gehören zu dem Weg, den ein Mensch gehen muß, um schließlich sich selbst lieben und annehmen zu können. Gekoppelt ist dieses Sich-selbst-Annehmen mit einem grundsätzlichen Vertrauen in die eigene Person, Vertrauen zu den Mitmenschen und der Welt, in die man hineingeboren wurde (Urvertrauen).

»Ich kann sehen, hören, fühlen . . .«

Ferner spielt die Sensibilität im Umgang mit Gefühlen eine große Rolle. Sensibles Hineinspüren in die eigenen Gedanken- und Gefühlsbereiche kann als Voraussetzung für den sensiblen Umgang mit einem Gesprächspartner gelten.

»Ich besitze die Werkzeuge, . . . mit denen ich Nähe herstellen kann«

Zu diesem sensiblen Spüren gehört auch, die eigenen Grenzen erkennen, Nähe zulassen und Distanz einhalten zu können. Sicheinlassen ist ebenso wichtig, wie sich zurücknehmen können. Sich öffnen können bedeutet auch, den Mut aufbringen, etwas von sich zu zeigen. Distanz zu wahren heißt immer auch Bereitschaft zur Konfrontation und Auseinandersetzung mit Widersprüchen.

***Abbildung 16:* Kommunikation und Grenzfindung**

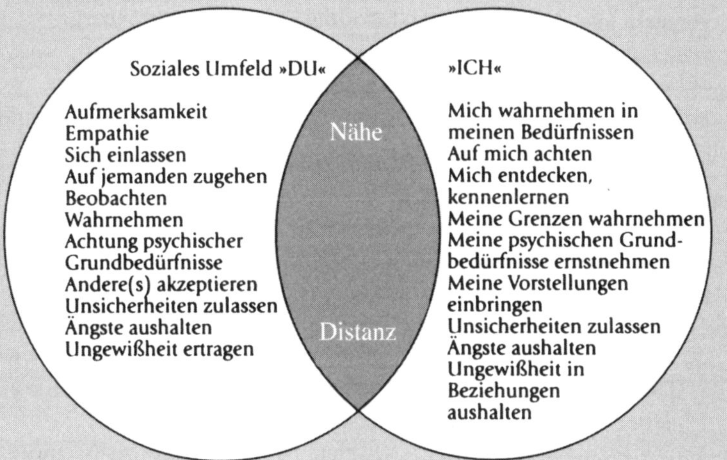

Anregungen für eine persönliche Auseinandersetzung

Impulsfrage 1:

Versuchen Sie herauszufinden, welcher Ihr »Lieblingskanal« ist. Sind Sie eher ein visueller, ein auditiver, ein kinästhetischer oder ein olfaktorischer Gesprächspartner? Notieren Sie einige für Sie typische Äußerungen!

Impulsfrage 2:

Ordnen Sie folgende Aussagen den entsprechenden Sinneskanälen zu und überlegen Sie, wie die jeweilige Aussage verändert werden muß, um in der Sprache eines anderen Sinneskanals zu sprechen:
»Ich kann das wirklich nicht mehr hören.«
»Bevor ich mich entscheide, muß ich mir das genauer ansehen.«
»Da kann ich nicht mehr länger zuschauen.«
»Er handelt ganz im Einklang mit sich selbst.«
»Ich bin sehr gespannt.«
»Warum er immer diese bitteren Erfahrungen machen muß?«
»Könnte ich das alles nur begreifen!«
»Er nimmt alles so schwer.«
»Daran kann er keinen Geschmack finden.«
Anhand des folgenden Beispiels möchten wir zeigen, wie der Inhalt einer Aussage je nach bevorzugtem Sinneskanal verschieden ausgedrückt werden kann:
»Er sieht alles schwarz« = Aussage eines visuellen Typs
»Für ihn klingt alles trostlos« = Aussage eines auditiven Typs
»Er nimmt alles so schwer« = Aussage eines kinästhetischen Typs
»Für ihn sind das alles bittere Erfahrungen« = Aussage eines olfaktorisch-gustatorischen Typs

Impulsfrage 3:

Überprüfen Sie, in welchem Maße Sie die von Virginia SATIR aufgestellten »Fünf Freiheiten« in ihrem Leben bereits verwirklicht haben:

1. Die Freiheit, das zu sehen und zu hören, was im Moment wirklich da ist, anstatt was sein sollte, gewesen ist oder erst sein wird.
2. Die Freiheit, das auszusprechen, was ich wirklich fühle und denke, und nicht das, was von mir erwartet wird.
3. Die Freiheit, zu meinen Gefühlen zu stehen, und nicht etwas anderes vorzutäuschen.

4. Die Freiheit, um das zu bitten, was ich brauche, anstatt immer erst auf Erlaubnis zu warten.
5. Die Freiheit, in eigener Verantwortung Risiken einzugehen, anstatt immer nur auf Nummer Sicher zu gehen und nichts Neues zu wagen.

---

4 Literarische Texte – Fallbeispiele – Meditatives Bildmaterial

Lyrik

Und ich möchte . . .

Und ich möchte Sie, so gut ich es kann,
bitten, lieber Herr, Geduld zu haben
gegen alles Ungelöste in ihrem Herzen
und zu versuchen, die Fragen selbst
liebzuhaben wie verschlossene Stuben
und wie Bücher, die in einer sehr fremden
Sprache geschrieben sind.
Forschen Sie jetzt nicht nach den Antworten,
die Ihnen nicht gegeben werden können,
weil Sie sie nicht leben könnten.
Und es handelt sich darum, alles zu leben.
Leben Sie jetzt die Fragen.
Vielleicht leben Sie dann allmählich,
ohne es zu merken, eines fernen Tages
in die Antwort hinein.
(RILKE, R.M.)

Das Nein

Das Nein
das ich endlich sagen will
ist hundertmal gedacht
still formuliert
nie ausgesprochen.

Es brennt mir im Magen
nimmt mir den Atem
wird zwischen meinen Zähnen zermalmt
und verläßt
als freundliches Ja
meinen Mund
(TURRINI, P.)

Alles ist Botschaft
Der Körper gibt Signale,
Krankheit kann als Weg
gedeutet werden.
Kein Stolpern ist zufällig.
Kein Wort wird zufällig vergessen,
verdrängt oder ausgesprochen.
Kein Traum kommt zufällig.
Versuch, die Botschaft zu hören
und wachsam weiterzuwandern.
Dann gehst du den Weg,
der dich vom Teilchen
zum Ganzen führt.
(GUTL, M.)

Aussagen Betroffener

»Schweigen kann sehr verschieden sein, und wir haben seit diesem Erstschweigen auf der umgefallenen Fichte viele Folgeschweigen ausprobiert, mit- und gegeneinander, erschöpfte, explosive; manche Schweigen pochen an die Stirn und lassen Nadans Augen verschwimmen; Blödigkeitsschweigen gibt es und endlose Telefonschweigen, von denen einem die Seele gerinnt; aber dieses Schweigen mit Milchmond auf der umgefallenen Fichte war anders als all die späteren Sorten, die wir ungefähr so gelernt und uns übersetzt und benutzt haben wie eine Taubstummensprache. In jeder danebengegangenen Geschichte gibt es ein geheimes Schweige-Glossar, und wenn eine Geschichte so wie unsere danebengeht, bis zum Jüngsten Tag, ist das Schweige-Glossar riesig, geradezu enzyklopädisch . . .« (VANDERBEKE, B.)

Ich bin sehr zufrieden, »wenn ich bei mir selbst Echtheit zulassen kann beziehungsweise wenn ich sie bei anderen spüre und akzeptieren kann. Wenn ich sie hingegen bei mir selbst oder anderen nicht gestatte, bedrückt mich das sehr. Gelingt es mir, kongruent und echt zu sein, dann kann ich den anderen oft helfen. Ist der andere offenkundig echt und kongruent, dann hilft er oft mir. In den seltenen Augenblicken, wenn beide Partner zutiefst echt und wirklich sind, kommt es zu bemerkenswerten ›Ich-Du-Beziehungen‹, wie Martin Buber es nennen würde. Eine solche tiefe und wechselseitige persönliche Begegnung geschieht nicht häufig, aber ich bin überzeugt, daß wir keine menschliche Existenz führen, wenn dies nicht gelegentlich eintritt.« (ROGERS, C.)

Der bekannte Religionsphilosoph Martin Buber erzählt von einem jungen Mann, der zu ihm kam und ihn um eine Aussprache bat. Nachdem der junge Mann gegangen war, dachte Buber zufrieden: Das war ein gutes Gespräch. Ich habe mir Zeit genommen für den jungen Mann, ich habe ihn angehört. – Einige Tage später erfuhr er, daß der junge Mann Selbstmord verübt hat. Und Martin Buber sagt dazu ein erschütterndes Wort: »Ich habe die Frage nicht gehört, die mir der junge Mann stellen wollte!« (PLOIER, E.)

Gedanken und Geschichten

»Mein Fuß spricht mit den Steinen, die er betritt«, sagt Rilkes Blinde (»Die Blinde«, Buch der Bilder II:2), und das sollten auch unsere Füße tun. Sobald wir die Gewöhnung abgelegt haben, mehr noch als die Schuhe, dann ist schon die Möglichkeit gegeben für diese Zwiesprache. Rasen spricht anders mit unseren Füßen als sonnenwarme Felsplatten am Fluß; ein Holzboden wieder anders. Kork, Kiesel, Kokosläufer, feuchter Sand am Meer, oder das Herbstlaub, durch das wir als Kinder so gerne wirbelnd wateten; diese und so viele andere Sprachen sind unseren Fußsohlen bereits geläufig.
(STEINDL-RAST, D.)

Meine persönlichen Ziele
Ich möchte dich lieben, ohne mich anzuklammern;
Dich schätzen, ohne dich zu bewerten;
Mit dir zusammensein,
ohne deine Grenzen zu verletzen;
Dich einladen, ohne von dir zu fordern;

Dich verlassen, ohne Schuldgefühle zu bekommen;
Dich kritisieren, ohne anzuklagen;
Dir helfen, ohne dich zu beleidigen.

Wenn ich das gleiche auch von dir bekommen kann,
dann können wir uns wirklich begegnen
und uns gegenseitig bereichern.
(SATIR, V.)

Der Taube

Der Enkel des Baalschem, Rabbi Mosche Chajim, erzählt:
»Ich habe von meinem Großvater gehört: Ein Fiedler spielte einst auf mit solcher Süßigkeit, daß alle, die es hörten, zu tanzen begannen, und wer nur in den Hörbereich der Fiedel gelangte, geriet mit in den Reigen. Da kam ein Tauber des Wegs, der nichts von der Musik wußte, dem erschien, was er sah, als das Treiben Verrückter, ohne Sinn und Geschmack.« (BUBER, M.)

Fallbeispiel

Was die kleine Momo konnte wie kein anderer, das war: Zuhören. Das ist doch nichts Besonderes, wird nun vielleicht mancher Leser sagen, zuhören kann doch jeder.
Aber das ist ein Irrtum. Wirklich zuhören können nur ganz wenige Menschen. Und so wie Momo sich aufs Zuhören verstand, war es ganz und gar einmalig.

Momo konnte so zuhören, daß dummen Leuten plötzlich sehr gescheite Gedanken kamen. Nicht etwa, weil sie etwas sagte oder fragte, was den anderen auf solche Gedanken brachte, nein, sie saß nur da und hörte einfach zu, mit aller Aufmerksamkeit und aller Anteilnahme. Dabei schaute sie den anderen mit ihren großen, dunklen Augen an, und der Betreffende fühlte, wie in ihm auf einmal Gedanken auftauchten, von denen er nie geahnt hatte, daß sie in ihm steckten.

Sie konnte so zuhören, daß ratlose oder unentschlossene Leute auf einmal ganz genau wußten, was sie wollten. Oder daß Schüchterne sich plötzlich frei und mutig fühlten. Oder daß Unglückliche und Bedrückte zuversichtlich und froh wurden. Und wenn jemand meinte, sein Leben sei ganz verfehlt und bedeutungslos und er selbst nur irgendeiner unter Millionen, einer, auf den es überhaupt nicht ankommt und der ebenso schnell ersetzt werden kann wie ein kaputter Topf – und er ging hin und erzählte alles das der kleinen Momo, dann wurde ihm, noch während er redete, auf geheimnisvolle Weise klar, daß er sich gründlich irrte, daß es ihn, genauso wie er war, unter allen Menschen nur ein einziges Mal gab und daß er deshalb auf seine besondere Weise für die Welt wichtig war.

So konnte Momo zuhören! (ENDE, M.)

VI KOMMUNIKATION IN DER STERBEBEGLEITUNG

Bisher sind wir auf allgemeine Bedingungen eingegangen, die eine Kommunikation, ein Gespräch für die Beteiligten zu einem angenehmen, erfolgreichen, befriedigenden Erlebnis werden lassen. Diese Gesetzmäßigkeiten der Kommunikation und die Hilfen für ein gutes Gespräch sind auf keine spezielle Situation bezogen, sondern sind von allgemeiner Gültigkeit. Der Rahmen, in dem ein Gespräch stattfindet, die Beziehung der Gesprächspartner zueinander, das Ziel, welches indirekt oder direkt mit diesem Gespräch erreicht werden soll und viele andere Dinge beeinflussen natürlich den Gang der Kommunikation, verlagern Schwerpunkte und sind für jeweils spezifische Anforderungen der Partner sensibel.

Wenn wir an die Begleitung kranker und sterbender Menschen denken, lassen sich zunächst einige Rahmenbedingungen beschreiben, die die Kommunikations- und Gesprächsmöglichkeiten wesentlich mitbestimmen. Zum einen müssen wir in einem kranken und erst recht in einem sterbenden Gesprächspartner immer einen Menschen vor uns sehen, der sich in einer ganz besonderen Lebenssituation befindet, die man nicht als alltäglich bezeichnen kann. Andererseits ist auch der äußere Rahmen, in dem Gespräche stattfinden, meist ein besonderer, er unterscheidet sich von jenem normaler Alltagsgespräche erheblich. Und auch die Art der Sprache kann von der sonst gebräuchlichen Sprachform abweichen. Als dritten Punkt möchten wir die Gesprächspartner erwähnen, die in den meisten Fällen entweder selbst in einer Ausnahmesituation stehen (betroffene Angehörige, enge Freunde) oder aber in einer speziellen Funktion (Rollenträger wie Ärzte, Krankenschwestern, Pfleger, Helfer/innen) in ein Gespräch eintreten.

1 Die besondere Lebenssituation Kranker und Sterbender

Welche Rolle spielt die spezielle Lebenssituation der Kranken und Sterbenden für ihre Kommunikation, ihren Umgang mit den Menschen ihrer

Umgebung und für die Gespräche, die sie führen müssen und führen wollen?

Wenn wir uns an die Vorgänge zurückerinnern, die im Zusammenhang mit den Sterbephasen beschrieben wurden, wird deutlich, daß die Art und Weise, wie Kranke und Sterbende kommunizieren, entscheidend von ihrer Auseinandersetzung mit diesem Prozeß des Loslassens mitbestimmt wird. Gespräche mit Menschen, die sich in einer Phase des Leugnens befinden, werden einen ganz anderen Verlauf nehmen als Gespräche zum selben Thema mit demselben Menschen, der aber, nach einer gewissen Zeit, die Ernsthaftigkeit seiner Lage begriffen hat und beispielsweise zwischen Depression und Annahme hin- und herschwankt (vgl. Sterbephasen).

Welche inhaltlichen Bereiche sind es, die – neben den zur alltäglichen Betreuung integral gehörenden Gesprächsinhalten – von kranken und sterbenden Menschen angesprochen werden? Welche Themen sind von Interesse? Um welche Lebensbereiche kreisen die Gespräche? Die Vielfalt möglicher Gesprächsthemen läßt sich bei genauerem Hinsehen in verschiedene Themenbereiche – wir sprechen von Kommunikationsfeldern – ordnen. Dies sei im folgenden zusammenfassend dargestellt.

Kommunikationsfelder

1. *Gegenwart des Patienten*	Gefühle, Wahrnehmungen, Gedanken, Meinungen, Einstellungen, Empfindungen
2. *Vergangenheit des Patienten*	Biographie, Herkunft und Entwicklung, Entstehungsgeschichte des »So-Seins« des Patienten
3. *Umwelt des Patienten*	Familie, Freunde, Verwandte, Bekannte, Kollegen, Mitarbeiter, Soziale Mit- und Umwelt
4. *Spirituelle Welt des Patienten*	Glaube, »Glaubensgeschichte«, Weltanschauung, Gottesbilder

---

Die konkreten Inhalte der einzelnen Kommunikationsfelder können entweder isoliert zum Inhalt eines Gespräches werden oder aber »vermischt« auftauchen. Dem Begleiter kann es hilfreich sein, sich den für den jeweiligen Patienten besonders relevanten Kommunikationsfeldern aufmerksam zuzuwenden, ohne die anderen Bereiche außer Sichtweite zu lassen. Oft kommen vom Patienten nur zaghafte Andeutungen, ein anderes Kommunikationsfeld betreten zu wollen – da könnte eine sanfte Unterstützung hilfreich sein. Auch können die jeweiligen Felder in ganz unterschiedlicher Intensität durchwandert werden – von einem oberflächlichen »Antippen« bis hin zu tiefschürfenden intensiven Auseinandersetzungen. Das Hin- und Herspringen von einem Kommunikationsfeld zum anderen kann ferner Hinweise darauf liefern, daß in dem Bedürfnis, in Gesprächen klärende Ordnung zu schaffen, noch keine »Linie« gefunden werden kann, sich noch kein zentrales Thema herauskristallisiert hat.

***Abbildung 17:* Kommunikationsfelder**

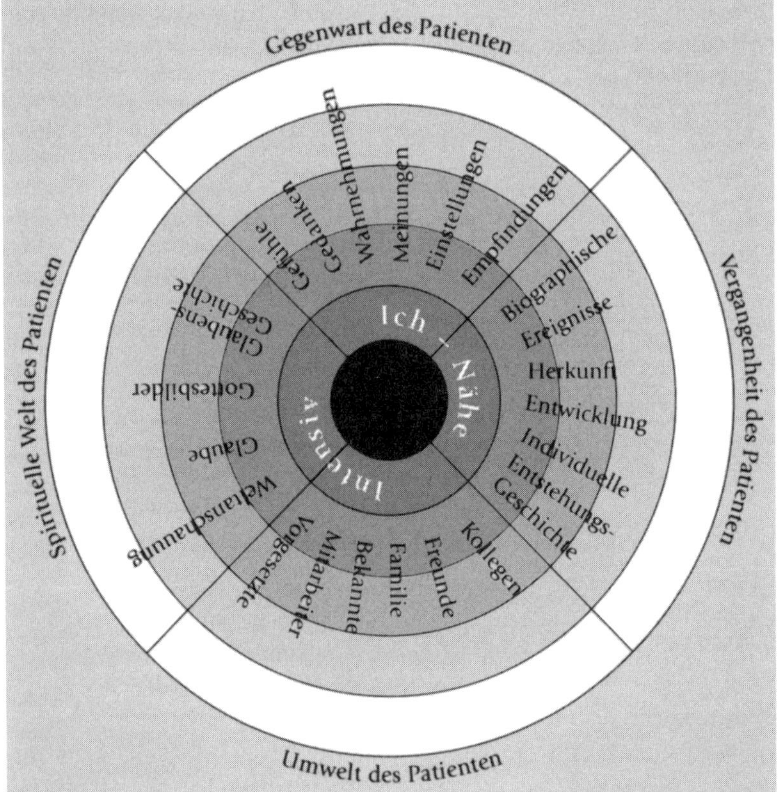

»Zwiebel-Modell«

Eng mit der Lebenssituation kranker und sterbender Menschen ist die Art der Auseinandersetzung mit den verschiedenen Themenbereichen zu sehen. Es geht in dieser Phase des Lebens nicht nur um ein oberflächliches Betrachten des eigenen Lebens, sondern vielmehr um eine tiefe Auseinandersetzung mit den eigenen Lebenswerten, deren Verwirklichung oder Unterlassungen; es geht um Fragen von Schuld und Schuldig-geblieben-Sein, um Verzeihen und um Verzeihung-Bitten. Zentrales Thema letzter Gespräche kann auch die Sinnfrage werden, die in diesem Lebensabschnitt oft zu einem sehr vehementen und radikalen Fragen nach dem Sinn des Lebens im allgemeinen und nach dem Sinn des eigenen Lebens im speziellen führt und für Gesprächspartner zu einer großen Herausforderung werden kann. All diese Beschäftigungen mit zentralen Fragen des Lebens können dazu beitragen, daß es dem Einzelnen letztendlich gelingt, mit dem Leben, seiner sozialen Umwelt und seinem Gott versöhnt sterben zu können.

2 *Die Sprache Sterbender*

2.1 Von der Bedeutung der Sprache: Allgemeine Vorbemerkung

Wir sind bisher stillschweigend davon ausgegangen, daß jedem von uns klar ist, was Sprache ist und was Sprache in unserem Leben bedeutet. Im Folgenden wollen wir einen kleinen Überblick über wesentliche Merkmale von Sprache geben und kurz auf die Bedeutung von Sprache in unserem Leben eingehen.

Wissenschaftler sehen in der Wortsprache zusammen mit dem aufrechten Gang eines der wichtigsten Unterscheidungsmerkmale in der Entwicklungsgeschichte von Lebewesen. Das gesprochene Wort, unsere Wortsprache, ist also ein ganz wesentliches Merkmal von Menschen im Unterschied zu anderen höheren Säugern. Wie der Spracherwerb im einzelnen erfolgt, ist bis heute nicht eindeutig geklärt. Fest steht nur, daß jeder Mensch mit der Disposition – der Anlage – zur Welt kommt, Sprache erlernen zu können. Dieses Erlernen und Ausformen ist jeweils nur in einem ganz persönlichen, individuellen und sozialen Kontakt möglich. Der Eintritt in eine Dialogsituation macht es also erst möglich, daß Menschen in die Lage versetzt werden, zu sprechen. Ohne ein »Du« kann ein Mensch nicht sprechen lernen. Ohne ein »Du« verkümmert ein Mensch – seelisch, geistig, sprachlich. Das berühmt gewordene Experiment Friedrichs II. zeigt uns auf dramatische Weise, wie sehr der Mensch von Geburt an auf ein Du orientiert ist. Der Herrscher wollte herausfinden, welche Sprache dem Menschen angeboren sei. So ließ er Kinder zwar von Ammen bezüglich ihres körperlichen Wohles betreuen, befahl jedoch streng, mit den Kindern nicht zu sprechen. Er erhoffte sich davon, die »wahre« Sprache herauszufinden, mußte jedoch betroffen feststellen, daß jene Kinder, mit denen niemand ein Wort gesprochen hatte, alle starben.

Mit anderen Worten: Sprache ist das wichtigste Medium des Sozialkontaktes, kann andererseits aber nur im Sozialkontakt selbst erworben werden. V. FRANKLs Worte: »Das Ich wird zum Ich erst am Du« zeigen ihre Relevanz demnach nicht nur für die sozial-emotionale Entwicklung, sondern auch für die Entwicklung der Sprache.

Der Erwerb der Sprache erfolgt durch Nachahmung und Analogiebildung. Die Wortsprache dient uns zu Erklärungen, Informationen, Beschreibungen, Deutungen. Wissenschaftler sprechen auch von induktiver Sprache. Der Sitz der für die induktive Sprache verantwortlichen Zentren im Hirn befinden sich in der linken Hirnhälfte. Die sogenannte induktive Sprache galt und gilt in erster Linie als Sprache der Wissenschaft, als Sprache, die dem Erfassen intellektueller Sachverhalte dient und zu einem »zerebralen« Verstehen führt.

Überall dort, wo es um Erlebnisbereiche geht, ist diese Art der Sprache nicht gut geeignet. Hier kommt eher die deduktive Sprache zur Geltung. Diese deduktive Sprache ist die Sprache der Gefühlswelt, die Sprache der Traumwelt. Viele Formen der bildhaften Sprache können Menschen ganzheitlicher, tiefer ansprechen als eine reine Erklärung, die etwa durch den alleinigen Gebrauch der induktiven Sprache erfolgt.

In Geschichten, Märchen und Gleichnissen wird auf die Kraft der bildhaften Sprache gebaut. Die Macht gewisser Sprachformen ist seit Jahrtausenden bekannt, wie uns alte Mysterienspiele, Tragödien, poetische Darstellungen und rituelle Formeln zeigen.

Diesen kurzen Ausflug in den Bereich der Sprache wollen wir durch die Zusammenstellung einiger für unsere Arbeit besonders relevanter Punkte abrunden:

- Sprache kann induktiv sein (»Tagessprache«) und deduktiv (»Nachtsprache«).

- Sprache wird im Sozialkontakt erworben und schafft gleichzeitig jene Beziehungsbasis, die die Grundlage jeder seelisch-geistigen Entwicklung ist.

- Sprache dient uns als Signal. Wir können sowohl etwas über uns mitteilen, als auch über den Zustand des Gesprächspartners erfahren.
- Sprache bietet die Möglichkeit, aus einer eher allgemeinen Erfahrung eine persönliche (»meine«) Erfahrung zu machen. So schafft die Tatsache, etwas »zur Sprache« bringen zu können, eine andere Art von Erfahrung als »sprachlose« Erfahrungen. Durch den Prozeß, daß Ereignisse in Sprache übersetzt werden, können Sachverhalte besser verstanden und integriert werden. Allgemeine Erfahrungen (»es ist passiert«) werden zu persönlichen Erfahrungen (»es ist mir passiert«). Viele therapeutische Interventionen greifen auf diesen Sachverhalt zurück. Ein bekannter Ausspruch FREUDs faßt diesen Aspekt von Sprache treffend zusammen: »Wo *es* war, soll *ich* werden.«
- Sprache schafft individuelle Wirklichkeiten. Das Kennenlernen der Sprache und Sprachgewohnheiten eines anderen Menschen kann mir viel über seine subjektive Wirklichkeit, seine Interpretation von Welt und Umwelt sagen.
- Sprache schafft Bilder von bestimmtem Symbolgehalt.
- Sprache besitzt Suggestionskraft und kann Wirklichkeiten schaffen. Auch dies machen sich einige Therapieformen, etwa die Hypnotherapie, zunutze.
- Sprache steht in enger Verbindung mit Handlungen. Sie kann Handlungen bewirken, Erfahrungen vermitteln, die zu Handlungen führen und Handlungen interpretieren, erklären, ergänzen.
- Sprache kann etwas feststellen – und damit gleichzeitig etwas bewirken: Sie kann eine konkrete Situation schaffen – erschaffen.
- Sprache hat viele Formen: Wortsprache, Bildsprache, Symbolsprache, Traumsprache (auch als Sprache der Ahnungen, des Unsagbaren oder des »wilden« Denkens bezeichnet), die der Traumsprache verwandte Märchen- und Mythensprache und die Zeichensprache.

2.2 Wie Sterbende sich ausdrücken

Bei allen Gesprächen mit schwerkranken oder sterbenden Menschen ist daran zu denken, daß sehr oft in Andeutungen, Gleichnissen und Bildern gesprochen wird. Schwerkranke und sterbende Menschen sehen mit ihrem »inneren Auge«, Bilder aus der Kindheit und Vergangenheit, Märchen, Mythen und Symbole scheinen wie in einem Film abzulaufen. Körperhaltungen und Tonfall übertragen dabei sehr häufig Stimmungen und Haltungen aus dem Unterbewußten. Bei der verbalen Sprache der Sterbenden unterscheiden wir:

Signalsprache
Diese Sprache wird als häufigste Ausdrucksform für eine Andeutung oder eine Mitteilung benutzt, indem der Sterbende etwa sagt: »Ich glaube, ich habe es geschafft« – oder »Mein armer Mann!« Mit derartigen Andeutungen möchte die Person auf etwas hinweisen und hofft, daß wir als Begleitende darauf reagieren. Nicht mit Vertröstungen und In-Frage-Stellungen, sondern mit ernsthafter Anteilnahme.

Wie könnten Sie darauf reagieren?

Sie könnten zum Beispiel darauf entgegnen: »Wie soll ich das verstehen?« oder »Was wollen Sie damit sagen?« Damit besteht die Möglichkeit, ein Tor zu öffnen, dem Sterbenden die Chance zu geben, Abschied zu nehmen, Ängste und Sorgen zu äußern, ebenso Wünsche und Hoffnungen.

Direkt-verbale Sprache
Dieser Sprachform bedienen sich sehr oft sehr alte Menschen, indem sie beispielsweise andeuten: »Ich weiß, daß ich sterben muß.«

Was können Begleiter in einer solchen Situation tun?

Sie könnten bei einer derartigen Aussage etwa antworten: »Ich habe Sie gut verstanden. Haben Sie das auch wirklich so gemeint? Was soll ich nun für Sie tun?«

2.3 Die Symbolsprache Sterbender

Die Symbolsprache der Sterbenden läßt Menschen in diesem Lebensabschnitt mehr Möglichkeiten, innere Vorgänge mitzuteilen. Wir wollen im Folgenden einen Blick in die Welt der Symbolsprache Sterbender werfen, warnen aber gleichzeitig vor »Überinterpretation.«

Es gibt zwei Formen der Symbolsprache:

Symbolisch-nonverbale Sprache
Diese Sprache drückt sich in Bildern und Zeichnungen aus: dabei bedeuten helle Farben eine Verbesserung des Zustandes und dunkle Farben, daß die Erkrankung als lebensbedrohend empfunden wird.

Aber auch Gesten ohne Worte können viel über den inneren Zustand eines Menschen mitteilen. Das wunderbarste Beispiel kennen wir von der Bild-Dokumentation Mark und Dan JURYs »Gramp – ein Mann altert und stirbt. Die Begegnung einer Familie mit der Wirklichkeit des Todes.« 1978 entstand dieses Buch, das eine mehr als drei Jahre währende Prüfung und eine ebensolange Aufzeichnung eines schrittweisen, aber unwiderruflichen Verfalls des geliebten Großvaters dokumentiert.

Gramp setzte ein eindeutiges Symbol: »Am 11. Februar 1974 nahm der einundachtzigjährige Frank Tugend – geistig zweifellos verwirrt, körperlich jedoch völlig gesund – sein künstliches Gebiß aus dem Mund und erklärte, daß er nichts mehr essen oder trinken wolle. Er starb drei Wochen später, auf den Tag genau.«

Interessant in diesem Zusammenhang ist aber auch die Aussage des Hausarztes von Gramp: »Das letzte Mal, als ich Mister Tugend untersuchte, lag ziemlich klar auf der Hand, daß er nicht mehr leben wollte. Besonders ungewöhnlich ist das freilich nicht. Wirklich außergewöhnlich hingegen ist, daß er sein Gebiß herausnahm, als wolle er erklären: ›Da habt ihr es. Ich brauche es nicht mehr.‹ Das habe ich noch bei keinem Menschen erlebt. Es war auch nicht ungewöhnlich, daß er sich klar darüber wurde, daß es Zeit für ihn geworden war, zu sterben. Es ist meine Überzeugung, daß die menschliche Würde auch im Sterben nicht verlorengehen darf. Und da er nun beschlossen hatte, daß er dieses entwürdigende Am-Leben-Sein nicht mehr ertragen konnte, lag es nicht mehr in unserer Hand, sein Leben zu erhalten. Es wäre, glaube ich, grausam, denn der Mensch hat Anspruch auf seine Würde; nicht bloß im Leben, sondern auch beim Sterben.
Als er seine Zähne herausnahm und sagte: ›Ich will nicht mehr leben‹, war es für mich keine Frage mehr – eine künstliche Ernährung und medikamentöse Überbrückung kamen nicht mehr in Betracht. Ich wollte, daß er mit Würde sterben durfte.«

Symbolisch-verbale Sprache

Die Symbolsprache der Sterbenden, das Sprechen in Bildern und Gleichnissen, erfordert vom Begleiter sehr viel Sensibilität und Fingerspitzengefühl. Man braucht Zeit und Einfühlungsvermögen, um den »Sinn dahinter« übersetzen, heraushören und verstehen zu können. Symbolische Aussagen können nicht »wörtlich« genommen werden, sondern sind eine zerbrechliche Hülle für einen Wortsinn, einen tieferen Sinn dahinter. Klare Aussagen verschwimmen hinter einer anderen Fassade, einer für uns unbekannten Welt. Der Vergleich mit einer Reise in ein fremdes, fernes Land ist angebracht, wo eine andere Sprache herrscht, es andere Bräuche und Sitten gibt, andere Farben, Landschaften und Wesen ihren Platz haben. Wenn wir davon ausgehen, daß auch der Sterbende sich auf einer Reise in ein anderes Land des Lebens, in einem Übergang befindet, so müssen wir eine völlig neue, uns unbekannte Sprache erlernen, um mit diesem Menschen in

Kommunikation treten zu können. Die in dieser Sprache vorkommenden Symbole sind oft archetypisch, d. h. wir finden sie in den alten Märchen, in Mythen und Psalmen wieder. In diesen Symbolen wird das Unaussprechliche, das Wesentliche und Abschließende ausgedrückt, aber auch ungelebtes Leben, unglückliche Beziehungen, negative Lebenserlebnisse.

Wir führen nun einige Beispiele und mögliche Interpretationen für die Symbolsprache Sterbender an. KÜBLER-ROSS hat mit ihren »Interviews mit Sterbenden« in diesem Zusammenhang Pionierarbeit geleistet.

Zeit und Raum

Beispiele: »Meine Uhr geht nicht richtig.« – »Ich spüre eine andere Zeit.«

Zeit und Raum spielen eine wesentliche Rolle. Der Sterbende war zeit seines Lebens eingebettet in ein System, das häufig exakt nach dem Uhrschlag bestimmt war. Beim Übergang in einen womöglich zeitlosen Raum tickt vielleicht daher die bisherige Uhr nicht mehr richtig, stimmt die bisherige Meßeinheit von Sekunden, Minuten und Stunden nicht mehr. Vertraute Prinzipien und Ordnungsmöglichkeiten haben nun keine Gültigkeit mehr.

Eine Reise machen und den Koffer packen

Beispiele:

»Bitte, bringt mir meine Wanderschuhe.« – »Heute fährt mein Zug, ich muß pünktlich am Bahnhof sein.«

»Bald bin ich in Amerika.«

Größere und kleinere Reisen, Ausflüge und Fahrten – davon sprechen Sterbende sehr häufig. Manchmal sehnen sie sich nach Orten zurück, wo sie glückliche Ferien erlebt haben, manchmal wollen sie noch große und weite, gefährliche und abenteuerliche Reisen unternehmen und wünschen sich entsprechende Ausrüstung von uns. Die Sorge, den Zug oder das Flugzeug nicht rechtzeitig zu erreichen, wechselt mit der Frage nach Uhrzeit und Wetterlage. Neue Reifen für das Auto oder der Wunsch nach einem neuen Fahrrad stehen symbolisch dafür, daß dieser Mensch sich auf eine Reise in ein anderes Land des Lebens begibt. Daher müssen die Koffer »rechtzeitig gepackt« sein und alles seine Ordnung haben.

Häuser, Wohnungen, Objekte

Beispiele:

»Ich brauche noch einen Installateur, ich habe einen Rohrbruch.« – »Wo ist der Baumeister, ich will das Haus umbauen.« – »Meine Wohnung ist so verfallen und schäbig.«

Das Haus, ein Schloß oder die eigenen vier Wände stehen sehr oft in der Symbolsprache für den eigenen Körper und geben Auskunft darüber, wie der Sterbende über seinen Zustand denkt. Äußert er den Wunsch, noch Handwerker oder Baumeister zu sehen, damit etwas repariert, um- oder neugebaut werden kann, oder sieht er seine »körperliche Wohnung« nur noch als verfallen und schäbig, wo keine Möglichkeit zur »Sanierung« gegeben ist?

Geld und Wertgegenstände
Beispiele:

»Ich brauche Geld für meine Reise.« – »Bring' mir meine Sparbücher.« – »Wo ist mein Geld, ich will es zählen.« – »Verlegt mich von der zweiten auf die dritten Gebührenklasse des Spitals – das spart Geld.«

Geld spielt zeit unseres Lebens eine wesentliche Rolle, erst recht, wenn es an das Sterben geht. Viele mögen ob der geäußerten Beispiele sagen »Wie kann man in einer solchen Situation überhaupt noch an Geld denken«, auch viele Angehörige können nicht verstehen, weshalb Geld noch eine so große Rolle spielen kann. Tatsächlich ist Geld ein Symbol für Energie, auch Macht. Wer Geld hat, kann sich etwas kaufen – Nahrungsmittel und Bekleidung; Geld ermöglicht aber auch Luxus und den Erwerb materieller Werte wie Häuser, Grundstücke, Schmuck etc. Geld symbolisiert ein letztes Mal Vitalität und die Möglichkeit, etwas zu erwerben. Auch bei den alten Kulturen fanden sich Gold und Münzen, Perlen und Schmuck für die Reise in ein anderes »Leben«. Gerade für Sterbende, die Not und Elend während harter Kriegsjahre erlebt haben, die viel opfern mußten, um Erspartes und Geld zu besitzen, für jene Menschen kann Geld von so großer Bedeutung sein, daß sie schwer davon loslassen wollen und können.

Bücher
Beispiele:
»Ich will das Buch mit den sieben Siegeln.« – »Hast du das Buch mit dem Goldeinband gesehen.« – »Ich brauche mein Buch, es sind noch nicht alle Seiten beschrieben.«

Dahinter kann sich der Wunsch verbergen, Spuren im Leben, das weitergeht, zu hinterlassen, in guter Erinnerung zu verbleiben. Es könnte auch auf etwas Unerledigtes hinweisen, darauf, daß noch etwas »Letztes« niederzuschreiben ist beziehungsweise »in Ordnung« gebracht werden muß. Bücher repräsentieren auch Beständigkeit, überleben Trends und Zeitgeschichte und haben für viele Menschen die Bedeutung von »guten Freunden«.

Briefe schreiben, Aufträge erteilen
Beispiele:

»Ich brauche Papier und eine Feder.« – »Wo ist der blaue Briefumschlag?« – »Ich will den Priester sehen, damit ich ihm noch etwas Wichtiges sagen kann.«

Mit einem Brief wollen manche Sterbende noch eine Botschaft schicken – an sich selbst oder an die Angehörigen. Sie suchen Personen und Möglichkeiten, letzte Wünsche mitzuteilen. Manche Menschen, die sehr hart in ihrem Leben gearbeitet haben, um ein Ziel zu erreichen, oder jene, die viel Erfolg und Macht ausübten, wollen in dieser letzten Lebensphase noch Aufträge erteilen, weil sie es so gewöhnt waren. Der Oberst, der im Sterben liegt, will seine Soldaten noch einmal in die Schlacht schicken und erteilt Befehle; der Firmeninhaber, der viele hundert Mitarbeiter beschäftigte, verlangt nach seiner Sekretärin, die es bereits lange nicht mehr gibt, zum Diktat, und der alte Rechtsanwalt sucht nach Akten von spektakulären Prozessen und nach seinem Rechtspraktikanten, um ihm juristische Tricks mitzuteilen.

»Nach Hause kommen«, Heimat
Beispiele:

»Ich gehe jetzt nach Hause.« – »Ich habe einen weiten Weg vor mir, bis ich zu Hause bin.« – »Hast du meine Heimat gesehen?«

Im allgemeinen Sprachgebrauch ist Heimat zunächst auf den Ort (auch als Landschaft verstanden) bezogen, in den der Mensch hineingeboren wird, wo die frühen Sozialisationserlebnisse stattfanden, die Identität, Charakter, Mentalität, Einstellungen und schließlich auch Weltauffassungen prägten. Insoweit kommt dem Begriff »Heimat« grundlegend eine äußere, auf den Erfahrungsraum hinzielende, und eine auf die Modellierung der Gefühle und Einstellungen zielende innere Dimension zu. (vgl. Biographiearbeit/Identität aus dem Erinnern). Um diese tatsächlich ge- und erlebte Heimat dürfte es jedoch bei der Symbolsprache der Sterbenden nicht gehen, sondern vielmehr um ein Stück »Heil-Werden«, Heimat finden in einer anderen Welt, zu der sich der Sterbende bereits zugehörig fühlt. Dort finden sich möglicherweise bereits verstorbene Verwandte und Freunde. Daheim-Sein ist mit dem Gefühl von Geborgenheit und Behütet-Sein verbunden, vielleicht sind es Farben, Licht und Formen, die dem Sterbenden ein ähnliches Gefühl vermitteln – wir wissen es nicht.

Türen
Beispiele:

»Siehst du die mächtige braune Tür mit dem großen Schloß?« – »Gib mir den goldenen Schlüssel.« – »Ich kann meine Schatulle nicht aufsperren.«

Manchmal sprechen Sterbende von einem überdimensionalen, großen Tor, Schlössern, die sich nicht aufsperren lassen oder sie suchen nach Schlüsseln zum Öffnen verschiedenster Gegenstände. Vielleicht ist der Schlüssel das Symbol zum Eintritt in diese andere, neue Welt. Hinter Türen verbirgt sich Geheimnisvolles, Neues, das ergründet werden muß.

Sich einsam fühlen
Beispiele:

»Schwester, ich bin so allein.« – »Niemand besucht mich.« – »Warum spricht niemand mehr mit mir?« – »Du kümmerst dich nicht um mich, ich fühle mich so verlassen.«

Begleiter und Angehörige haben sehr oft große Schwierigkeiten, mit diesen Aussagen umzugehen, zumal sie oft Tag und Nacht nicht vom Sterbebett weichen. Dies könnte eine Andeutung darauf sein, daß der Sterbende sich auf den Weg macht und weiß, daß er diesen Sterbeweg ganz allein (»mutterseelen-allein, verlassen von allen) gehen muß. Möglicherweise spüren sie auch bereits die Distanz, einen gewissen Abstand zu den Lebenden, die das Gefühl der Einsamkeit noch weiter verstärkt.

Abschließend möchten wir darauf hinweisen, daß jeder Mensch seinen eigenen Tod stirbt, in dem sich sehr oft das Leben widerspiegelt. Daher gibt es keine allgemeingültigen Regeln für die Kommunikation mit Sterbenden und auch keine allgemeingültige Interpretation für die Symbolsprache der Sterbenden. Wie eine Rose, die langsam aufblüht, Blatt um Blatt, die schließlich verwelkt und trockene Blütenblätter abwirft, so werden wir erleben, daß jeder Mensch einzigartig ist: im Leben wie im Sterben.

Anregungen für eine persönliche Auseinandersetzung

Impulsfrage 1:

Durch welche Symbole, Bilder und Beschreibungen könnte das Wort »Sterben« ersetzt werden?

Impulsfrage 2:

Welche symbolhafte Bedeutung hat der Jahreskreislauf der Natur für Sie? Versuchen Sie die nachfolgenden Sätze zu ergänzen:

Frühling ist für mich wie . . .
Sommer ist für mich wie . . .
Herbst ist für mich wie . . .
Winter ist für mich wie . . .

Impulsfrage 3:
Welche Symbole spielen in meinem Leben eine Rolle?

2.4 Äußere Rahmenbedingungen

Neben der inneren Einstellung, neben empathischem Einfühlen und Bereitschaft zum Dialog müssen auch gute, äußere Rahmenbedingungen gegeben sein, damit ein Gespräch gelingt. Nicht immer werden sich alle angeführten Punkte umsetzen lassen, da es von wesentlichem Unterschied ist, ob das Gespräch zu Hause oder in einem Krankenhaus stattfindet.

Äußere Rahmenbedingungen für ein gutes Gespräch:

1. Abgeschlossener Raum, um eine (intime), angenehme Gesprächsatmosphäre zu erreichen.
2. Sitzgelegenheiten (Sofa, bequeme Sessel).
3. Angenehme Farbgestaltung (Farbtherapie).
4. Gute Luft - verbessert durch Duftöle.
5. Frische Blumen - Wasserschale mit Schwimmkerzen.
6. Licht (sorgfältiger Umgang mit Lichtquellen und Sonnenlicht - nicht zu grell und nicht zu düster).
7. Musik: eventuell Klassische Musik leise im Hintergrund.
8. Keine Betriebsamkeit und kein Telefon!
9. Richtiges Nähe/Distanz-Verhältnis zum Gesprächspartner.
10. Stimmlage immer wieder überprüfen: nicht zu laut, nicht zu leise sprechen - der Situation angemessen.
11. Zeit haben und Ruhe vermitteln.
12. Konzentriert und empathisch bei der Sache sein.

Ein Aspekt sei an dieser Stelle speziell hervorgehoben, der in der einschlägigen Literatur nicht oft zur Sprache kommt, unserer Meinung nach jedoch eine größere Aufmerksamkeit verdient. Es handelt sich dabei um die

Bedeutung der Farben. Farben besitzen unterschiedliche Schwingungen, die jeweils eine bestimmte Energie ausstrahlen und auf diese Weise unseren Organismus nachhaltig beeinflussen können, ohne daß wir die jeweiligen Farben mit unseren Augen sehen können. Entsprechende Farbgestaltung der Räume, in denen wichtige Gespräche mit Patienten stattfinden, könnte ein wichtiger Beitrag zu einer gelungenen Kommunikation sein. Daher lassen wir nun eine Farbexpertin, Heide Maria HAHN, zu Wort kommen:

»Farben wirken sowohl allgemein auf unser geistig-seelisches und unser körperliches Befinden als auch lindernd bei akuten oder chronischen Beschwerden. Farben sind somit Spiegel und Ausdruck unserer Seele.

Farben haben eine bestimmte Wirkung auf unsere Körper-Seele-Geist-Einheit. Wie unser alltäglicher Sprachgebrauch andeutet, nehmen wir es, ohne auch nur darüber nachzudenken, als gegeben hin, daß Farben bestimmte Qualitäten haben. Wenn wir von Zornesröte, von gelb vor Neid sein, vom Schwarzärgern, von der rosaroten Brille, der goldenen Mitte und den blauen Stunden sprechen, nehmen wir damit zur Kenntnis, daß jede Farbe emotionale Aspekte besitzt. Betreten wir einen Raum, in dem ein Streit stattgefunden hat, spüren wir, daß die Luft darin drückend und schwer und rot ist. Haben wir durch einen falschen Lebensstil, durch falsche Ernährung, durch falsches Denken und Fühlen unser inneres und äußeres Gleichgewicht verloren, dann können wir die Schwingungen der Farben dazu benutzen, unsere eigenen Schwingungen zu heilen.

Alles im Leben besteht aus Schwingungen. Auch das, was wir als Lebensstreß, Gemütsprobleme oder sogar Krankheiten erfahren, kann eine vorübergehende Störung der ursprünglich harmonischen Seelenschwingung sein. Passende Farbstrahlung hilft, die eigene harmonische Seelenschwingung für Körper, Geist und Seele wieder zu stärken beziehungsweise aufzubauen.«

3 Biographiearbeit

»Geh in der Verwandlung aus und ein.« (RILKE, R.M.)

Wir möchten dem Abschnitt über Biographiearbeit jenes Modell voranstellen, das für die Zusammenschau einzelner Lebensabschnitte und deren charakteristischen Merkmale wesentliche Einsichten ermöglicht. ERIKSON hat mit seiner Darstellung der psychosozialen Entwicklungsstadien einen weiten Bogen von der Geburt bis zum Tod gespannt. Das Wissen um Entwicklungsschwerpunkte, lebensphasentypische Krisen und über den Erwerb von Grundfähigkeiten erleichtern den Zugang zu der jeweils individuellen Biographie eines Menschen.

3.1 Modell der psychosozialen Entwicklung nach ERIKSON

»Und wenn wir das Leben des Menschen bedenken, dann müssen wir konstatieren: Er kommt aus den stufenweisen Wachstumsphasen überhaupt nicht heraus. Auch als Erwachsener machen wir ja weitere Erfahrungen, erleben Neues und Überraschendes, verändern uns, korrigieren unsere Meinungen und suchen immer noch nach unserem geheimnisvollen Wesen.« (BETZ, O.)

Als einen lebenslangen Prozeß erfaßt ERIKSON die menschliche Entwicklung, und die Identität entsteht als Stufenfolge einander sich aufbauender Krisenbewältigungen. Das Modell von ERIKSON berücksichtigt die ganze Lebensspanne. Zusammengefaßt betreffen die wichtigsten Probleme während der Kindheit die Wertschätzung anderer und das Selbstwertgefühl, in der Jugendzeit steht die persönliche Identität, beim jungen Erwachsenen die Intimität, im mittleren Alter die Familie und im hohen Alter das Vermächtnis, das man hinterläßt, im Vordergrund. Alle Phasen sind miteinander verbunden, gehen ineinander über und bauen sich auf, jede Krise fängt schon in der vorigen Phase an und spielt noch in die nächste hinein. Die Lösung der Problemfelder hängt nicht nur von der richtigen Entwicklung, sondern auch von der richtigen Zeit ab.

Bei ERIKSON bedeutet Krise jedoch nicht Störung oder gar nicht-normaler Verlauf, sondern ist ein notwendiger Bestandteil jeder Entwicklung. Es sind Wendepunkte, die im Leben jedes Menschen vorkommen, kritische Perioden erhöhter Verwundbarkeit einerseits, erhöhter Leistungsfähigkeit andererseits. Jede Krise, die bewältigt wird, hilft wiederum bei der Überwindung späterer Krisen. Somit kann Verlust und die Aufgabe von Vertrautem nicht nur in einem belastenden, negativen Licht gesehen werden, sondern vielmehr unter dem Aspekt der Herausforderung, die mögliche Reifung mit sich bringt.

Die Validation und andere Umgangsformen mit verwirrten Menschen im Alter zielen auf dieses Modell ab, indem Menschen ermutigt und dabei begleitet werden, nichtbewältigte, übersprungene, krisenhafte Phasen aufzuarbeiten, um ruhiger und entspannter zu werden.

»Will man verstehen, weshalb manche Menschen ein gutes, glückliches und erfülltes Alter haben und andere nicht, dann darf man das Alter nicht isoliert betrachten oder unter bloß allgemeinen Gesichtspunkten, sondern muß es als Teil des individuellen Lebenszyklus sehen.« (PINCUS)

Tabelle 10: Entwicklung der Persönlichkeit nach ERIKSON

Phase	*Lebensalter*	*Art der Krise*	*günstige Lösung der Krise*	*Erworbene Grundhaltung*
1.	1. Lebensjahr	Urvertrauen gegen Urmißtrauen	Erwerb von Vertrauen und Optimismus	*Vertrauen*
2.	2. Lebensjahr	Autonomie gegen Scham und Zweifel	Erlernen von Kontrolle über sich selbst und Umgebung	*Willensentfaltung*
3.	3.–5. Lebensjahr	Initiative gegen Schuldgefühle	Zielgerichtetes und zweckhaftes Handeln	*Zielstrebigkeit*
4.	6. Lebensjahr bis Pubertät »Schulalter«	Leistungsverhalten gegen Minderwertigkeitsgefühle	Erleben der eigenen Kompetenz	*Leistungsbereitschaft*
5.	Pubertät und Adoleszenz »Jugendalter«	Identität gegen Rollendiffusion	Integration von früheren, gegenwärtigen und zukünftigen Zielen, Vertrauen	*Treue*
6.	frühes Erwachsenenalter	Intimität gegen Isolierung	Engagement, teilen können, Nähe und Liebe teilen	*Liebe*
7.	mittleres Erwachsenenalter	Generativität gegen Rückzug auf sich selbst	kreative Tätigkeit, Zuwendung zur Welt, zur kommenden Generation	*Fürsorge*
8.	reifes Erwachsenenalter	Ich-Integrität gegen Verzweiflung	Zukunftsperspektive, Annahme des eigenen Lebens, Weisheit	*Weisheit, Versöhnung*

Darstellung der Entwicklungsphasen:

1. Phase:
Am Verhalten der Mutter lernt der Säugling Vertrauen oder Mißtrauen als die Basis menschlichen Verhaltens, jenes Vertrauen als Grundgefühl, das Sicherheit und Befriedigung gewährt. Dieses kleine Wesen lernt, je nach der Qualität der Fürsorge, die es erfährt, der Umwelt zu vertrauen und sie als geordnet wahrzunehmen oder ihr zu mißtrauen, sie zu fürchten und sie als chaotisch und unberechenbar zu erleben. Für die Ausbildung dieses Gefühls ist die Intensität der Anteilnahme entscheidender als die Dauer der Zuwendung. Es entwickelt sich Vertrauen zu anderen Menschen, aber auch Vertrauen in sich selbst (Selbstvertrauen).

Menschen, die diese Haltung nicht erfahren, neigen im späteren Leben dazu, sich vor Schwierigkeiten zurückzuziehen. Sie trauen es sich nicht zu, schwierige Situationen zu bewältigen.

2. Phase:
Jetzt kommt es beim Kind zur Entwicklung der motorischen und intellektuellen Fähigkeiten – es entdeckt seine Umwelt, versucht erste Schritte einer Loslösung. Die Bildung von Vertrauen ist die Basis für diese Phase. Autonomie, Selbstkontrolle und Angemessenheit prägen diese Entwicklungsstufe. Das ist auch die Zeit des »Sauber-werdens« – das Kind erlernt Kontrolle über die eigenen Körperfunktionen; zur richtigen Zeit behalten und geben – eine Vorstufe der Autonomie wird eingeübt.

Wenn das Kind jenes Gefühl der Selbstkontrolle entwickelt, empfindet es Stolz. Unterstützen die Eltern diese Entwicklung jedoch nicht oder wird das Kind daran gehindert, zum Beispiel durch Strenge oder Nachgiebigkeit, Kritik oder Einschränkung, wird es Gefühle wie Scham und Zweifel an den eigenen Fähigkeiten erleben.

3. Phase:
Eroberung, Entdeckung und Wettbewerb, aber auch die Neugier auf sexuelle Dinge erwachen. Das Kind lernt zu unterscheiden, welche Ziele erstrebenswert und letztlich auch erreichbar sind und welche nicht. Es lernt durch Auseinandersetzung und Identifikation mit den Eltern und entwickelt dabei Sinn für Initiative und Gefühle für ethisches Verhalten (Gewissen).

Die Art und Weise, wie die Eltern auf jegliche Form von Eigeninitiative reagieren, ruft das Gefühl von Freiheit oder aber Schuldgefühle hervor. Schwierigkeiten in diesem Stadium begünstigen den Mangel an Initiative, Ängstlichkeit und den Hang zu übertriebenen Schuldgefühlen.

4. Phase:
In dieser Zeit erlebt das Kind seine eigene Kompetenz; durch Schulunterricht und systematische Unterweisung erlernt es Techniken, die die Gesellschaft schätzt. Die eigene Tüchtigkeit kann geprüft und die Leistung gemessen werden. Regeln, aber auch Ordnung und Betriebsamkeit bestimmen diese Zeit. Erstmals beginnen auch Einflüsse von außerhalb des Elternhauses einzuwirken.

Wenn die Konflikte in diesem Stadium gemeistert werden, entwickeln sich Fähigkeiten wie Selbstvertrauen, Leistungsbewußtsein, Schaffensdrang und Gefühle der Identität mit der Gesellschaft. Erlebt das Kind hingegen diese Phase negativ, entstehen starke Minderwertigkeitsgefühle.

5. Phase:
Das ist die Zeit der verschiedenen Rollen, die vom Jugendlichen ausprobiert werden müssen: die Berufsrolle mit Zukunftsplanung, Geschlechterrolle mit Partnerschaft, gesellschaftliche Rolle usw. Dabei gilt es, neue Wege zu gehen und neue Dinge wahrzunehmen, diese unterschiedlichen Rollen auszufüllen, um die eigene Identität entwickeln zu können.

Ist diese Phase bewältigt, so kann die Reifung der Ich-Identität als abgeschlossen bezeichnet werden. Das bedeutet, daß sich der Mensch in seinem Körper wohl fühlt, ihn akzeptieren kann, sich von seinen Mitmenschen getragen fühlt. Eine Gefahr liegt darin, daß sich der Mensch mit keiner Rolle identifiziert, und es kommt zur Rollendiffusion, die eine Ich-Identität verhindert. Einsamkeitsgefühle, Ablehnung der eigenen sozialen Schicht, Unfähigkeit, sich auf eine Aufgabe zu konzentrieren usw. sind dann die Folge.

6. Phase:
Hier geht es um die Fähigkeit, stabile Beziehungen und Kontakte zu anderen Personen aufzubauen und die Gewinne oder Belastungen solcher Beziehungen auszuhalten und zu tragen.

Wer sich seiner Identität nicht sicher ist, scheut vor intimen Beziehungen zurück, läßt sich nur auf oberflächliche Begegnungen ein, und dies alles kann zu Distanzierung und in die Isolation führen.

7. Phase:
Zum Erwachsensein gehört das Gefühl, von anderen gebraucht zu werden. Dies zeigt sich unter anderem in der Fähigkeit, für die Interessen anderer Menschen offen zu sein, ein über die eigene Person hinausgehendes Interesse zu entwickeln und kreativ tätig zu sein. Es ist die Zeit der Gründung einer Familie und Erfolg auf anderen Ebenen.

Versagen in dieser Phase entwickelt das Gefühl, nicht gebraucht zu werden, minderwertig zu sein. Die zwischenmenschlichen Beziehungen verarmen in einem Gefühl der Stagnation.

8. Phase:
Der Mensch hat seine Reife erreicht und blickt auf einen breiten Lebensweg zurück, der hinter ihm liegt und voraus in die Ungewißheit des Todes. In dieser Phase sollte der alte Mensch in der Lage sein, sein eigenes Leben anzunehmen, wie es war und die Personen, die bedeutsam für dieses Leben waren, zu lieben.

Wer diese Haltung nicht erreicht, den befallen sehr oft Gefühle der Verzweiflung, der Selbstverachtung und Kritik. Wer sein Leben als unbefriedigend oder fehlgeschlagen erlebt hat, erfährt das tiefe Gefühl der Verzweiflung. Nör-

***Abbildung 18:* Bezugsgruppen und seelische Erlebnisformen im Verlauf der psychosozialen Entwicklung (nach Erikson)**

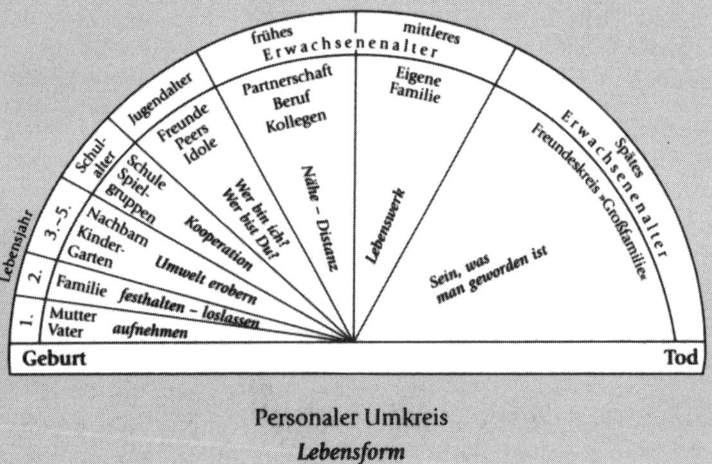

gelei, Kritik bis hin zu Aggression an anderen Menschen und Institutionen (zum Beispiel dem Altersheim) sind Ausdruck dieses Nicht-Annehmen-Könnens des Lebens in all seinen Höhen und Tiefen.

Im Zusammenhang mit der Begleitung von Menschen scheint es uns wichtig und hilfreich, jene Aspekte des Modells der psychosozialen Entwicklung anzusprechen, die auf das »personale Umfeld« – also auf jene Menschen Bezug nimmt, die für das jeweilige Lebensstadium sozusagen *Hauptpersonen* sind. Sie werden auch Gegenstand möglicher Konflikte sein. Der Übergang von einer Lebensphase zur anderen bedeutet immer auch das Aufgeben, Umgestalten, *Loslassen* alter Bindungen und das Eingehen neuer *Beziehungen* sowie den Ausbau sozialer Erlebnisfelder. Jede Phase wird von einer für sie typischen Erlebnisform geprägt – hat sozusagen ein *Hauptthema* im seelischen Erleben. Auch da gibt es mehr oder weniger geglückte Übergänge im Leben jedes einzelnen Menschen, auch da können Krisen, Konflikte, Verhärtungen, »Wachstumsstörungen« auftreten, die vielleicht sogar lebenslängliche Einschränkungen und Behinderungen nach sich ziehen und oft erst am Ende eines Lebens nach einer Lösung rufen. Die nachfolgende Abbildung soll einen Überblick über die phasentypischen »Hauptpersonen« und seelischen »Hauptthemen« im Leben eines Menschen geben.

3.2 Identität aus dem Erinnern

Biographiearbeit macht die Fäden eines Lebens sichtbar.

Wer bin ich? Diese Frage nach der eigenen Identität begleitet uns ein Leben lang. Und je länger wir leben und uns verändern – vom Kind zum Jugendlichen, zum Erwachsenen und schließlich zum alten Menschen – um so mehr wird die Frage »Wer bin ich?« beantwortet durch die Frage: Wer war ich? Vergangenheitserinnerungen haben in allen Altersstufen, vor allem aber dann, wenn wir uns dem Sterben nähern, die Funktion, die eigene Identität zu bewahren. »Wir möchten verstehen, wer wir sind, indem wir verstehen, wer wir waren und nunmehr geworden sind und indem wir fragen: Wer werde ich sein (über die Gegenwart hinausblickend)?« Je näher das Ende, je kürzer die Zukunftsperspektive, um so mehr wird die Frage nach der Identität beantwortet durch Erinnerung an das gewesene Leben.

Um dieses Lebensende annehmen zu können, bedürfen wir der Vergewisserung, daß wir unser Leben auch wirklich gelebt haben. Um aushalten zu können, daß ich bald nicht mehr sein werde, bedarf ich der vergewissernden Erinnerung, daß ich war und daß ich der geworden bin, der ich nun bin.

Entzogen von vielen äußeren Eindrücken und Impulsen, denen wir im alltäglichen Leben immer wieder begegnen, die uns aber auch von uns selbst ablenken, kommen dem Sterbenden häufig viele Erinnerungen an sein Leben. Diese Rückschau kann sich in Träumen ereignen, aber auch im Halbschlaf und in Gesprächen wird Bilanz gezogen. Wir erfahren in der Begleitung oft, daß der Sterbende gleichsam monologhaft spricht (vgl. Sprache der Sterbenden), daß er in uns den »Raum finden möchte, sich selbst, seinem Leben, seinen Erinnerungen zu begegnen. Es mag ein Raum der sanft teilnehmenden Stille sein, der es ihm ermöglicht, Erinnerungen in sich aufsteigen zu lassen, die Anwesenheit eines ›Du‹, eines Menschen, in dem er sich selbst begegnen kann. Und dann geschieht es häufig, daß Ordnungen, Muster, Zusammenhänge und Sinnhaftigkeit erkennbar werden, daß alte Dinge sich zueinander fügen und alte Schulden in einem anderen, sinngebenden Zusammenhang angenommen werden können.« (LÜCKEL, K.)

Manchmal belasten den sterbenden Menschen Schuldgefühle oder Konflikte (vgl. Schuld und Unschuld). Dabei sind es vor allem die belastenden Lebensereignisse, die unabgeschlossenen Situationen, die angesichts des geahnten nahen Endes bedrängend in die Gegenwart wirken. Nicht immer ist diese »unbewältigte Vergangenheit« konkret erfaß- und beschreibbar und schon gar nicht greifbar. Sie ist oft derart verdrängt, wie in einem tiefen Brunnenschaft verschüttet, daß sie sich dem Sterbenden nur als unbestimmtes Schuldgefühl oder als belästigende wiederkehrende Unruhe bemerkbar macht. Um so wichtiger wäre das Hinhören und Ernstnehmen dessen, daß da noch etwas ist, was unbedingt gesagt oder getan sein will.

Woher kommen unsere Erinnerungen?

Erinnerung ist die Bezeichnung für einen Gedächtnisinhalt, eine gespeicherte Information, die aus dem Gedächtnis abgerufen wird oder im Bewußtsein auftaucht. Unser Gedächtnis ist die Fähigkeit, Informationen abrufbar zu speichern. Das Einspeichern selbst wird »Einprägen«, das Abrufen »Erinnern« genannt. Stoffliche Grundlage des Gedächtnisses ist die Gesamtheit aller Nervenzellen beziehungsweise das Gehirn. Beim Menschen lassen sich drei unterschiedliche Gedächtnis-Arten unterscheiden:

1. *Ultrakurzzeit-Gedächtnis* – bewahrt Informationen bis etwa 20 Sekunden lang auf und scheint auf elektrischen Vorgängen zu beruhen.

2. *Kurzzeit-Gedächtnis* – speichert Informationen maximal ein bis zwei Stunden. Es kann durch Stoffe gehemmt werden, die die Synthese der Ribonukleinsäure blockieren; zugleich findet dann keine Übernahme in das Langzeitgedächtnis statt.

3. *Langzeit-Gedächtnis* – in ihm werden Informationen lebenslang gespeichert. An der Übernahme von Informationen aus dem Kurzzeit-Gedächtnis in das Langzeit-Gedächtnis ist offenbar einer der entwicklungsgeschichtlich ältesten Teile des Großhirns, der Hippokampus, maßgeblich beteiligt. Seine Zerstörung macht die Speicherung neuer Informationen unmöglich. Die Bewahrung bewußter Gedächtnis-Inhalte erfolgt vor allem in den Zellen der Großhirnrinde.

3.3 Lebensbilanz

Es war der russische Mediziner, Psychologe und Philosoph Vladimir ILJINE, der um die Jahrhundertwende als erster im Bereich der neueren Psychotherapie auf die Bedeutung der Erinnerungsarbeit für die Begleitung Sterbender hingewiesen hat. Im Umgang mit Patienten in der Geronto-Psychiatrie hatte er miterlebt, in welchem Maße ein belastetes Leben am Ende auch den letzten Lebensabschnitt belasten kann. Er sah es deshalb als dringend notwendig an, mit alten und sterbenden Menschen nicht nur über ihr Leben zu sprechen, sondern ihnen möglichst auch Hilfen zur Verarbeitung alter Traumata zu geben. Und eine der wichtigsten Hilfen zur Verarbeitung sah er in der Erinnerungsarbeit an Hand einer »Lebensbilanz«.

Er ging dabei so vor, daß er die wichtigsten Lebensszenen mit einem sterbenden Menschen noch einmal »durchspielte«, wie in einem inneren »Psychodrama«.

Solch eine intensive Lebensrückschau war für ihn jedoch ohne emotionale Zuwendung zum Patienten nicht denkbar. So hat er in oft monatelanger Begleitung von sterbenden Patienten (aber auch mit Freunden) Szenen ihres Lebens erarbeitet, um eine »Bilanz im Angesicht des Todes« zu ermöglichen und vergangenes Leben noch einmal zu vergegenwärtigen – dies alles mit dem Ziel, daß ein sterbender Mensch in einem emotional beteiligten Erinnerungsprozeß erfahren konnte: Dies war mein Leben!

Die Lebensrückschau gilt keineswegs nur als belastendes Phänomen. Sie ist zwar offen für die Frage nach Schuld und Schuldzusammenhängen, aber sie ist nicht ausschließlich darauf gerichtet. Vielmehr eröffnet die Lebensbilanz den Blick auf verschiedene Aspekte des Lebens, auf das Positive wie auf das Negative, auf das Schwere wie auf das Schöne.

Auf der Bühne seines Lebens sieht sich der Sterbenskranke noch einmal als Schauspieler und Regisseur seines gesamten Lebensdramas. Dieser Blick auf die Lebensbühne und die verschiedenen Lebensszenen geschieht sehr oft in einer eigentümlichen Konzentration auf das Wichtigste:

- Menschen, die einem wichtig waren, weil sie das eigene Leben geprägt haben,
- Höhepunkterlebnisse des Lebens,
- Schwierigkeiten, die man bestanden hat,
- Gefahren, denen man mit knapper Not entronnen ist,
- Werte, nach denen man sein Leben ausgerichtet hat,
- Entwicklungen, die man durchlaufen mußte, oft unter Schmerzen, oft mit viel Anstrengung und Auseinandersetzung,
- Reisen, die man gemacht hat,
- politische Ereignisse, von denen man betroffen oder an denen man beteiligt war,
- Wendepunkte im Leben,
- Entscheidungen,
- Schicksalsschläge,
- Erlittenes und
- Gestaltetes.

Dies alles zieht an einem vorüber, als ob der »Lebensfilm« abliefe. Lebensrückschau ist Vergangenheitsbewältigung, aber auch Vergegenwärtigung des Lebens angesichts des geahnten nahen Todes. Entsprechend erlebt sich der Sterbenskranke in der Lebensbilanzierung sehr beteiligt, oft bewegt, oft trauernd, manchmal aber auch beglückt, sehr oft dankbar. Es sind dies jene Augenblicke, die in uns als Begleiter ein Bild aufsteigen lassen: Jemand fährt die Ernte vergangener zurückliegender Jahre ein; es wird eine reiche Lebensernte in der Scheune sein. Dieser Prozeß berührt auch uns als Begleiter, wenn wir wahrnehmen und sehen, wie alte Wunden heilen, einfach dadurch, daß der Sterbende den Erinnerungen Raum gibt und versucht, sich, sein Verhalten und das des anderen Menschen zu verstehen. Einige Sterbende machen diesen Rückblick in der Stille und ganz für sich allein – anderen wiederum hilft die Anteilnahme und das Verstehen einer anderen Person.

Diese Lebensbilanz ereignet sich meistens jedoch im Beisein anderer Menschen, zumindest eines anderen Menschen. Manchmal ist es die engere Familie, manchmal ist es ein Freund oder eine Nachbarin – manchmal aber sind es gerade die nicht-vertrauten Menschen, Außenstehende wie Pflegepersonal, Ärzte, Seelsorger, Psychologen, vor denen das Leben ausgebreitet wird. Lebensbilanz ist dann die letzte Chance, daß ein Mensch über Geschehnisse spricht, die er nicht im näheren Freundes- oder Familienkreis bilanzieren will oder kann. Äußerungen von Sterbenskranken über unerklärliche Unruhe, über Schlaflosigkeit, über Schreckhaftigkeit im Aufwachen oder gar über Schuldgefühle sollten in Kliniken, in Alten- und Pflegeheimen ernst genommen und in Richtung »Wunsch nach Erinnerungsarbeit« gedeutet werden.

3.4 Die Rolle des Begleiters

Einleitend möchten wir »Verhaltensregeln« für die Biographiearbeit aufstellen:

1. Nicht immer ist es nötig, daß der Begleiter auf den Bericht der Lebensrückschau vertiefend oder nachfragend reagiert. Es genügt dem Sterbenden oft, daß jemand bei ihm ist, der seinen Lebensbericht anhört, daß jemand bei ihm ist, den er anschauen kann, daß jemand einfach da ist, der ihm die Hand hält und ihm signalisiert: Ja, das habe ich verstanden.
2. Aktives Zuhören und Dasein mit seiner ganzen Person ist gefragt (vgl. Kommunikation). Es ist, als benötige der Rückschauende den anderen als Spiegel, um sich selbst und sein Leben darin betrachten zu können. Oder es ist, als wollte er, der nun sterben muß, sich mit seinem Leben den Überlebenden noch einmal anvertrauen, oder er möchte sich und sein Leben noch einmal vor anderen Menschen gewürdigt sehen.
3. Manchmal benötigt der Sterbende die Anregung seines Begleiters, eines Menschen, der sich für ihn und sein Leben wirklich interessiert.

Zwei Aufgabenbereiche ermöglichen dem Begleiter, konkret Hilfestellung zu leisten:

a) Anleitung zu einer erlebnisnahen Aufarbeitung der Lebensszenen (diese Rolle ist gekennzeichnet durch »Enthaltsamkeit« und durch das bloße Dasein, oft im Schweigen).
b) Zuschauer, Mit-Erlebender, »Mit-Zuschauer«, wenn der Sterbende auf sein Leben zurückblickt.

Der Sterbende ist dann nicht alleingelassen mit den Eindrücken, die sein Denken und Fühlen überschwemmen. Er kann sich mit einem weiteren Zuschauer über die einzelnen Akte, Szenen und Rollen austauschen, und es kommt auf unser Gespür an, herauszufinden, wo dichteres Mitgehen oder vertiefendes Anregen nötig und weiterführend ist. Aber ebenso wichtig ist es auch, zu spüren, zu hören und abzuklären, worauf sich ein schwerkranker oder sterbender Mensch nicht (mehr) einlassen will oder kann. Dies gilt es ohne Wenn und Aber hinzunehmen und zu akzeptieren.

Der Umgang mit Lebensrückblenden stellt an die Begleiter eine hohe Anforderung an

- Einfühlungsvermögen und
- Sich-einlassen-können bei gleichzeitig genügend großer Distanz.

Wichtig: Begleiter müssen darauf gefaßt sein, daß angesichts des nahen Endes das Vergangene derart bedrängend in die Gegenwart hineinragt, daß der Sterbende unbedingt etwas loswerden, loslassen möchte, obwohl es ihm gleichzeitig schwer fällt, überhaupt darüber zu sprechen. Es bedeutet meist schon den entscheidenden Durchbruch, wenn der Sterbenskranke um etwas trauern kann (vgl. Trauerphasen, Sinnfrage), was ihn schmerzt oder was nun endgültig vorbei ist, wenn er sich empören kann wegen des Unrechts, das ihm geschehen ist, wenn er gar zornig werden kann, ja wenn er überhaupt einmal benennen kann, was ihn bedrängt oder belastet.

Es sind gerade die »dunklen Szenen« des Lebens, die als »unbewältigte Vergangenheit« das Sterben eines Menschen überschatten. Es sind oft alte Schuldverstrickungen und unterschwellige Selbstverurteilungen, die Schwerkranke oder Sterbende belasten können. Auch für den Begleiter kann es belastend sein mitzuerleben, wie ein Mensch sich am Ende seines Lebens mit immer wiederkehrenden Selbstvorwürfen quält – Selbstvorwürfen, die sich oftmals von den schuldhaften Ereignissen abgelöst und verselbständigt haben, also zu »Selbstläufern« geworden sind. In solchen Fällen hat eine Lebensrückschau zunächst einmal die Aufgabe, an den »Ort der Tat« zurückzuführen, also die Selbstvorwürfe und Schuldgefühle mit der konkreten Lebensszene in Verbindung zu bringen. Der Zugang dorthin ist meist von Angst und Abwehr verstellt und oft nur über »Umwege« erreichbar. Das heißt, Lebensbilanz muß in diesen Fällen besonders behutsam geschehen. Und erfahrungsgemäß ist das nur möglich, wenn sich zwischen dem Bedrängten und seinem Begleiter ein Vertrauensverhältnis entwickeln konnte (vgl. Schuld und Unschuld).

Längst nicht immer gelingt ein versöhnlicher Schlußverlauf einer von schweren Schicksalsschlägen, Verirrungen und Wirrungen überfrachteten Lebensgeschichte – auch das müssen Begleiter akzeptieren!

Nicht immer kann ein sterbender Mensch den Anblick des Schattens ertragen.

Nicht immer kann das erlösende Wort gefunden werden.

Manchmal ist eine Rückblende auf belastende Lebensereignisse gar nicht mehr möglich.

Deshalb gehört Lebensbilanzierung in jene Phase des Abschiednehmens und Sterbens, wo der Mensch noch die Kraft hat, sein Leben zu bedenken, das »Unerledigte« aufzugreifen und »sein Haus in Ordnung zu bringen«. Wo dies geschieht, kann die Rückschau als befreiend und versöhnlich erlebt werden.

Das Konzept der Lebensbilanz ist eine der wichtigsten Anregungen, um sterbenden Menschen zu helfen, daß sie ihr Leben abrunden und sich auf das Sterben als letzte Lebensaufgabe einlassen können. In der »Lebensbilanz« geht es um vergegenwärtigende Rückschau, um den Versuch, das eigene Leben als Gesamtheit und als Zusammenhängendes zu begreifen, es geht darum, sich das Leben noch einmal »anzueignen«, um es loslassen zu können.

Beispiel:

Ein alter Mann bittet vor seiner Einlieferung ins Krankenhaus zu einer schwierigen Operation, man möchte ihn noch einmal zu seinem Geburtshaus bringen und dann auf jene Bergeshöhe, von wo aus er das ganze Tal überblicken könne, in dem sich sein Leben abgespielt hat.

Es war sein Abschied vom Leben vor jener Operation, die zu spät kam und an deren Folgen er verstarb. Lebensbilanz als Reise in die Vergangenheit. Als Versuch, sich dem gewesenen Leben in der Rückschau selbst noch einmal mit all seinen Höhen und Tiefen auszusetzen und angesichts des näherrückenden Sterbens das Leben abzurunden, die Lebensernte einzubringen und sich dem Sterben als letzter Lebensaufgabe zu stellen – vielleicht mit einem Wort des Dankes.

3.5 Erinnern – eine Technik der Validation

Naomi FEIL, die bekannte amerikanische Sozialwissenschaftlerin, Sozialarbeiterin und Schauspielerin, die die Validationsmethode im Umgang mit dementen, verwirrten, alten Menschen entwickelt hat, sagt: »Im Alter müssen wir dann Rechenschaft ablegen über das, was wir in unserem Leben getan haben. Jetzt sollen wir zurückschauen und herausfinden, was wir waren.« Sie ortet folgende psychische und soziale Grundbedürfnisse alter Menschen:

- Sie müssen unbedingt jene Gefühle herauslassen, die ein Leben lang in ihnen eingesperrt waren.
- Sie müssen das Gleichgewicht wieder herstellen und ihre Einsamkeit vermindern, wenn die Sehkraft, das Gehör, die Beweglichkeit und das Kurzzeitgedächtnis schwächer werden oder ausfallen.
- Sie müssen ihre frühen sozialen Rollen wieder herstellen. Sie sehen oft in Personen der Gegenwart wichtige, geliebte Menschen aus der Vergangenheit.
- Sie müssen oft unbefriedigende Beziehungen aus der Vergangenheit lösen, bevor sie sterben können.
- Sie müssen unerledigte Lebensaufgaben in Ordnung bringen, damit sie in Frieden sterben können.

Daher ist das »Erinnern« auch eine von verschiedenen Techniken der Validation nach Naomi FEIL:

Woran erinnert sich eine Person?

- die elterliche Wohnung
- den Geburtsort
- die glücklichste Zeit
- Geschwister
- Schulzeit
- der erste Beruf/Lehrzeit
- Hobbys
- die erste Liebe
- sexuelle Erfahrungen
- Ehe, Kinder
- Krieg
- Religion, Gott, Gebete
- das bedeutendste Lebensmotiv/Leitspruch
- Beitrag zur Gesellschaft

Fragen über die Vergangenheit:

Wie reagierte die Person auf

- Krisen
- Krankheit

- Altern, altersbedingte Einbußen
- Verlust von vertrauten Personen (beginnend bei jüngsten Verlusten)
- Verlust des Zuhauses
- Verlust der Arbeit
- Aufnahme in ein Pflegeheim

Lebensrückschau ist nicht nur eine Hilfe für alte und sterbende Menschen. Sie ist überall dort angezeigt, wo Menschen in ihrer Identität verunsichert oder bedroht sind. Verunsichert durch persönlichen oder gesellschaftlichen Wandel, bedroht durch Schicksalsschläge, Krankheiten, Behinderungen, Verletzungen, Trennungserlebnisse, Verlust von Heimat, Arbeit, sozialen Status und ähnlichem ist Lebensbilanz auch mitten im Leben angebracht.

Anregungen für eine persönliche Auseinandersetzung

Impulsfrage 1:

Wir möchten Sie einladen, Bilanz zu ziehen über ihr bisheriges Leben. Was war für Sie gut, was ist weniger gut gelungen, wo spüren Sie den Wunsch nach Veränderung, welche »Vorsätze« machen Sie sich für die nähere und weitere Zukunft? Bringen Sie Ihre Lebensbilanz zu Papier, lassen Sie sich ein auf sich selbst und spüren Sie ihren unerledigten Problemfeldern nach. In der Lebensbilanz hat aber auch Platz, was gut und schön, hell und freudig war.

Impulsfrage 2:

Schaffen Sie eine Atmosphäre, in der Sie sich entspannen können, setzten oder legen Sie sich bequem hin. Stellen Sie sich vor, Ihr Leben gleicht dem Lauf eines Flusses. So wie der Fluß einen Ursprung, eine Quelle hat, so hat ihr Leben einen ganz bestimmten Anfang, in einer ganz bestimmten und einzigartigen Umwelt. Ähnlich einem Flußlauf, hat auch Ihr Leben verschiedene Hindernisse zu überwinden, kommt durch ganz verschiedene Landschaften, trifft auf unterschiedliche geologische, geographische und klimatische Bedingungen. Führen Sie den Vergleich zwischen einem Fluß und seinem Lauf von der Quelle bis zur Mündung ins Meer und ihrem Lebenslauf durch! Versuchen Sie, Sonnen- und Schattenseiten wahrzunehmen! Nehmen Sie keine Wertungen vor!
Wenn Sie Ihre Assoziationen von einer Musik leiten lassen wollen, so bietet sich besonders die »MOLDAU« an. Wollen Sie diese Übung ohne

musikalische Führung durchführen, können sie auch Entspannungs- oder Meditationsmusik im Hintergrund einschalten, um eine entspannende Atmosphäre zu unterstützen und einen äußeren zeitlichen Rahmen zu bieten.

---

4 *Literarische Texte – Fallbeispiele – Meditatives Bildmaterial*

Lyrik

Deine Hände
»Schläfst du?« – »Nein, ich schlafe nicht.
Draußen weht der Wind so sehr.« –
»Willst du Wasser? Willst du Licht?« –
»Deine Hände gib mir her.

Deine Hände lieb ich so.
Sind so still und sind so kühl.
Halt ich sie, so werd ich froh.
Bin getrost, wenn ich sie fühl.

Hold wird noch der bittre Tod
Lächeln mir, tritt er mich an,
Wenn ich in der letzten Not
Deine Hände halten kann.«
(PRERADOVIC, P. v.)

Selige Sehnsucht (Ausschnitt)
Und solange du das nicht hast,
Dieses: Stirb und werde!,
Bist du nur ein trüber Gast
Auf der dunklen Erde.
(GOETHE, J. W. v.)

Stufen
Wie jede Blüte welkt und jede Jugend
dem Alter weicht, blüht jede Lebensstufe,
blüht jede Weisheit auch und jede Tugend
zu ihrer Zeit und darf nicht ewig dauern.

Es muß das Herz bei jedem Lebensrufe
bereit zum Abschied sein und Neubeginne,
um sich in Tapferkeit und ohne Trauern
in andre, neue Bindungen zu gehen,
und jedem Anfang wohnt ein Zauber inne,
der uns beschützt und der uns hilft, zu leben.

Wir sollen heiter Raum um Raum durchschreiten,
an keinem wie an einer Heimat hängen,
der Weltgeist will nicht fesseln uns und engen,
er will uns Stuf' um Stufe heben, weiten.
Kaum sind wir heimisch einem Lebenskreise
und traulich eingewohnt, so droht Erschlaffen;
nur wer bereit zu Aufbruch ist und Reise,
mag lähmender Gewöhnung sich entraffen.

Es wird vielleicht auch noch die Todesstunde
uns neuen Räumen jung entgegen senden,
des Lebens Ruf an uns wird niemals enden . . .
wohlan denn, Herz, nimm Abschied und gesunde!
(HESSE, H.)

Aussagen Betroffener

»Durch den halboffenen Reißverschluß des Täschchens sehe ich einen Hotelzimmerschlüssel, eine Metrokarte und einen zusammengefalteten Hundertfrancschein, die mir vorkommen wie von einer auf die Erde entsandten Raumsonde mitgebrachte Objekte, anhand deren die Wohn-, Transport- und Handelsbeziehungsweisen der Erdbewohner studiert werden sollen. Der Anblick macht mich ratlos und nachdenklich. Gibt es in diesem Kosmos einen Schlüssel, um meine Taucherglocke aufzuriegeln? Eine Metrolinie ohne Endstation? Eine genügend starke Währung, um meine Freiheit zurückzukaufen? Ich muß anderswo suchen. Ich mache mich auf den Weg. (BAUBY, J. D.)

»Freitag morgens um zehn Uhr, bevor ich zum Flughafen fahre, die kurze Umarmung, wobei er sitzen bleibt und beide wissen: Vielleicht sehen wir uns nochmals, wahrscheinlich nicht. Du weisch, sage ich, dass ich Dich gern han; er sagt: Ich dank Dir für die Zyt. Als ich die Wohnung verlasse, ist er nicht allein. Er stirbt Stunden nach Mitternacht, und dort, wo die Nachricht mich einholt, ist es noch nicht Mitternacht . . .« (FRISCH, M.)

»Wenn es Zeit für etwas ist, dann verlangt das etwas von uns, ob es uns paßt oder nicht. Auch wenn wir nur fünf Minuten zu spät kommen, geht die Sonne kein zweites Mal für uns auf oder unter. Auch die Mittagszeit können wir nicht verschieben, indem wir die Uhr zurückdrehen. Sonnenaufgang, Mittag, Abend, das sind entscheidende Zeiten, um die sich der Tag im Kloster dreht; kosmische Augenblicke, auf die die Glocke hinweist, nicht willkürliche Uhrzeiten auf einem Fahrplan. Die Glocken im Kloster sollen uns daran erinnern, daß es Zeit ist, wenn wir sie läuten hören – ›nicht unsere Zeit‹.«
(STEINDL-RAST, D.)

Gedanken und Geschichten

Die Frage der Fragen:
Rabbi Sussja sagte kurz vor seinem Tode:
»In der kommenden Welt wird man mich nicht fragen:
›Warum bist du nicht Moses gewesen?‹
Man wird mich fragen:
›Warum bist du nicht Sussja gewesen?‹ «
(BUBER, M.)

In der Stunde des Todes quälen uns nicht nur körperliche Schmerzen und Ängste. Zu den schwersten Bürden gehört das Gefühl der Reue, das vielen das Ende noch bitterer macht. Anders als bei den unvermeidlichen Leiden, die besonders Menschen mit Krebs treffen, kann man sich hier durch rechtzeitige Vorsorge vieles ersparen. Ich spreche von unbewältigten Konflikten, zerbrochenen Beziehungen, versäumten Gelegenheiten, nicht gehaltenen Versprechen und vegeudeten Jahren. Etwas bleibt wohl bei allen von uns unerledigt liegen, höchstens bei den ganz alten nicht, aber vielleicht manchmal auch bei ihnen. (NULAND, S.)

Das Rasthaus
Jemand wandert durch die Straßen seiner Heimat. Alles scheint ihm vertraut, und ein Gefühl von Sicherheit begleitet ihn – und auch von leichter Trauer. Denn vieles blieb ihm verborgen, und immer wieder stieß er an verschlossene Türen. Manchmal hätte er am liebsten alles hinter sich gelassen und wäre fortgegangen, weit weg von hier. Doch irgend etwas hielt

ihn fest, als ringe er mit einem Unbekannten und könne sich von ihm nicht lösen, bevor er nicht von ihm gesegnet war. Und so fühlt er sich gefangen zwischen Vorwärts und Rückwärts, zwischen Gehen und Bleiben.

Er kommt in einen Park, setzt sich auf eine Bank, lehnt sich zurück, atmet tief und schließt die Augen. Er läßt es sein, das lange Kämpfen, verläßt sich auf die innerliche Kraft, spürt, wie er ruhig wird und nachgibt, wie ein Schilf im Wind, im Einklang mit der Vielfalt, dem weiten Raum, der langen Zeit.

Er sieht sich wie ein offenes Haus. Wer hinein will, darf auch kommen, und wer kommt, der bringt etwas, bleibt ein wenig – und geht. So ist in diesem Haus ein ständiges Kommen, Bringen, Bleiben – und Gehen. Wer als Neuer kommt und Neues bringt, wird alt, indem er bleibt, und es kommt die Zeit, da wird er gehen.

Es kommen in das offene Haus auch viele Unbekannte, die lang vergessen oder ausgeschlossen waren. Auch sie bringen etwas, bleiben ein wenig – und gehen. Auch die schlimmen Gesellen, denen wir am liebsten die Türe weisen würden, kommen, und auch sie bringen etwas, fügen sich ein, bleiben ein wenig – und gehen. Wer es auch sei, der kommt, er trifft auf andere, die vor ihm kamen und die nach ihm kommen. Da es viele sind, muß jeder teilen. Wer seinen Platz hat, hat auch seine Grenze. Wer etwas will, muß sich auch fügen. Wer gekommen ist, der darf sich auch entfalten, solange er noch bleibt. Er kam, weil andere gingen, und er wird gehen, wenn andere kommen. So bleibt in diesem Haus genügend Zeit und Platz für alle.

Wie die Person so dasitzt, fühlt sie sich wohl in ihrem Haus, weiß sich vertraut mit allen, die kamen und kommen, brachten und bringen, blieben und bleiben, gingen und gehen. Ihr ist, als sei, was vorher unvollendet war, nun ganz, spürt, wie ein Kampf zu Ende geht und Abschied möglich wird. Ein wenig wartet sie noch auf die rechte Zeit. Dann öffnet sie die Augen, blickt sich noch einmal um, steht auf – und geht. (HELLINGER, B.)

Fallbeispiel

»Klara – die Schwierige«: Wie Versöhnung mit dem Leben durch Biographiearbeit noch möglich wurde

Als ich Klara kennenlernte, war sie gerade erst siebenundachtzig Jahre alt geworden, nach zwei Oberschenkelhalsbrüchen konnte sie sich nicht mehr gut fortbewegen – wenn sie unterwegs war, dann schlurfenden Schrittes und sich an den Wänden abstützend. Die Bewohnerin lebte seit knapp zehn Jahren in diesem Haus, sie galt als alleinstehend und ohne Verwandtschaft. Niemand vom Pflegepersonal konnte sich erinnern, daß die Frau jemals Besuch erhalten hatte.

Die einsame Klara galt als schwierig. Sie verweigerte sich bei der täglichen Morgen- und Abendpflege, wollte keine frischen Kleider anziehen. Sie nörgelte und schimpfte über das Essen, manchmal spuckte sie alles wieder in den Teller zurück. Wenn sie nicht schlurfenden Schrittes, den Blick scheinbar ziellos in die Ferne gerichtet, über den Gang wandelte, saß sie in sich zurückgezogen auf einem Stuhl in einer Art wiegenden Bewegung. Dieser Rhythmus wurde nur durch das Klopfen mit den Fingerknöcheln auf die Armlehne des Stuhles unterbrochen.

Klara war jedoch keineswegs stumm. Wenn sie unterwegs war, schien es, als würde sie irgend etwas oder irgendwen suchen. Sie beschuldigte dann Schwester Eva, ihr die Geldtasche gestohlen zu haben. Oder aber Frau Müller – die fast täglich ihren Alzheimerkranken Mann besuchte – des Diebstahls an ihrer Handtasche. Dabei wurde die zarte, kleine Klara oft laut und aggressiv: Heftig zerrte sie dann an Frau Müllers Handtasche und schrie dabei, daß dies ihre Handtasche sei. Das Schreien ging allmählich in ein heftiges Schluchzen über, und nach diesen Sequenzen befiel Klara eine tiefe Traurigkeit, die mit dem Rückzug in ihr Zimmer endete.

Aber nicht nur Handtaschen oder Geld standen im Mittelpunkt zahlreicher Konflikte, manchmal waren es »bloß« ein Papiertaschentuch oder ein Glas, das bei Klara heftigste Reaktionen auslöste. Diese im Pflegealltag oft zermürbenden Situationen waren der Anlaß, mich als »Begleiterin« für Klara ins Haus zu holen. Es war ein weiter, schwieriger Weg, bis es mir gelang, in »Klaras Schuhen gehen zu lernen« (Validation/FEIL), bis ich die Botschaften aus ihrem Unterbewußtsein entschlüsseln konnte und sich für Klara ein Zustand des Friedens und auch der Befreiung einstellte. Ich durfte sie die letzten zwei Jahre ihres Lebens begleiten, war sehr oft ein stiller, demutvoller »Zaungast« am Rande eines großen Feldes, auf dem Jahrzehnte des Lebens Spuren hinterlassen hatten.

Zusammengefaßt ist dies ihre Geschichte:

Klara war ein behütetes Einzelkind – die Mutter Hausfrau, der Vater arbeitete in der nahegelegenen Tabakfabrik, und die Familie konnte sich eines bescheidenen Wohlstandes erfreuen. Da Klaras Mutter zwei Jungen – die älteren Geschwister – bereits im Kindbett verloren hatte, dürfte sie viele Ängste und Sorgen in das heranwachsende Mädchen projiziert haben. Später sollte es Klara mit den zwei Männern in ihrem Leben nicht gelingen, eine beständige Beziehung oder Lebensgemeinschaft einzugehen.

Die Kriegswirren brachten mehrmaligen Umzug der Familie, Arbeitslosigkeit, später auch Trunksucht und Spielleidenschaft des Vaters mit sich. Das Bild der Mutter: eine fürsorglich-zerbrechliche Frau, die immer in Sorge um ihr einziges Kind lebt. Der Vater wird eingezogen und stirbt irgendwo auf einem fernen »Schlachtfeld« im Zweiten Weltkrieg – ein Feldpostbrief aus der Ostfront war das einzige Erinnerungs- und zugleich Abschiedsstück für Mutter und Tochter.

Klara und ihre Mutter erleben die Grauen des Krieges: Bombenhagel, Feuer und ständige Angst vor Fliegerangriffen. Hunger und Not – kein Einzelschicksal, aber in Klaras ureigener Welt durchlebte sie bis zu ihrem Tod noch sehr oft und sehr heftig diese markanten, fast ausweglosen Situationen ihres Lebens. Sie erinnerte sich zum Beispiel noch so, als wäre es erst gestern gewesen, daran, wie ihre Mutter den Ehering und die Brosche ihrer eigenen Mutter zum Bauernhof brachte und schweren Herzens, aber glücklich über ein wenig Schmalz und drei Eier, wieder nach Hause kam ...

Aber nicht nur die Kriegswirren tauchten in den Erinnerungen auf. Da gab es einen ganz besonders schmerzlichen Einschnitt im Leben Klaras, etwas, das tief in ihrem Inneren vergraben war, das niemand von ihr wußte: Klara war Mutter gewesen, hatte selbst mit zweiundzwanzig Jahren ein Mädchen zur Welt gebracht, allerdings sofort zur Adoption freigegeben. Es seien zu schwierige Zeiten gewesen – der eigene Vater in der Vorkriegszeit zum Zweiten Weltkrieg arbeitslos, der Vater des Kindes eine »Zufallsbekanntschaft«, schon längst weitergezogen als Wanderarbeiter. Klara hatte ihr Kind zur Welt gebracht und danach nie mehr gesehen. Lebensfähig sei es gewesen, aber was jemals aus ihm geworden war, Klara wußte es nicht. Vielleicht suchte sie dieses Kind, wenn sie schlurfend den Gang auf und ab ging, wenn sie Geld und Handtasche vermißte und vom Stehlen sprach, wenn sie die Schwester beschuldigte, ihr das Papiertaschentuch entwendet zu haben ...

Der zweite Mann in Klaras Leben war ein entfernter Verwandter, Cousin dritten Grades gewesen, ein Klavierlehrer, der erst in ihr Leben trat, als sie vierzig Jahre alt war. Kaum ein Jahr »hielt« diese Beziehung, die ein gerichtliches Nachspiel hatte, da Klara ihn beschuldigte, ihre Ersparnisse aufgebraucht zu haben. Klara arbeitete zuletzt bis zu ihrer Pensionierung als Arbeiterin in einer Wäscherei. Daher mag es gekommen sein, daß Klara weiße Stoffservietten über alles schätzte. In ihrem kleinen Wäschespind fand die Schwester regelmäßig etliche, ordentlich zusammengefaltete Servietten, die aus der Abteilung stammten und wiederum von anderen Bewohnerinnen vermißt wurden. Wenn sie mit ihren Händen das weiße Bettlaken liebevoll glattstreichelte, dann war sie in Gedanken vielleicht auch wieder jene Arbeiterin, deren (Lebens-)Auftrag es war, aus Schmutzwäsche wieder weiße, glatte Stücke herzustellen.

Klara gewöhnte sich rasch an meine regelmäßigen Besuche, und unsere Beziehung wurde von Mal zu Mal intensiver. Langsam gelang es mir, Schicht um Schicht ihrer Vergangenheit durch Fragen und Erinnern aufzuspüren, niemals jedoch zu werten oder zu bewerten. Biographiearbeit erhebt auch nicht den Anspruch auf Vollständigkeit oder historische Wahrheit. Die Biographie eines Menschen ist sein persönlichstes, vielleicht kostbarstes Gut, sie wohnt tief in seinem Erinnern und gehört ihm. Vieles, was an die Oberfläche gelangt, kann grauenvoll, grauenhaft, häßlich oder erschreckend für den Zuhörer, den Begleiter sein. Alles das gehört jedoch nicht zu uns, sondern zum Leben dieses anderen, weisen und einzigartigen Menschen, der all das überlebt, überstanden hat. Bei Klara dauerte es gut ein Jahr, bis sie mir die Geschichte mit ihrer Tochter anvertraute und es war Vertrauen, das die Qualität unserer Beziehung ausmachte. Ich erinnere mich auch noch sehr gut an diese Stunde: Nach dem »Geständnis« brach sie in heftiges Schluchzen aus, wurde von Weinkrämpfen geschüttelt. Während ich zuvor immer nur ihre Hand berührt hatte, meinen Arm um ihre Schulter gelegt hatte, nahm ich sie in diesem Augenblick in meine Arme, wiegte sie langsam hin und her, streichelte ihre Wangen und trocknete die Tränen. Später summten wir gemeinsam ein Wiegenlied.

Ich habe mittlerweile viele alte Menschen erlebt, habe einige davon begleitet, mit ihnen gesprochen, sie getröstet, ihnen geholfen, etwas zu finden, das verloren gegangen war. Am meisten aber habe ich von diesen alten Menschen für mich selbst und mein eigenes Leben gelernt. Ich besitze einen Schatz von Erinnerungen: alte Kochrezepte, Geschichten über längst vergangene Zeiten, Bilder aus einer anderen Welt, in der meine eigenen Großeltern gelebt haben. Phantasien und Vorstellungen wie kostbare Perlenschnüre. Ob es mir mein ganzes Leben gelingen wird, weiß ich heute nicht, aber versuchen will ich es jeden Tag: Problemfelder und Konflikte, unbewältigte Situationen, Schwierigkeiten mit den Kindern und dem Partner an- und auszusprechen, und zwar im Jetzt und im Heute, um vielleicht später einmal unbelasteter dem Tod entgegengehen zu können. (TROPPER, D.)

VII TRAUER – EIN GEFÜHL DES LEBENS

1 *Grundgefühl Trauer: Einleitende Gedanken*

»Ach, schon jenseits von allem. Ach, schon jenseits von allem.
Es ist Zeit für den Abschied. O verlassen, verlassen.« (NERUDA, P.)

Jeder Mensch macht im Laufe seines Lebens Erfahrungen, die schmerzhaft sind, die Enttäuschungen mit sich bringen, Verlust bedeuten oder Trennung. Die Möglichkeiten, auf diese Lebenssituationen zu reagieren, sind äußerst vielfältig – und doch läßt sich bei allen ein Grundgefühl erkennen: die Trauer.

Kinder sind traurig, wenn sie ihre Puppe verlieren, wenn der Vogel, der jeden Tag am Fenster singt, einmal nicht kommt, wenn der Besuch bei der Großmutter ausfällt. Kinder sind traurig, wenn eine Freundin plötzlich nicht mitspielen mag, wenn der Lehrer schimpft, wenn die Mutter vergessen hat, das Spielzeug zu reparieren. Kinder sind traurig, wenn der Lieblingspullover nicht mehr paßt, wenn die Schule gewechselt werden muß, wenn die Freundin krank wird. Es lassen sich unzählige Beispiele aus dem Leben von Kindern, Jugendlichen und Erwachsenen aufführen, die mehr oder weniger dramatisch sind, die mehr oder weniger leicht überwunden werden können, die aber dennoch immer auch etwas von den großen Verlusten, den großen Enttäuschungen, den großen Trennungen in sich bergen. Vielleicht sind es die alltäglichen kleinen Tode, die wir im Laufe des Lebens erleben und durchleben können oder müssen, die uns letztlich auf größere, schwerer zu meisternde Situationen vorbereiten können. Jeder Tag bringt eine Fülle von Möglichkeiten, sich der Begrenztheit der Lebensmöglichkeiten, der Fülle von Abschieden im allgemeinen und der Abschiedlichkeit der eigenen Existenz im besonderen bewußt zu werden.

Wenn wir aufmerksam in uns hineinhorchen, werden wir viele Formen des Traurigseins entdecken, viele Schatten, die sich jeden Tag immer wieder auf unser Leben und Zusammenleben legen. Normalerweise können wir mit diesen Schatten des Alltags gut umgehen – vielleicht oft auch zu gut, so daß es manchmal erst wieder die Tränen der Kleinen sind, die uns bewußt machen, wie viele traurige Momente jeder Tag immer auch – neben den sonnigen Ereignissen – bereithält. Auch die Reaktionsweisen der Kinder können uns die Augen öffnen für die im Wort Trauer anklingenden Verhaltensweisen. Schauen wir zurück in die Geschichte, so finden wir beim Begriff Trauer folgende Begriffserklärungen: Trauer bedeutet nach alt- und mittelhochdeutschem Sprachgebrauch nichts anderes als Niederfallen, matt- und kraftlos werden, den Kopf sinken lassen, die Augen niederschlagen. Und genau diese Verhaltensmerkmale sind es, die uns bereits bei den alltäglichen traurigen Momenten auffallen. Kinder können ihre Gefühle meist sehr direkt und ungebrochen zum Ausdruck bringen und so läßt sich an ihnen sehr gut beobachten, wie sich dieses Traurig-Sein ausdrückt. Neben Tränen zeigen gerade Kinder oft das Bild eines »Häufchen Elends«, es ist, als lege sich ein dunkler Schleier über Gesicht und Körper des Kindes, drücke ihn zu Boden, lasse Kopf und Arme sinken und entziehe dem sonst so lebendigen Kind die Kraft. Natürlich sind diese Momente der Trauer im Alltag meist nur von kurzer Dauer und lassen sich oft ganz leicht durch eine tröstende Geste, einen liebevollen Zuspruch oder eine kleine Ablenkung vertreiben. Dennoch: im Kleinen und bei Kleinen können wir viel lernen über das, was dann die »große Trauer« bringt, was sie bewirkt und welche Möglichkeiten der Verarbeitung sich anbieten.

Der Wechsel von Bindung und Trennung ist in der gesamten Entwicklung des Menschen – nicht nur des kleinen Kindes – von Bedeutung. Im Kleinkindalter wird es besonders deutlich, wie sehr das Thema Loslösen und Abschiednehmen mit den Möglichkeiten verknüpft ist, seinen eigenen Weg zu finden, zu gestalten und gut gehen zu können. Aber es wird auch deutlich, wie schmerzhaft die Ablösung ist, mit wieviel Verunsicherung, Verzweiflung, Suchen nach dem Verlorenen (sei dies nun ein Mensch, ein Gefühl, eine Möglichkeit oder ein Gegenstand der Begeisterung) all jene Prozesse begleitet werden, die den Menschen letztendlich fähig machen, Trennungen positiv zu bewältigen, Vergangenes in das neue Leben zu integrieren und eine adäquate Form des Abschiednehmens zu finden.

Bevor wir zum ersten Mal jene Grenzsituation erleben, in die wir durch den Tod eines geliebten Menschen kommen, haben wir alle bereits einen reichen Erfahrungsschatz in bezug auf Verlust und Abschiednehmen hinter uns. Und wer sich nicht erinnern kann, dies in seinem Leben erlebt zu haben, kann sicher sein, daß die vielen Bindungen und Trennungen der ersten Lebensjahre – ohne die eine Individuation, ein gesundes Erwachsenenleben und psychisches Überleben gar nicht denkbar sind – tief in seinem Inneren Spuren hinterlassen haben, die jeweils auch Lösungsansätze der Trauerbewältigung beinhalten. Jeder von uns »weiß« im tiefsten Inneren um die Tatsache der abschiedlichen Existenz des Lebens. Jeder von uns hat sich im Laufe seiner Entwicklung Möglichkeiten geschaffen, einen persönlichen Stil in der Trauerverarbeitung zu finden, jeder hat bereits die heilende Kraft von Tränen, von Tröstung und Beistand erfahren. Manchmal scheint uns dieses tief in uns ruhende Wissen allein Mut und Kraft zu geben, das Leben immer wieder aufs neue zu wagen, Bindungen einzugehen, zu lieben und damit auch das Risiko von Verlust, Trennung, Abschied und Tod einzugehen.

2 Tod und Trauer

Tod und Abschied ragen immer wieder in unser Leben hinein, berühren es, lassen uns innehalten. Doch oft sind wir nur Zuschauer, erleben den Schmerz nicht direkt am eigenen Leib. Dann jedoch, wenn ein von uns geliebter Mensch stirbt, trifft es uns ganz persönlich, ganz direkt und wird zu einer dramatischen Erfahrung. Mögen wir auch noch so viel über Sterben und Tod wissen, mögen wir gleichsam theoretische Sterbeexperten sein, so wird doch der Tod eines Nahestehenden die Grundfesten der eigenen Existenz erschüttern, wird das Verständnis von der Ordnung im Leben und in der Welt auf den Kopf stellen, wird alles radikal in Frage stellen, wird uns an die Grenzen unserer Belastbarkeit bringen, und nur mit Mühe wird eine Neuorientierung im Leben möglich sein. Durch den Tod eines geliebten Menschen wird aus dem *Wissen* um Tod eine *Erfahrung* von Tod. In gewisser Weise ist der Tod von geliebten Menschen eine Vorwegnahme unseres eigenen Sterbeerlebens. Vieles von uns selbst stirbt mit dem Tod des Partners, der Eltern, des Freundes, der Kinder . . . mit, ist für uns verloren, nicht mehr vorhanden, hat uns verlassen. Der Tod nimmt uns nicht nur den konkreten Menschen, um den wir trauern, er nimmt auch vieles von uns selbst fort:

- Erlebnisse, die in dieser Weise nur mit diesem Menschen möglich sind,
- Erfahrungen mit und am anderen, die ausschließlich an diese Person gebunden sind,
- das Gefühl der eigenen Einzigartigkeit in dieser Beziehung,

- Gespräche, Ideen, Berührungen, die nur diesem einen Menschen in einer ganz bestimmten Art und Weise geschenkt wurden, die nur in dieser Beziehung den nötigen Rahmen gefunden haben.

Eine Welt von Möglichkeiten der Selbstverwirklichung bricht entzwei, wenn geliebte Menschen uns verlassen. Und die Endgültigkeit des Todes bringt die Zurückbleibenden in eine hoffnungslos erscheinende Situation. Nur zu deutlich wird das »Nie mehr!« Bei allen anderen Verlusten – Scheidung, Trennung, Auflösung einer Beziehung, »aus den Augen verlieren . . .« – ist es wenigstens im Prinzip möglich, an Altes anzuknüpfen, etwas in Realität wiedergutzumachen, Briefe zu schreiben, anzurufen . . . Beim Tod ist alles anders!

Seelische Prozesse verlaufen in aller Regel nicht geradlinig, sie sind ganz im Gegenteil sehr beweglich, sie können eigene Wege nehmen, Abschnitte überspringen, zu Altem zurückkehren, neue Wendungen mit sich bringen. Wir haben bereits beim Betrachten des Sterbeprozesses einen bestimmten Ablauf feststellen können, der zwar auch nicht linear zu verstehen ist, dennoch eine bestimmte Gesetzmäßigkeit aufweist. Beim Erleben des Todes kommt es bei den Angehörigen, Freunden und Begleitern zu einer Verschränkung von Sterbeprozeß einerseits und Trauerprozeß andererseits. Das Sterben eines für uns wichtigen Menschen bringt in uns selbst vieles zum Sterben und stellt uns mit aller Wucht in die Erfahrungen des Sterbeprozesses: Wir wollen und können nicht wahrhaben, daß etwas in uns sterben wird beim Tod des geliebten Menschen, wir lehnen uns dagegen auf, wollen doch noch etwas von allem retten und finden tausend Verhandlungsangebote an Gott, das Schicksal . . ., fallen schließlich in tiefe Traurigkeit und erst nachdem wir durch alle Tiefen dieses Geschehens gegangen sind, werden wir schließlich die Wunde, den Verlust in uns akzeptieren lernen. Das Gefühl, die Emotion, die uns in die Lage versetzt, mit diesen bitteren Erfahrungen fertig zu werden, ist die Trauer. Hätten wir die Trauer nicht, wären wir wirklich hoffnungslos den Sterbeerfahrungen ausgeliefert.

Was sollten Trauernde wissen?

- Trauer gehört zu unserem Leben.
- Trauer ist keine Krankheit.
- Trauer ist eine lebenswichtige Reaktion.
- Trauer ist eine spontane, natürliche, normale Reaktion unserer ganzen Person auf Verlust, Abschied und Trennung.

- Trauer ist die Möglichkeit, gesund Abschied zu nehmen.
- Trauer erfaßt den ganzen Menschen und berührt alle seine Lebensbereiche.
- Trauer wird individuell ganz unterschiedlich erlebt und gestaltet.
- Trauer hat viele Gesichter.

Eine von uns vorgenommene Zusammenstellung von Gefühlen, Gedanken und körperlichen Reaktionen, soll einen Überblick darüber verschaffen, was alles im Verlauf eines Trauerprozesses auftreten kann und durchaus als normale Reaktion auf bestimmte Lebenssituationen betrachtet werden muß. Bei der Frage, ob die auftretenden Reaktionen »normal« oder »abnorm« sind, wird in jedem Fall zu berücksichtigen sein, wie stark die Symptome ausgeprägt sind, wie lange sie anhalten und in welchem Maße es dem Trauernden möglich ist, unabhängig von den bestehenden Reaktionsformen einigermaßen selbständig leben zu können (vgl. Komplikationen der Trauer).

Tabelle 11: Gefühle, körperliche Empfindungen und Gedanken, die im Verlauf eines Trauerprozesses auftreten können

Gefühle, die bei Trauernden auftreten können:	
Angst	Befreiung
Schock	Sehnsucht
Hilflosigkeit	Gleichgültigkeit, Erleichterung
Abgestumpftheit	Selbstmitleid
Betäubung, Wut	Freude
Sehnsucht	Einsamkeit
Kummer	Haß
Schuldgefühle	Minderwertigkeit
Verzweiflung	Liebe, Leere
Aggression, Lachen	Dankbarkeit
Zorn	Schmerz
Körperliche Empfindungen, die bei Trauernden auftreten können:	
Müdigkeit	Zugeschnürte Kehle
Leeregefühl im Magen	Appetitmangel
Zittern	Überempfindlichkeit
Herzklopfen	Muskelschwäche
Herzrasen	Schwächeattacken
Beklemmung im Brustbereich	Überaktivität
Kurzatmigkeit	Verändertes Zeitempfinden
Gedanken und Phantasien, die bei Trauernden auftreten können:	
Verstorbener wird gesucht, gerufen, gesehen, gerochen	Gedanken kreisen ausschließlich um den Verstorbenen
Laute Selbstgespräche	Wahnvorstellungen
Fehlende Zukunftsperspektiven	Lautes Sprechen mit dem Verstorbenen
Konfuse Gedanken	wirre Träume
Verwirrtheit	Suchen und Rufen
Soziales Desinteresse	Leben in einer Phantasiewelt mit dem Verstorbenen

3 Trauerphasen nach Verena KAST

Im folgenden werden wir auf ein Modell der Trauerphasen genauer eingehen, das von der Schweizer Psychologin V. KAST entwickelt wurde und heute als eines der wichtigsten Grundlagen für ein Verständnis der Trauerprozesse anerkannt ist. Angereichert werden die Ausführungen durch die wissenschaftlichen Erkenntnisse anderer Autoren, durch Erfahrungsberichte von Trauerbegleitern sowie durch eigenen Erfahrungen in der Begleitung trauernder Menschen.

Jedes prozeßhafte Geschehen ist unter anderem dadurch gekennzeichnet, daß es einen klaren Beginn und ein klares Ende hat. Als Beginn des Trauerprozesses muß das Ereignis des Verlustes, der Trennung, des Abschiedes betrachtet werden. Wie dieser Beginn, diese Anfangssituation des Trauergeschehens im Einzelfall aussieht, ist für den weiteren Verlauf und die Ausgestaltung der Trauer oft ausschlaggebend. Das Ende des Trauerprozesses ist in einer Neuorientierung des gesamten Lebensgefüges zu sehen. Wie lange dieses Trauergeschehen nun dauert, ist ganz unterschiedlich und entgegen althergebrachten Meinungen durchaus nicht mit einem Jahr limitiert. Auch die Dauer der einzelnen Phasen ist unterschiedlich, und alle Angaben sind nur als grobe Richtwerte zu verstehen, die sehr großen situativen und individuellen Schwankungen unterliegen. Die Art der Trauerarbeit und Trauerbewältigung hängt von der Persönlichkeit des Trauernden ab, von den Umständen des Todes und von der Art der Beziehung zwischen dem Verstorbenen und dem Zurückgebliebenen.

3.1 Erste Trauerphase: Nicht-Wahrhaben-Wollen

Die Nachricht vom eingetretenen Tod eines Menschen löst zunächst Unglauben aus (»Das kann doch nicht sein!«) und versetzt die Betroffenen in einen Schockzustand. Der Tod kann nicht realisiert werden und die eigenen Gefühle können kaum wahrgenommen werden. Eine gewisse Empfindungslosigkeit führt zum Erscheinungsbild der psychischen Starre. Menschen scheinen von einer Todesnachricht oft so überwältigt, daß sie das Gefühl haben, alles in und um sie sei zerbrochen. Sie fühlen sich verloren, verwirrt und einer Welt gegenüber, die aus den Fugen geraten scheint. Der tiefe innere Schmerz kommt in Wellen immer wieder an die Oberfläche, bleibt aber in dieser ersten Phase in der Erstarrung gefangen und kann noch nicht ausgelebt werden. Die körperlichen Reaktionen können alle Symptome eines Schocks zeigen: rascher Pulsschlag, Schwitzen, Übelkeit, Erbrechen, motorische Unruhe. Erfahrungswerte über die Dauer dieses Zustandes liegen bei einigen Stunden bis etwa einer Woche, wobei diese Phase bei plötzlich eingetretenen Todesfällen deutlich länger ist.

Tabelle 12: Zusammenfassende Darstellung der ersten Trauerphase: Nicht-Wahrhaben-Wollen

Typische Gefühle	*Typische Äußerungen*	*Körperlich/ seelische Reaktionen*
Leere Hohlheit Unwirklichkeit Empfindungslosigkeit Überwältigt-Sein Betäubung Chaos Starre	»Das ist nicht möglich« »Ich fühle mich verloren« »Ich fühle mich in der Schwebe« »Alles ist so unwirklich!« »Nein, das kann nicht wahr sein!«	Schockzustand: Veränderter Pulsschlag Herzrasen Schweißausbrüche Übelkeit, Erbrechen Motorische Unruhe Verzögerte Reaktionen Bewegungslosigkeit Starre Sprachlosigkeit Kontaktverweigerung Verwirrung, Desinteresse

Hinweise für Begleiter

Motto: Gib du ihm deine Hand
»In einem Sumpf in Nord-Persien war ein Mann versunken. Nur sein Kopf schaute noch aus dem Morast heraus. Lauthals schrie er um Hilfe. Bald sammelte sich eine Menschenmenge an dem Ort des Unglücks, und einer faßte den Mut, dem Verunglückten zu helfen. »Gib mir deine Hand«, rief er zu ihm herüber. »Ich werde dich aus dem Sumpf herausziehen.« Doch der Versunkene schrie weiterhin um Hilfe und tat nichts, daß der andere ihn herausziehen konnte. »Gib mir deine Hand«, forderte dieser ihn mehrere Male auf. Die Antwort war lediglich ein erbärmliches Schreien um Hilfe. Da trat ein anderer Mann hinzu und sprach: »Du siehst doch, daß er dir niemals seine Hand geben wird. Gib du ihm deine Hand, dann wirst du ihn retten können.« (PESESCHKIAN, N.)

Anregungen:
- Alltägliche Besorgungen übernehmen
- Für das Aufrechterhalten des Tagesrhythmus' sorgen (Aufstehen, Anziehen, Essen, Ausgehen, Ruhen ...)
- Trauernde dort unterstützen, wo sie überfordert sind

- Hilfestellung bei Regelungen, die im Zusammenhang mit dem Todesfall stehen
- Trauernde nicht allein lassen
- Trauernde in ihren Reaktionen nicht bevormunden
- Da-Sein, ohne viel zu fragen
- Alle Gefühle des Trauernden, alle Reaktionen zulassen: Alles darf sein!
- Die scheinbare Empfindungslosigkeit, das Fehlen von Tränen, die Starre aushalten
- Wärme, Mitgefühl vermitteln
- Die eigenen Gefühle zum Ausdruck bringen, wenn es angebracht und notwendig erscheint

3.2 Zweite Trauerphase: Aufbrechende Emotionen

Wie schon die Bezeichnung dieser Phase zum Ausdruck bringt, bahnen sich nun - nach Auflösen der Empfindungslosigkeit und der Starre - die Gefühle ihren Weg. Leid und Schmerz, Wut, Zorn, Freude, Traurigkeit und Angst können an die Oberfläche gelangen. Ganz typisch ist es, daß nicht eine einzige Emotionslage vorherrscht, vielmehr sehen wir ein breites Spektrum von Gefühlen, oft auch von Gefühlsmischungen. Sehr oft stehen die emotionalen Reaktionen mit der Persönlichkeit und ihren emotionalen Eigenschaften in enger Verbindung. So werden eher ängstliche Menschen in dieser Phase oft von intensiven Angstgefühlen überrollt, die sich auch in Katastrophenträumen und Weltuntergangsstimmungen niederschlagen können. Anders strukturierte Menschen werden eher zu Zorn und Wut neigen, die auch zu heftigen Beschuldigungen gegen andere führen können. Dieses zornige Auflehnen und die Beschuldigungen richten sich oft gegen Ärzte, Schwestern und andere Beteiligte. Für kurze Zeit kann der Schmerz so gelindert werden, bevor er abermals zum Ausbruch kommt und nach anderen Möglichkeiten der Schuldzuweisung gesucht wird. Manchmal richtet sich der Zorn aber auch auf den Verstorbenen selbst, der die Hinterbliebenen im Stich gelassen hat. Diese Gedanken und Gefühle können zu heftigen Schuldgefühlen führen, denn »über Tote darf man nicht schlecht denken«. Eine andere Form der Schuldgefühle liegt in Befürchtungen, nicht alles für den Verstorbenen getan zu haben, etwas unterlassen oder verabsäumt zu haben, etwas »schuldig« geblieben zu sein. Im Kontakt zu anderen Menschen ist oftmals eine Gereiztheit zu bemerken, aber auch Zeiten der Apathie, der Lustlosigkeit, der Depression gehören in diese Phase. Die große Stimmungslabilität, der Wechsel von Euphorie (»Wir hatten eine so glückliches Leben miteinander – es war einfach herrlich!) und Depression (»Dieser Tod hat mein Leben zerstört«), das Auftreten von Schuldgefühlen und Panikattacken fordern viel Geduld und Fingerspitzengefühl seitens der Begleiter, aber auch ein gehöriges Maß an Abgrenzung. Über die Dauer dieser Phase lassen sich schwer allgemeingültige Aussagen treffen. Am ehesten zutreffend sind Zeitangaben zwischen einigen Wochen bis einigen Monaten.

Tabelle 13: Zusammenfassende Darstellung der zweiten Trauerphase: Aufbrechende Emotionen

Typische Gefühle	*Typische Äußerungen*	*Körperlich/ seelische Reaktionen*
Wut	»Wie konntest	Reizbarkeit
Ohnmacht	du mir das antun!«	Depression
Zorn	»Warum hat sie mich	Apathie
Traurigkeit	allein zurückgelassen!?«	Desinteresse
Freude	»Wohin mit meiner Wut?«	Panikattacken
Angst	»Nun muß sie nicht	Herzrasen
Schuldgefühle	mehr leiden«	Brustbeklemmungen
	»Die Ärzte sind an allem schuld«	Kurzatmigkeit
	»So eine schlechte	Atemnot
	Betreuung . . .«	Stimmungslabilität
	»Wäre ich nicht weggefahren»	Anklagen-Idea-
	»Ich hasse alles Lebendige«	lisieren
	»Hätte ich mehr für ihn getan, wäre	Konzentrations-
	er nicht tot«	störungen
	»Wie kann mir Gott	Appetitmangel
	mein Kind nehmen!«	Schlafstörungen
	»Ich kann nur ein bis zwei Stunden	
	arbeiten . . .«	
	»Es war gerade so schön . . .«	
	»Der Schmerz wird	
	immer größer«	

Hinweise für Begleiter

Motto: Abgrenzen
»Vom Abend bis zum Morgen saß er
am Bett des Kranken und weinte.
Am nächsten Morgen starb er,
der Kranke aber lebte weiter.«
(Nach SAADI)

Anregungen:
- Gefühlsausbrüche können heilsam sein und sollten nicht als Störungen verstanden werden.
- Ausbrüche von Wut und Zorn gehören ebenso wie depressive Verstimmungen und Niedergeschlagenheit zum Vorgang des Trauerns.
- Von ungelösten Problemen, Schuld und Konflikt nicht ablenken.
- Ablenken ist selten hilfreich, sondern unterstützt eher Prozesse des Verdrängens, wodurch es zu einer Verzögerung des Trauerprozesses kommen kann.
- Probleme aussprechen lassen.
- Schuldgefühle nicht ausreden aber auch nicht bekräftigen, sondern schlicht zur Kenntnis nehmen.
- Am Erleben und Erinnern des Trauernden Anteil nehmen.
- Da-Sein, Zuhören.
- Anregungen für alltägliche Hilfen (z. B. Tagebuchschreiben, Malen, Musikhören, Spazierengehen, Entspannungsübungen, Bäder . . .) geben.
- Eigene »Geschichten« zurückhalten.
- Keine Interpretationen oder wertende Stellungnahmen vornehmen.

3.3 Dritte Trauerphase: Suchen und Sich-Trennen

Auf jeden Verlust reagieren wir mit Suchen. Diese banale Feststellung trifft auch auf die Situation der Trauer um einen Verstorbenen zu. Was wird eigentlich gesucht? Es wird zum einen der ganz reale Mensch gesucht, der Mensch, mit dem man ganz bestimmte Erlebnisse, Erfahrungen, Lebensräume teilte. Dies führt dazu, daß speziell jene Orte gern aufgesucht werden, an denen sich der Verstorbene oft aufgehalten hat. Auch in den Gesichtern Unbekannter wird nach den geliebten Gesichtszügen gesucht. Gewohnheiten, die der/die Verstorbene hatte, werden übernommen und »nachgelebt«. Dadurch kommt es zu einer Identifikation mit dem verstorbenenen Menschen. Aber nicht nur der reale Mensch wird gesucht, es wird auch nach Möglichkeiten gesucht, Teile der Beziehung »zu retten«. Erzählungen und Geschichten vom Verstorbenen sollen wesentliche Beziehungselemente festhalten. Trauernde können den Verlust leichter akzeptieren, wenn sie gleichsam die »Edelsteine« ihrer Beziehung zum Verstorbenen gefunden und so ins Leben hinübergerettet haben. In inneren Zwiegesprächen wird ferner eine Klärung mancher offener Punkte möglich, kann Rat eingeholt werden, kann der Verstorbene als innerer Begleiter anerkannt werden. Die intensive Auseinandersetzung mit dem Verstorbenen kann auch dazu führen, daß dieser Mensch in Tagträumen phantasiert wird, daß er als Traumgestalt in der Nacht wiederkehrt, oft so real und lebendig, daß ein intensives Begegnungsgefühl zurückbleiben kann. Dies ist unendlich schmerzlich und unendlich schön zugleich! Im Verlauf dieses intensiven Suchens, Findens und Wieder-Trennens kommt einmal der Augenblick, wo der Trauernde selbst gleichsam die innere Entscheidung trifft, *ja* zum Leben und zum Weiterleben zu sagen oder aber in der Trauer zu verharren.

Beispiel:
»Ich muß wählen: Mich der Trauer hingeben, der Vergangenheit mit Kitty ... Und nicht mehr lebensfähig sein für die Zukunft, für Dani? In der Welt der Toten zu Hause sein, mich mit dem eigenen Tod befreunden, mit der Einsamkeit. Oder den Schmerz ›disziplinieren‹, gegen die Schwermut ankämpfen und die Gefühle zu beherrschen versuchen. Wieder lebensfähig werden, aufgeschlossen und interessiert an anderen Menschen und Schicksalen, mich ›meines Unglücks würdig erweisen, mit Kitty leben, mit Kitty in mir und so, wie sie sich unser weiteres Leben vorgestellt hätte!‹« (WANDER, M.)

Eine Trennung vom Verstorbenen kann um so eher erfolgen, wenn in diesem Trauerabschnitt vieles gefunden werden kann, was weiterlebt, was erinnert und auch weitergegeben werden kann.

»Die Erinnerung an Erlebnisse mit dem Toten ist wichtig, damit die Beziehung zu ihm auch dem Zurückgebliebenen wesentlich bleibt und der Integrationsvorgang in die eigene Psyche gelingen kann.« (KAST, V.)

Suchen ist meist mit einer inneren Spannung und einer Unruhe verbunden – so auch im Fall der Trauernden. Allerdings können auch Momente der Verzweiflung übermächtig werden. Das Suchen nach dem Verstorbenen bringt auch immer ein Stück Dunkelheit mit sich. Die intensive Auseinandersetzung mit dem Toten und der eigenen Beziehung zu diesem nunmehr im Totenreich lebenden Menschen wirft auch dunkle Schatten auf die Lebenden. Suizidale Gedanken scheinen gerade in diesem Abschnitt des Trauerweges besonders häufig. Wenn auf der Suche nach dem Verstorbenen noch gar kein Licht zu sehen ist, keine Möglichkeit auftaucht, etwas zu finden, dann scheint der eigene Tod oft als einzige Lösung. Selten kommt es tatsächlich zur Ausführung dieser suizidalen Gedanken, jedoch ist in der Trauerbegleitung besonders aufmerksam darauf zu achten, Menschen auf dieser schwierigen Strecke des Suchens nicht allein zu lassen.

Die Zeit des Suchens, Findens und Sich-Trennens kann sehr unterschiedlich lang dauern. Bei manchen Trauernden dauert sie einige Wochen, andere brauchen Monate. Und auch noch Jahre nach dem erlittenen Verlust können sich Trauernde auf der Suche befinden – ohne daß man deshalb bereits von pathologischer Trauer reden muß. Der normale Trauerprozeß wird wesentlich dadurch charakterisiert, daß »etwas in Bewegung« bleibt. Nicht die Dauer der einzelnen Phasen allein kann Auskunft über »normal« oder »nicht-normal« geben, es ist immer auch auf die Erlebnisfähigkeit und die speziellen Reaktionsweisen der Trauernden zu achten.

Tabelle 14: Zusammenfassende Darstellung der dritten Trauerphase: Suchen und Sich-Trennen

Typische Gefühle	*Typische Äußerungen*	*Körperlich/ seelische Reaktionen*
Einsamkeit Verzweiflung Unverständnis Minderwertigkeit Hilflosigkeit Freude Dankbarkeit Unruhe Identifikation	»Ich glaube, sie im Garten zu sehen« »Um punkt sechs Uhr habe ich das Gefühl, er kommt nach Hause« »Nachts glaube ich, sie ist bei mir« »Niemand kann mich wirklich verstehen« »Ich sehe überall Menschen, die ihm ähnlich sind« »Ich suche sie überall . . .« »Das hätte er auch so gemacht . . .« »Ich träume sehr oft von ihr« »Wie sehr er doch mein Leben bestimmt hat« »Wie lange muß ich noch leben?«	Depressive Zustände Suizidale Gedanken Intensive Träume Zeitweiser Realitätsverlust Suchverhalten Lautes Reden mit dem Toten Innere Zwiegespräche Phasenweise: überaktiv-apathisch (Über)empfindlichkeit Mehrmaliges Durchlaufen des Zyklus: Suchen-Finden-Trennen

Hinweise für Begleiter

Motto:
»Wir sterben mit den Sterbenden:
Schau, sie gehen, und wir gehen mit ihnen.
Wir werden geboren mit den Toten:
Schau, sie kehren wieder, und sie bringen uns mit.«
(ELIOT, T.S.)

Anregungen:

- Alle Erlebnisse der Vergangenheit dürfen angesprochen werden – keine Zensur vornehmen!
- Akzeptieren, daß immer wieder in verschiedensten Formen »gesucht« wird
- Geduld
- Zuhören – auch wenn man die Geschichten alle schon kennt
- Gefühle ernstnehmen, die durch die Erinnerungen, Erzählungen wieder auftauchen
- Phantasien zulassen, die den Tod des Verstorbenen bezweifeln – ohne selbst mitzuphantasieren
- Bei suizidalen Äußerungen kontinuierliche Begleitung
- Zeit lassen
- Kein Drängen auf Akzeptieren des Verlustes
- Unterstützung bei Ansätzen der Neuorientierung

3.4 Vierte Trauerphase: Neuer Selbst- und Weltbezug

Wenn im Verlauf der Phase des Suchens Wege gefunden werden, die zu einem positiven Umgang mit dem Verstorbenen führen, dann kann sich die Trauer auch allmählich auflösen. Dieser »richtige« Umgang kann darin bestehen, daß dem Verstorbenen ein ganz bestimmter Platz im eigenen Leben eingeräumt wird. Er wird gleichsam zu einer inneren Figur der Trauernden. Der Verlust dieses verstorbenen Menschen, sein Tod kann langsam akzeptiert werden. Phantasien, Gedanken, Handlungen kreisen nicht mehr ausschließlich um diesen Menschen. Es wird wieder möglich, das eigene Leben zu gestalten. Allerdings hat das Durchleben des Trauerprozesses Spuren hinterlassen, und so kann im besten Fall am Ende dieser langen Reise durch das Land der Trauer ein völlig neues Selbstverständnis stehen. Aber nicht nur das eigene Leben, die eigene Person kann in anderen Sinnbezügen erfaßt werden, auch die Einstellung, der Bezug zur Welt an sich ist verändert. Die Möglichkeiten, welche in der Beziehung zum Verstorbenen gelegen sind, können zwar nicht mehr in dieser Form gelebt werden, jedoch kann der Teil, der gleichsam ins Leben hinübergerettet wurde, bearbeitet, modifiziert, erweitert werden und so integraler Lebensbestandteil der Zurückgebliebenen werden. Der Wunsch vieler Sterbender »in anderen Menschen« fortleben zu können, ist dann nicht mehr nur eine leere Floskel, sondern kann zu einer bereichernden Erfahrung werden:

»Vor einem Jahr noch saß er schweigend und oft in veränderter Gestalt auf einem Baum, auf einer Bank, als ein großer Vogel, ein schweigendes Gesicht. Nun fängt er aber an, lebendig zu werden, einfach da zu sein, ruhig, liebevoll, nur ein wenig still und traurig, als hätte er uns viel zu verzeihen. So nah bin ich ihm nie gewesen, als er noch lebte, und so zärtlich und ungehemmt ...« (WANDER, M.)

Tabelle 15: Zusammenfassende Darstellung der vierten Trauerphase: Neuer Selbst- und Weltbezug

Typische Gefühle	*Typische Äußerungen*	*Körperlich/ seelische Reaktionen*
Glück	»Endlich bin ich dem	Orientierungs-
Freude	Chaos entronnen!«	schwierigkeiten
Selbständigkeit	»Ich kann mein Leben	Anfälligkeit
Befreiung	neu gestalten«	für Rückfälle
Selbstachtung	»Ich bin stolz auf	Labile Stimmungslage
Erleichterung	mich, das gemeistert	(Über)reaktion auf jede
Freiheit	zu haben«	Form von Verlust
Sinnhaftigkeit	»Ich entdecke eine	Änderung der Selbst-Zwei-
Dankbarkeit	neue Selbständigkeit«	fel und Fremd-
Ruhe	»Mein Leben hat	wahrnehmung
	wieder Sinn«	Normalisierung
	»Ich fühle	veränderter Körper-
	mich befreit!«	funktionen
	»Er ist mein innerer	
	Begleiter!«	
	»Ich verstehe jetzt mehr	
	vom Leben ...«	

Hinweise für Begleiter

Motto: Loslassen
»Des Lebens Ruf an uns wird niemals enden ...
Wohlan denn, Herz, nimm Abschied und gesunde!«
(HESSE, H.)

Anregungen:
- Dazu beitragen, daß der Trauernde auch den Begleiter loslassen kann
- Akzeptieren, in der bisherigen Form nicht mehr gebraucht zu werden
- An der Situation der Hilflosigkeit des Trauernden nicht festhalten
- Eigene »Bedürftigkeit«, helfen zu müssen, überprüfen (Helfer-Syndrom!)
- Veränderungen im Beziehungsnetz des Trauernden begrüßen und unterstützen
- Neues akzeptieren
- Sensibel bleiben für mögliche Rückfälle
- Gemeinsam Formen suchen, die Trauerbegleitung behutsam zu beenden oder umzugestalten

Eingangs haben wir erwähnt, daß die Art und Weise, wie der Trauerprozeß sich gestaltet, von verschiedenen Dingen beeinflußt wird. Wir haben festgehalten, daß Persönlichkeitsmerkmale des Trauernden, die Art der Beziehung zwischen Trauernden und Verstorbenen sowie die näheren Todesumstände für Ausmaß, Form und Dauer des Trauergeschehens ausschlaggebend sind. Nur wenn wir alles zusammen berücksichtigen, wird verständlich, warum die Ausdrucksformen und Reaktionsweisen doch sehr unterschiedlich sein können. Das *eine* typische Gefühl, die *eine* typische Reaktion gibt es nicht! Vielmehr gibt es – wie den einzelnen zusammenfassenden Tabellen zu entnehmen ist – ein breites Spektrum möglicher Gefühle, seelischer und körperlicher Reaktionsweisen, die sich auch in unterschiedlichsten Mitteilungen äußern können.

Vom Begleiter erfordert dieses komplexe Geschehen eine hohe Sensibilität, Offenheit und Flexibilität. Dies um so mehr, als wir in einer Gesellschaft leben, in der Trauerrituale allmählich am Verschwinden sind, im Umgang mit Trauernden eine große Unsicherheit herrscht und die Gefahr der Isolation für Trauernde ständig zunimmt. Trauerbegleiter – Freunde, Bekannte, professionelle Begleiter – begeben sich mit dem Trauernden auf einen unsicheren Pfad, der nur wenig fixe Anhaltspunkte zu bieten hat, der nur selten einen vorgegebenen Rahmen bereithält. So ist nicht nur Mitgefühl in der Begleitung gefragt, sondern auch Mut, Ausdauer und Kreativität. *Mut*, den Trauernden in die dunklen Bereiche des Lebens zu folgen, denen es an Licht mangelt und für die es keine offiziellen »Landkarten« und »Gesetzestexte« gibt. *Ausdauer*, die vielen mühseligen Auf- und Abstiege mitzugehen, die bei den Wanderungen durch Täler der Tränen, der Auseinandersetzung, des Haderns, des Zorns, der Sinnlosigkeit notwendig sind. *Kreativität,* um mit den verschiedenen Hindernissen, Rückschlägen, Umwegen, weißen Stellen auf der Landkarte der Trauer positiv umgehen zu können, um in all diesen Dingen eine Chance für den Trauernden zu erkennen und sie ihm vermitteln zu können (vgl. auch Möglichkeiten der Trauerbegleitung).

4 *Komplikationen der Trauer*

Wir haben festgehalten, daß Trauern ein normaler Prozeß ist, der dem Menschen hilft, mit den Verlusten seines Lebens fertig zu werden. Wir haben ferner gesehen, daß die Trauer sehr viele Gesichter und Ausdrucksweisen hat. Gerade die Vielfältigkeit und die Tatsache, daß es sich beim Trauerprozeß nicht um ein lineares Geschehen handelt, machen es oft schwer, zwischen »normaler« und »abnormer« Trauer zu unterscheiden. Aus der psychotherapeutischen Arbeit ist bekannt, daß unbewältigte Trauer sehr oft die Ursache für depressive Stimmungsbilder ist. Verdrängte, unabgeschlossene Trauerprozesse können dazu führen, daß Menschen in ihrem Inneren gleichsam ganze Gebirgsketten von Trauerbergen ansammeln. Schicht um Schicht sind diese Berge aus ungeweinten Tränen aufgebaut, aus hinuntergeschlucktem Zorn, aus unterdrücktem Schreien. Im Laufe der Jahre werden diese Schichten hart und unbeweglich. Die Trauer kann nicht mehr nach außen gelangen. Die seelische Ausdruckskraft des Trauernden ist blockiert. Irgendwann einmal im Laufe seiner Biographie kann es dann so einem Menschen passieren, daß ein scheinbar belangloses Ereignis, gleichsam wie ein Steinwurf, eine Gefühlslawine ins Rollen bringt, all die alte, nicht-bearbeitete Trauer mitreißt und – einer Eruption gleich – ans Tageslicht bringt. Meist stehen Freunde und Bekannte angesichts so eines Gefühlsausbruchs ratlos neben diesem Menschen – zumal die wenigsten einen Zusammenhang zwischen dem Anlaß und der Heftigkeit der Gefühlsregung herstellen können.

Im folgenden wollen wir den Versuch unternehmen, auf einige wesentliche Komplikationen des Trauerprozesses einzugehen, wobei wir uns zunächst jenen Komplikationen zuwenden, die beim Durchlaufen der einzelne Phasen des Trauerprozesses auftreten können.

4.1 Probleme in der Phase des Nicht-Wahrhaben-Wollens

Werden Menschen mit einem Verlust konfrontiert, so ist es zunächst ganz normal, daß die Realität dieses Verlustes geleugnet wird. Der Schock ist meist so groß, daß die Realität des Verlustes in seiner ganzen Tragweite nicht wahrgenommen werden kann. Nach einiger Zeit löst sich allmählich der Schock und verschiedenste Gefühlsreaktionen werden sichtbar. Es gibt aber eben auch Menschen, die diesen Schritt vom Nicht-Wahrhaben-Wollen zum Ausleben ihrer Gefühle nicht machen. Sie bleiben gleichsam im Leugnen und Verdrängen stehen. Wir sprechen auch von einer *aufgeschobenen Trauer.*

Eine Form, in der diese Trauerkomplikation oft auftritt, ist die Flucht in eine übermäßige Geschäftigkeit. Es werden viele mehr oder weniger plausibel klingende Gründe dafür angeführt, warum am »alten« Leben festgehalten wird, so als habe sich beinahe nichts geändert. Ob dies nun die Geschäftsfrau ist, die den Betrieb des verstorbenen Mannes mit eiserner Verbissenheit weiterführt, ob das der Vater ist, der nunmehr als Alleinerzieher alle Pflichten und Aufgaben beider Elternteile perfekt übernimmt, ob das die »verwaiste« Mutter ist, die mit aller Kraft an ihrer Berufstätigkeit festhält und sich keine Schwäche anmerken läßt, immer werden wichtige Aufgaben und Pflichten vor die Realität des Verlustes geschoben. Die Situation dieser Menschen wird durch den Umstand erschwert, daß die Gesellschaft dieses »Tapfer-Sein« meist bewundernd als große persönliche Leistung anerkennt. Der Umgang mit Menschen, die ihre Gefühle zeigen, die ihren Schmerz leben, ist für sehr viele Mitmenschen schwierig. Vielleicht mag es dem einen oder anderen zwar seltsam erscheinen, daß jemand nach einem schweren persönlichen Verlust sein Leben scheinbar ganz unverändert weiterführt, doch meistens bleibt die Hilfestellung in Richtung Kanalisierung der Gefühle aus. Zum einen ist es bequemer, einem »tapferen« Trauernden (das heißt einem Nicht-Trauernden) zu begegnen, zum anderen steckt auch die Furcht dahinter, dem aufbrechenden Gefühlsansturm als Begleiter nicht gewachsen zu sein. So hört man geduldig Berichten von Kopfschmerzen und Schlafstörungen zu oder schüttelt bedenklich den Kopf, wenn einem zu Ohren kommt, daß Herr X oft zum Alkohol greift – ohne diese Reaktionen in direktem Zusammenhang mit dem erlittenen Verlust des Betroffenen sehen zu können oder zu wollen.

Eine andere Form, in der Starre des Schocks steckenzubleiben, ist die Flucht in die Sorge um andere Menschen, die einen Verlust erlitten haben.

»Solange ich mich mit anderen Menschen beschäftigen kann, die jemanden verloren haben, so lange geht es mir gut. Wenn mich diese Menschen nicht mehr brauchen, dann werde ich selber sehr traurig, dann werde ich an meine Frau erinnert. Ich darf doch nicht traurig sein, ich weiß doch, daß sie im Jenseits auf mich wartet!« Diese Aussage eines Seelsorgers ist geradezu typisch für Menschen, die in einem sozialen Beruf stehen und wenig bis nicht bereit oder fähig sind, sich dem eigenen psychischen Erleben zu stellen. So kann man gerade in helfenden Berufen oft diese Form von Trauerkomplikation finden. Die Trauerarbeit, die man eigentlich um den selbsterlittenen Verlust zu leisten hätte, wird gleichsam verschoben und damit letztlich aufgeschoben, denn wenn wir auch noch so sehr um die Trauer und Trauerbewältigung anderer bemüht sind, bleibt uns der eigene Weg durch unsere Trauer nicht erspart. Man kann nicht stellvertretend trauern lassen! Daß gerade bei dieser Form der Trauerkomplikation die Weltanschauung und der religiöse Hintergrund der betroffenen Menschen eine große Rolle spielt, sei nicht unerwähnt. Menschen, die in einer gewissen Identifikation mit dem Trauernden sich der eigenen Trauerbewältigung entziehen möchten, werden als Begleiter oft sehr geschätzt – ist ihnen das Drama des Verlustes doch selbst vertraut.

Auf zwei Gefahren möchten wir im Zusammenhang mit dieser Form der aufgeschobenen Trauer hinweisen. Zum einen geschieht es häufig, daß diese Menschen gerade dann zusammenbrechen, wenn niemand mehr da ist, um den sie sich sorgend kümmern können. Sie werden Begleitung um Begleitung annehmen und in aufopfernder Weise Menschen in schweren Lebenskrisen zur Seite stehen – ihre eigene Trauerarbeit bleibt jedoch unerledigt. Zum anderen besteht die Gefahr, daß die große Bedürftigkeit nach »Gebrauchtwerden« den klaren Blick auf die Entwicklung der Mitmenschen trübt. So kann oft nicht wahrgenommen werden, daß Menschen selbständig werden und ihre eigenen Wege – sei es aus der Trauer im allgemeinen oder aus einem bestimmten Stadium des Trauerprozesses machen. Der helfende Begleiter wird so zu einem Menschen, der selbst wiederum von der Krisensituation seines Mitmenschen abhängig wird. Solche Verstrickungen können fatale Folgen haben und sind in der Regel für beide Seiten entwicklungshemmend (vgl. Helfersyndrom).

Schließlich sei noch auf jene Form der aufgeschobenen Trauer hingewiesen, die als »große Leere« beschrieben wird. Menschen können durch einen schweren Verlust in einen Zustand kommen, in welchem der anfängliche Schock nicht durch ein intensives Gefühl abgelöst, verwandelt werden kann. Statt dessen breitet sich eine grenzenlose innere Leere aus.

Alle Lebensverrichtungen werden automatisch vollzogen, Gefühlsregungen können nicht empfunden werden. Allmählich senkt sich eine Schwere und Depression auf diese Menschen. Das Problem besteht hier also nicht darin, daß traurige Gefühle, depressive Verstimmungen nach dem ersten Schock als Folge einer intensiven Auseinandersetzung mit dem Verlust auftreten. Vielmehr tritt anstelle jeder Gefühlsäußerung Leere. Ein »Nichts« breitet sich in diesen Menschen aus, noch bevor die Möglichkeiten einer emotionalen Auseinandersetzung gesucht werden können. Ein großes Desinteresse, eine Vernachlässigung der eigenen Person, aber auch der Familie, der Freunde, ja selbst der eigenen Kinder können Ausdruck für diese innere Leere und Erstarrung sein.

4.2 Probleme in der Phase der aufbrechenden Emotionen

Bei Menschen, die in der ersten Phase des Trauerns Probleme haben, geht es darum, daß sie mit verschiedenen Mitteln versuchen, eine Auseinandersetzung mit der Trauer zu vermeiden. Anders ist dies bei Menschen, die in der zweiten Phase des Trauerns mit Problemen zu kämpfen haben. Bei ihnen geht es nicht um ein Vermeiden der Trauer, ein Verdrängen, ein Leugnen – sondern um ein Stehenbleiben in der Trauer. Es ist so, als würden sie gleichsam aus der Trauer gar nicht mehr herausfinden. Der Schmerz wird nicht verdrängt, er ist nur so stark im Mittelpunkt, wirkt so übermächtig, daß nichts neben ihm Platz hat. Auch hier können depressive Zustandsbilder anzutreffen sein. Oft ist dieses Stehenbleiben in der Trauer mit dem Ausblenden eines ganz bestimmten Gefühles verbunden, und so sprechen wir auch von *gehemmter Trauer*. Sehr oft können Menschen in ihrer gehemmten Trauer zwar Gefühle des Schmerzes, der Verzweiflung, der Hilflosigkeit zulassen, jedoch bei Gefühlen mit negativem Assoziationsrahmen, wie etwa Zorn, Haß, Wut, Anklage, Schuld wird gleichsam ein inneres »Stop« wirksam. Wiederum wird es von Lebensgeschichte und Weltanschauung abhängen, ob und in welcher Form auch sogenannte negative Gefühle gefühlt, ausgedrückt, ausgesprochen, ausgelebt werden dürfen. Nicht selten weisen Träume einen Weg in das Labyrinth unausgedrückter negativer Gefühle. In Träumen kann man wütend sein, kann man Zorn ausdrücken, kann anklagen und beschuldigen, kann über Verstorbene Böses sagen – ohne zur Rechenschaft gezogen zu werden. Träume könnten bei der Problemlösung hilfreich sein und Wege des Umgangs mit negativen Gefühlen weisen. Bei Trauerkomplikationen dieser Phase treten jedoch – und dies scheint nach dem Gesagten nicht verwunderlich – sehr häufig massive Schlafstörungen auf. In den Schlaf sinken, sich der Traumwelt überlassen, birgt ja immer auch die Gefahr in sich, den abgelehnten Gefühlen zu begegnen!

Ein weiteres Merkmal jener Komplikationen, die mit dem Verharren in der Phase aufbrechender Emotionen verbunden sind, ist ein gewisses Unvermögen, mit der Schuldproblematik umgehen zu können. Zu jedem Trauerprozeß gehören Schuldgefühle, Gefühle, dem Verstorbenen vieles für immer schuldig bleiben zu müssen. Angesichts des Todes werden Schuldgefühle für einige Menschen bedrohlich, da sie sich für immer der Möglichkeit beraubt fühlen, sie zu lösen. Wie stark die vorhandenen Schuldgefühle den Prozeß des Trauerns blockieren, wird nicht zuletzt davon bestimmt, wie die Beziehung zwischen Trauerndem und Verstorbenem war. Handelte es sich um eine Beziehung, in der vieles unausgesprochen, ungeklärt oder verschwiegen wurde, wird im Todesfall die Schuldproblematik stark in den Vordergrund rücken. In jeder Beziehung bleiben die Partner sich selbst und den anderen vieles schuldig – das gehört zum Wesen des Menschen und zum Wesen von Beziehungen. Dies zu begreifen, zu seiner Schuld zu stehen und diese aufzulösen, kann ein wichtiges Ziel einer Trauerarbeit werden. Oft werden Trauernde durch ihre Schuldgefühle jedoch so erschüttert, daß sie Gefangene eben dieser Schuldgefühle werden und in ihrem Selbsterleben stark eingeschränkt sind. Das für diese Phase typische Gefühlschaos kann nicht mehr verarbeitet werden, Gefühle können nicht gelebt werden, da die Schuldgefühle alle Energie, alle Ausdrucksmöglichkeiten binden. »Wenn das Emotionschaos beim Trauern nicht ganz gelebt werden kann, wenn gewisse Aspekte davon ausgespart werden, wie etwa Zorn, aber auch Schuldgefühle, scheint es mir, als ob diese Trauernden in dieser Phase der Trauer, wo Emotionsstürme immer wieder über sie hereinbrechen, hängenbleiben.« (KAST, V.) Medikamente scheinen in diesem Fall für viele Menschen der einzige Ausweg aus dem unerträglichen Chaos in ihrem Inneren zu sein.

Für die Begleitung ist es hilfreich zu wissen, daß ein Ausreden der Schuldgefühle, ein Relativieren nicht angebracht ist. Vielmehr geht es darum, dem Trauernden eine Möglichkeit zu geben, seine Schuldgefühle auszusprechen und sie als einen Teil zu akzeptieren, der zu ihm gehört. Der Trauernde selbst muß herausfinden, worin das lebendige Gefühl der Begegnung mit dem Verstorbenen zurückbleibt. Und welche Form der Vergebung für ihn möglich wäre. Schließlich geht es im Zusammenhang mit Schuldgefühlen sehr oft auch um die tiefe Einsicht, als Mensch immer in gewissem Sinn schuldig zu werden – anderen gegenüber, der Welt, Gott und sich selbst! »Die Schuldgefühle können einerseits wirkliche Dinge betreffen, die in der Beziehung nicht aufgegangen sind, die schuldhaft sind; sie können sich aber auch auf Entscheidungen, Verfehlungen dem eigenen Leben gegenüber beziehen.« (KAST, V.)

4.3 Probleme in der Phase des Suchens und Sich-Trennens

Jeder Trauernde durchlebt eine intensive Phase des Suchens nach dem Verstorbenen. Nicht nur die konkrete Person wird gesucht, sondern es wird bei Freunden und Bekannten – ja sogar bei völlig unbekannten Mitmenschen nach Ähnlichkeiten im Verhalten, im Äußeren, in den Meinungen und Einstellungen gesucht. Ferner wird in der Erinnerung nach wichtigen Elementen der Beziehung geforscht, nach Dingen, die gleichsam ins Leben hinübergerettet werden können. Dieses Suchen findet immer statt und es wird auch immer etwas gefunden, etwas, das eine innige Auseinandersetzung mit dem Verstorbenen möglich macht. Oft ist dieses Suchen und die Sehnsucht, etwas vom Verstorbenen zu finden so groß, daß die Gestalt des Verstorbenen phantasiert wird (»Es war mir, als würde ich Maria im Supermarkt sehen – dort stand sie, ich war mir sicher.«) oder daß der Verstorbene in Träumen so intensiv wiederkehrt, daß ein sehr starkes und lebendiges Gefühl der Begegnung mit dem Verstorbenen zurückbleibt.

Beispiel:
»Immer wieder die gleichen verzweifelten, aufwühlenden Träume. Die Sehnsucht ist zu groß. Bald fünf Monate ohne sie! Unbegreiflich, daß diese Trennung kein Ende haben wird. Ich träume immer wieder, daß sie bald sterben wird, aber noch lebt sie, zerbrechlich, todkrank, ganz leicht in meinen Armen, die sie herumtragen, beschützen, sie nicht einen Augenblick freigeben. Ich wache glücklich auf, im Traum, weil ich sie bei mir habe, lebend, noch lebend! Es ist ein schweres, unbekanntes, süßes Glück. Ich sehne mich so nach ihr. Ich kämpfe um jede Minute, die sie noch zu leben hat. Ich nehme sie aus der Schule, lege sie behutsam ins Bett, halte jeden Lärm und jede Aufregung von ihr fern, erlebe eine Liebe wie nie zuvor.« (WANDER, M.)

Dieses Suchen und Finden, dieses Wahrnehmen des Verlustes und gleichzeitige Zurückholen des Verstorbenen in Tagträumen und Nachtträumen ist jedoch nur ein Teil dieser Trauerphase. Ein weiterer wichtiger Schritt im normalen Trauerverlauf wäre es dann, sich von der Person des Verstorbenen und eben auch von den Dingen, die man gefunden hat, zu verabschieden, zu trennen, sie als etwas zu erkennen, das Teil der Vergangenheit ist und bleiben wird. Diesen Schritt können manche Menschen nicht vollziehen. Dann bleiben sie gleichsam im Prozeß stecken, bleiben die ewig Suchenden, die in ihrer Gedanken- und Phantasiewelt keinen Platz für eine Neugestaltung der Welt und des eigenen Lebens lassen. Die Verbindung mit dem Verstorbenen kann nicht transformiert werden und bleibt so lebensbestimmend, daß jeder Impuls zur Neugestaltung des eigenen Lebens schon im Keim erstickt wird. Erinnerungen an den Verstorbenen und an die gemeinsame Zeit können sich nicht bereichernd in das neu zu gestaltende Leben einfügen, sondern dominieren und bestimmen. Alte Konflikte, ungelöste Probleme und auftretende Schuldgefühle können nicht bearbeitet, sondern nur konserviert werden. Die Verstorbenen können dann nicht zu inneren Figuren werden, mit denen man sich ausgesöhnt hat und in Frieden leben kann, sie werden vielmehr mit alten Gefühlen beladen zu einer schweren Last und zu einem echten Hindernis für eine Neuorientierung. Die Toten können nicht wirklich tot sein – aber auch die Lebenden können nicht wirklich leben.

Ein Märchenauszug soll an dieser Stelle das Typische dieser Trauerkomplikation veranschaulichen. Es geht um die Geschichte eines Mannes, der sich einige Zeit nach dem Tod seiner Frau wiederverheiraten möchte. Auf dem Weg zur Trauung geht er nochmals zum Grabe seiner Frau, um sie um Verzeihung zu bitten und ihr von seiner neuerlichen Verehelichung zu berichten:

»Er ging hin und verbeugte sich am Grabe: ›Verzeih mir! Ich gehe zur Trauung, ich heirate wieder.‹ Da öffnete sich das Grab – die Braut war bei der Kirche stehengeblieben –, und sie rief ihn zu sich: ›Komm, komm, fürchte dich nicht, komm hierher!‹ Sie rief ihn ins Grab und sagte zu ihm: ›Weißt du nicht, daß wir uns versprochen hatten, daß der nicht wieder heiraten sollte, der übrigbliebe?‹ Und sie forderte ihn auf, auf dem Sarg zu sitzen. ›Trinkst du Wein?‹ sagte die Frau im Grabe zu ihm. Und sie gab ihm einen Becher, und der Mann trank. Dann wollte er fortgehen. Aber sie bat: ›Bleib noch hier und laß uns vertraulich plaudern!‹ Sie goß ihm einen zweiten Becher ein, und der Mann trank wieder. Dann stand er wieder auf und wollte gehen, aber wieder sagte sie: ›Laß uns noch plaudern!‹ Und der Mann blieb und plauderte. – Zu Hause hielten sie eine Andacht, weil sie glaubten, der Mann sei gestorben. Die Braut wartete und wartete und ging schließlich zu ihren Eltern zurück. – Und sie gab ihm den dritten Becher, und immer noch bat sie ihn zu bleiben. Endlich ließ sie ihn fort: ›Geh nun hin!‹ sagte sie. Da ging der Mann fort. Er kam zur Kirche, aber da war kein Pfarrer mehr, nichts mehr – und er selbst war grau wie ein alter Wiedehopf, weil er dreißig Jahre im Grabe gewesen war.«

Wir sehen an diesem Beispiel aus der Welt der Märchen, daß ein Steckenbleiben in der Phase des Suchens und Sich-Trennens zu einem Zustand der *chronischen Trauer* führt. Die Trauer wird endlos fortgesetzt. Je weniger der Trauernde bereit und in der Lage ist, eine intensive Auseinandersetzung mit dem Verstorbenen und der gemeinsamen Wegstrecke und Wandlung zuzulassen, desto eher treten Idealisierungen des Toten auf, die ihrerseits einen Neubeginn, eine Neuorientierung für den Trauernden erschweren. So gefesselt an die Welt der Toten leben chronisch Trauernde in unterschiedlichsten Gefühlen – Depressionen, Aggressionen, Schuldgefühlen u. ä. – verstrickt, ein sehr eingeschränktes Leben, in dem ein echtes Abschiednehmen und ein Neugestalten von Beziehungen nicht möglich ist.

Ergänzend möchten wir noch auf jene Faktoren verweisen, die den Verlauf des Trauerprozesses beeinflussen und Komplikationen mit sich bringen können. Es handelt sich dabei um die konkreten *Umstände des Todes* und um die *Beziehung* zwischen dem Verstorbenen und dem Trauernden, wobei sowohl der *Person des Verstorbenen* als auch der *Person des Trauernden* besondere Aufmerksamkeit geschenkt werden muß. An anderer Stelle wird darauf noch detailliert eingegangen (vgl. Kapitel »Trauerbegleitung«).

Anregungen für eine persönliche Auseinandersetzung

Impulsfrage 1:

Denken Sie an ihre Kindheit zurück, und versuchen Sie die Geschichte ihrer Trauererfahrungen aufzuschreiben. Zeichnen Sie einen Weg, und tragen Sie die einzelnen Stationen der Verlustsituationen ein. Bedenken Sie dabei folgende Punkte:
Um welchen Verlust handelt es sich?
In welchem Alter habe ich diesen Verlust erlitten?
Wer hat mich über diesen Verlust informiert?
Wer ist mir in der Zeit der Trauer beigestanden?

Impulsfrage 2:

Stellen Sie sich eine konkrete Situation vor, in der sie ein Verlust, ein Todesfall getroffen hat. Welche der folgenden Gefühle sind bei Ihnen vorgekommen? Kreuzen Sie das entsprechende Wort an!

Angst	Chaos	Erleichterung	Zorn
Leere	Ruhelosigkeit	Wut	Dankbarkeit
Haß	Schock	Einsamkeit	Starre
Erschöpfung	Schmerz	Verzweiflung	Gleichgültigkeit

Selbstmitleid	Schuld	Ohnmacht	Desinteresse
Müdigkeit	Erlösung	Minderwertigkeit	Verwirrung
Beklemmung			

Bei mir tauchte zusätzlich noch auf: ________________

Impulsfrage 3:

Versuchen Sie den folgenden Satz dreimal zu vervollständigen:
»Die Zeit der Trauer ist . . .«
»Die Zeit der Trauer ist . . .«
»Die Zeit der Trauer ist . . .«

---

5 *Literarische Texte – Fallbeispiele – Meditatives Bildmaterial*

Lyrik

Eine Art Verlust

Gemeinsam benutzt: Jahreszeiten, Bücher und eine Musik.
Die Schlüssel, die Teeschalen, den Brotkorb, Leintücher und ein Bett.
Eine Aussteuer von Worten, von Gesten, mitgebracht, verwendet, verbraucht.
Eine Hausordnung beachtet. Gesagt. Getan. Und immer die Hand gereicht.
Im Winter, in ein Wiener Septett und im Sommer habe ich mich verliebt.
In Landkarten, in ein Bergnest, in einen Strand und in ein Bett.
Einen Kult getrieben mit Daten, Versprechen für unkündbar erklärt,
angehimmelt ein Etwas und fromm gewesen vor einem Nichts,
(– der gefalteten Zeitung, der kalten Asche, dem Zettel mit einer Notiz)
furchtlos in der Religion, denn die Kirche war dieses Bett.
Aus dem Seeblick hervor ging meine unerschöpfliche Malerei.

Von dem Balkon herab waren die Völker, meine Nachbarn,
zu grüßen.
Am Kaminfeuer, in der Sicherheit, hatte mein Haar seine
äußerste Farbe.
Das Klingeln an der Tür war der Alarm für meine Freude.
Nicht dich habe ich verloren,
sondern die Welt.
(BACHMANN, I.)

Was je den Menschen schwer gefallen . . .
Was je den Menschen schwer gefallen,
Eins ist das Bitterste von allen:
Vermissen, was schon unser war,
Den Kranz verlieren aus dem Haar;
Nachdem man sterben sich gesehen,
Mit seiner eignen Leiche gehen.
(GRILLPARZER, F.)

Die Tote (Ausschnitt)
Wenn du nicht lebst,
wenn
du, Geliebte, meine Liebe,
wenn du
gestorben bist,
fallen die Blätter in meiner Brust,
regnen wird's auf meine Seele Tag und Nacht,
der Schnee wird mein Herz verbrennen,
ich werde gehen mit Frost und Feuer und Tod und Schnee,
meine Füße werden dorthin marschieren wollen, wo du schläfst,
aber
ich werde am Leben bleiben,
weil du mich liebtest über alles, mich wolltest als
unbezähmbar,
und, Liebe, weil du weißt, daß ich nicht ein Mensch nur bin,
sondern alle Menschen.
(NERUDA, P.)

NERVENKLINIK
Eingang
zur Poliklinik
um die Ecke

Aussagen Betroffener

»Doch die liebsten Menschen haben wir verloren: Was sollen wir uns da noch aus Teppichen machen, aus roten Pantoffeln? Wir lernen, an die Orte zurückzukehren, wo wir mit ihnen gewesen waren; zu fragen, wenn wir um uns das Schweigen hören. Wir haben keine Angst mehr vor dem Tod: Jede Stunde, jede Minute schauen wir den Tod, indem wir uns an sein großes Schweigen auf dem liebsten Gesicht erinnern.« (GINZBURG, N.)

»Manchmal muß ich etwas aufgeben, um etwas Neues beginnen zu können. Manchmal muß ich etwas abreißen, um neu aufbauen zu können. Manchmal muß ich Gewicht abwerfen, um an Höhe zu gewinnen. Manchmal muß ich loslassen, um neu anfangen zu können.« (Meditationstext)

Wenn jemand meinen Kummer wiegen wollte und mein Leiden auf die Waage legte – sie wären schwerer als der Sand im Meer. Was Wunder, wenn ich wirre Reden führe! Warum gibt Gott mir nicht, was ich erbitte? Und warum tut er nicht, worauf ich warte? Zu sterben wäre mir ein Trost in aller Qual. Was er, der Heilige befohlen hat, dagegen hab' ich niemals rebelliert. Woher nehm' ich die Kraft, noch auszuhalten? Wie kann ich leben ohne jede Hoffnung?

Sinnlos vergeht ein Monat nach dem anderen, und Nacht für Nacht verbringe ich mit Schmerzen. Leg' ich mich nieder, schleppen sich die Stunden; ich wälze mich im Bett und kann nicht schlafen und warte ungeduldig auf den Morgen. Ganz ohne Hoffnung schwinden meine Tage. Deswegen werde ich den Mund nicht halten, ich lasse meiner Zunge freien Lauf. Was mich so bitter macht, das muß heraus! Weshalb, Gott, quälst du mich mit Träumen, mit Visionen und füllst mein Herz mit namenloser Angst. Mir wär' es lieber, wenn du mich erwürgtest; der Tod ist besser als ein solches Leben! Ich bin es satt, ich mag nicht weiter kämpfen. Mein ganzes Leben ist doch ohne Sinn. (Buch Hiob 6 und 7)

Gedanken und Geschichten

Die zwei Kammern

Eines Tages begegnete ich einer alten Frau. Ihr Gesicht hatte Furchen, kreuz und quer. Über ihren Augen zogen sich traurige Linien zusammen, aber in ihren alten Wangen waren die Grübchen ihres Lachens geblieben. Sie

schaute mich an und sagte: »In deinem Gesicht ist lauter Trauer, deine Augen sind ohne Glanz, und dein Mund ist hart geworden.« »Ich bin in Trauer«, sagte ich entschuldigend. Da sagte die alte Frau: »Richte in deinem Herzen zwei Kammern ein, eine für die Freude und eine für die Trauer. Kommt Trauer über dich, dann öffne die Kammer der Trauer. Kommt aber Freude über dich, dann öffne die Kammer der Freude.« Und mit einem Lächeln fügte sie bei: »Den Toten ist es wohler in den Kammern der Freude.«
(KNÖPFLI-WIDMER, Ch.)

Der Blick vom Turm
Als Frau Glü von dem höchsten Aussichtsturme aus in die Tiefe hinabblickte, da tauchte unten auf der Straße, einem winzigen Spielzeug gleich, aber an der Farbe seines Mantels unzweideutig erkennbar, ihr Sohn auf; und in der nächsten Sekunde war dieses Spielzeug von einem gleichfalls spielzeugartigen Lastwagen überfahren und ausgelöscht – aber das Ganze war doch nur eben die Sache eines unwirklichen kurzen Augenblickes gewesen, und was da stattgefunden hatte, das hatte doch nur zwischen Spielzeugen stattgefunden. »Ich geh nicht hinunter!« schrie sie, sich dagegen sträubend, die Stufen hinabgeleitet zu werden, »ich geh nicht hinunter! Unten wäre ich verzweifelt!« (ANDERS, G.)

Der gläserne Sarkophag
Ein orientalischer König hatte eine zauberhafte Frau, die er über alles liebte und deren Schönheit sein Leben überstrahlte. Immer wenn er Zeit hatte, suchte er ihre Nähe. Eines Tages starb die Frau plötzlich und ließ den König in großer Trauer zurück. »Nie«, rief er aus, »will ich mich von meinem geliebten jungen Weibe trennen, auch wenn der Tod jedes Leben aus ihren holden Zügen genommen hat.« In einem gläsernen Sarkophag bahrte er seine Frau im größten Saal des Palastes auf und stellte sein Bett daneben, nur um nicht eine Minute von ihr getrennt zu sein. Die Nähe zu seiner verstorbenen Frau war sein einziger Trost und gab ihm Ruhe. Es war aber ein heißer Sommer, und trotz der Kühle des Palastes ging der Leichnam der Frau langsam in Verwesung über. Schon bald bildeten sich Schweißperlen auf der erhabenen Stirn der Toten. Ihr holdes Antlitz begann sich zu verfärben und wurde von Tag zu Tag aufgedunsener. Der König in seiner Liebe sah dies nicht. Bald erfüllte der süßliche Geruch der Verwesung den ganzen Raum, und kein Diener wagte es, auch nur seine Nase hereinzustecken. Der König nahm selber schweren Herzens sein Bett und trug es in den Nachbarraum.

Obwohl alle Fenster sperrangelweit offen standen, kroch der Geruch von Vergänglichkeit ihm nach, und kein Rosenöl überdeckte ihn. Schließlich band er sich seine grüne Scherpe, das Zeichen seiner königlichen Würde, vor die Nase. Doch nichts half. Es flohen alle Diener und Freunde, und die einzigen, die ihm noch Gesellschaft leisteten, waren die großen summenden schwarzschillernden Fliegen.

Dann verlor der König das Bewußtsein. Der Hakim, der Arzt, ließ ihn in den großen Garten des Palastes bringen. Als der König erwachte, strich ein frischer Windhauch über ihn. Der Duft der Rosen umschmeichelte seine Sinne, und das Geplätscher der Fontänen erfreute sein Ohr. Es war ihm, als lebte seine große Liebe noch. Nach wenigen Tagen erfüllte wieder Gesundheit und Leben den König. Sinnend blickte er in den Blütenkelch einer Rose, und plötzlich erinnerte er sich daran, wie schön seine Frau zu Lebzeiten gewesen und wie ekelerregend der Leichnam von Tag zu Tag geworden war. Er brach die Rose, legte sie auf den Sarkophag und befahl seinen Dienern, die Leiche der Erde zu übergeben.
(PESESCHKIAN, N.)

Fallbeispiel

Ich kam zu spät.

Es war Sonntag, und sie tat den letzten Atemzug, als der Pfarrer am Küchentisch Platz nahm.

Ich kam zu spät.

Da lag sie schon in ihrem dunklen Kleid, das weiß gemustert war und aussah, als wären Schoten aus Schnee darübergestreut, lag auf einem zartrosa, straffgespannten Laken in ihrem Bett in der Küche, das ohne Decke, ohne Kissen nackt wirkte. Das Fenster stand offen, die Luft rauschte kalt herein, ihr Gesicht war wie von Safran und Milch überzogen. Die Gemeindeschwester hatte ihr ein weißes Tuch um das Gesicht gebunden, das den Kiefer zusammenpreßte. Ich stricht ihr mit dem Zeigefinger über die Stirn und ins Haar. Ihre Haut fühlte sich an, als hätte sie im Freien geschlafen. Und ich sagte »Mama«, immer nur »Mama« und konnte nichts anderes sagen vor R. und meinen Geschwistern und bat sie, mich mit ihr allein zu lassen. Es zwang mich auf die Knie, ich war froh und weinte, betete wie noch nie zuvor im Leben, Dank und Bitten, alles durcheinander, ich sagte, nimm mich mit, ich verlasse dich nicht, warte auf mich, ich vergesse dich nicht. Und ich erwartete, daß sie aufstand und mir ein Hand auf

den Kopf legte, ich hatte keine Angst vor dem Tod, der in ihr war. Ich sagte, du bist da, du bist noch nicht fort, ich danke dir, daß du hast sterben können, daß du dich hast sterben lassen können, ich freue mich, daß du tot bist, ausgelitten hast, danke, Gott, ab ins Paradies, du hast es gut, Mama, ich weiß, du hast es gut, Mama, ich weiß nicht, warum ich weine.

Ich kniete auf einer harten Wolke aus Kälte. (. . .)

Sie lag da, in all ihrer Ruhe, und draußen tobte der Himmel und schmetterte die Geräusche des Lebens auf die Erde zurück. Ich war ihr so nahe, wie lange nicht mehr, es war, als hätte ich seit meiner Geburt Mutter zu einer Fremden gesagt. Ich schwor ihr, auf dem Fußboden schwor ich ihr, einfach zu leben, einfach zu schreiben, menschlich zu werden, laß sie ins Paradies, mach sie glücklich!

Sie lag da, und ich sah ihren stillen Körper an, lag da wie eben erst von einem Spaziergang heimgekehrt. (. . .)

Auf einem verchromten Wägelchen mit Gummireifen wird leise der Sarg hereingerollt und zwischen starrige Topfpflanzen bugsiert, deren Blätter von arktischem Grün sind. Es ist nicht wahr, daß du dort liegst. Du sitzt auf einem Stuhl in der ersten Reihe und schaust uns zu, wie wir an den Sarg treten. Wir haben dich lange nicht gesehen. Der Sarg hat keine Schramme, er ist trocken und glänzt. Er ist wie ein kleines Haus ohne Fenster und Tür, von dem man das Dach abheben kann. Darunter das Zimmer, in dem du liegst, zugedeckt bis zur Brust, mit deinem Sonntagskleid in einem fremden Bett. Dein Gesicht ist weich geworden, ruhig und gelöst. Dein linker Mundwinkel ist von einer schwärzlichen Flüssigkeit benetzt, und dein Kopf liegt auf der Seite, ein Mann vom Bestattungsinstitut will ihn zurechtrücken, ich sage, lassen Sie.

Ein Strauß Blumen lag auf deinem Bauch. Mit beiden Händen hieltest du ein Kreuz. Du schliefst und blicktest im Schlaf zur Seite, und ich sah dich zum letzten Mal in meinem Leben, das Licht auf deiner Haut, deine große Ferne. Ich schob den Brief unter deine Hände, die leicht wie Flügel waren, all diese wüsten, einfältigen Worte des Mitleids. Alle meine Träume begleiten dich, alle Träume, die ich mir von deinem Leben und von deinem Sterben machte, begleiten dich im Tod zu den anderen Toten. Ich dachte, so, vielleicht so müßte man geboren werden, so sollte man zur Welt kommen, im Sarg aus der Erde gehoben, ausgesetzt unterm Himmel. Die erste Liebe wäre uns dann die kommende Erinnerung, und die Freude auf das zunehmende Vergessen des Alters wäre unermeßlich.

Die ersten Trauergäste traten in die Aussegnungshalle. Dem Wunsch unserer Mutter gehorchend, daß niemand außer uns sie so sehen sollte, gaben wir den Männern das Zeichen, den Sarg zu schließen. Man sprach uns das Beileid aus, eine düstere Parade von Blicken und Worten, Menschengesichtern, flackernden Augen, ersticktem Gemurmel . . . (. . .)

Sie fahren den Sarg zur Kapelle hinaus. Wir laufen hinterher, eine trappelnde Schar. Ich kenne die Wege. Hier war ich mit ihr, wenn sie die Gräber ihrer Eltern richtete, im Spätherbst mit Tannenzweigen abdeckte. Die Hauptallee steigt an, die Räder des Wagens mahlen über den Kies. Der Heiland am Kreuz starrt über uns hinweg. Ich habe mir das Grab tiefer vorgestellt. Die Wände sind säuberlich ausgestochen, etwas ockerfarben am Rand, unten lehmrot, naß. Links und rechts liegen Gitterroste. Ich kenne das Geräusch, das die Stricke machen, wenn sie heraufgeholt werden, dieses schabende Geräusch, das im Sarg nachhallt. Seitwärts ein Posaunenchor intoniert einen Choral. Ein kalter Wind zerweht ihn. Der Pfarrer schaufelt mit einem Spielzeugspaten ein paar Brocken Erde ins Grab, die auf dem Sargdeckel zerspringen. Ich weiß nicht, wann ich an der Reihe bin, stehe den anderen im Weg, bedanke mich im Namen meiner Mutter, hebe die Blumen auf, die neben das Grab gefallen sind. Der Wind brennt im Gesicht. Blumen liegen im Grab, nur die Blumen, und unter den Blumen ein toter Muttermensch, die Augen lieben die Lüge. All diese Blumen mit all ihren prangenden Farben werden von der Erde aufgefressen, das Licht der Augen verschlungen, verschlungen das Leben, das ganze Leben, der Leib, der weinte, Leib, der lachte und schrie vor Lust und Schmerz, das denkende Fleisch, die fügsamen Knochen, der Name, Mutter, was mehr.

Die Männer haben die Stricke zusammengerollt. Sie werden Erde auf die Blumen schaufeln. Diese Erde wird in dich sinken. Ich liebe dich. Ich hätte gern eine andere Mutter gehabt. Ich schaue hinauf zum Wald, über den ein paar kalte Wolken fahren. Niemand hält Wache, kein Engel mit Flammenflügeln in den Nächten, die kommen werden, kein Engel, kreischend und heulend in Trommelwirbeln, weiß Gott woher! (. . .)

Der Christusfigur klebte Eis in den Augen, als wir die Hauptallee hinabgingen; jeder Schritt, jede Bewegung war schön, die Tränen waren geweint, jeder ging in seiner Zeit dahin.

Wir kehrten in einem Wirtshaus ein, setzten uns an einen Tisch im Nebenzimmer, ich trank Bier, aß Suppe, ich lebte erbärmlich gut. Es war alles getan worden, was zu tun gewesen war, es war alles zu Ende gebracht, ihr Leben und ihr Tod. Jetzt starben die anderen, in milliardenfacher Wiederholung, starben an Seuchen, Folter, Hunger, Krieg und Krebs, irgendwann ich.

Hinter mir ein Loch im Boden, vielleicht hundert tote Blumen.

Ich bin aufrecht weggegangen, nur in der Vorstellung von Gram gebeugt. Meine Mutter ging über den Himmel. Sie ging über den Himmel im beißenden Wind, verschwand in der Brandung der Wolken.

Meine tote Mutter hält mich von hinten umschlungen, hängt mir auf dem Rücken, meine tote Mutter, so lange tot, so lange schon tot, so falsch geboren, ich, wer immer das sein mag ohne sie, wer immer das sein mag. Wie durch einen falschen Traum krieche ich, krieche zu Kreuze, und sie reitet auf meinem Rücken, wie eh und je in Fleisch und Blut, und Gott lacht über uns, über uns, und die Erdbeben beginnen und zerstoßen mir die Gedanken, während in dunkle Nebel gehüllt Frauen um die Sonne tanzen, Ränder aus Finsternis um die zuckenden Glieder, eine Explosion aus Sternengelb und Urorange. Sie hängt an mir wie festgewachsen, eine Last, unter der ich keuche, ich krieche durch Eis und Schnee, ich habe ein blaues Herz, ich kümmere mich später um das Glück, wenn ich meine Mutter abgeworfen habe und Erde und Steine gefressen, ein Loch in den Boden, tief, unten schwarz die Angst.

Jeder meiner Träume ein Versuch, dich nicht verwesen zu lassen.

Sie singt mir ins Ohr, hat eine Stimme wie eine Orgel aus Glas.

Ich schleppe sie weiter und weiter. Kein Weg führt zu den Orten ihrer Ewigkeit. Laß los, liege, ich möchte deinen Schatten am Himmel sehen, deinen Schatten mit Flügeln und Augen wie schwarze Sonnen, weil ich schreien möchte, getäuscht vom letzten Augenblick. (. . .)

Seit du tot bist, spreche ich mit Engeln, sie fliegen nackt durch die Luft, alle haben sie dein Gesicht, alle sind sie erschaffen aus Wasser und Licht und bläulich wie die Träume um Mitternacht, in denen du an meinem Bett erscheinst und sagst, besuch mich!

(. . .) Wie fährt man ans Grab einer Mutter? Mit welchen Gefühlen? Mit welcher Scheu! Am Anfang der Reise scheint das Grab winzig und in großer Entfernung zu sein. Aber dann wächst es aus der Erinnerung, und man nähert sich ihm wie ein zu alt gewordenes Kind. Man fährt zu seiner Mutter, und es gibt kein Wiedersehen.

Es regnet, ein milder Regen, der in den Wintertag fällt. Ein Jahr bist du tot. Die Ewigkeiten liegen hinter dir. Ruht dein Kopf noch immer auf deiner Schulter? Welche Farbe hat dein Gesicht? Ist alles Nacht oder Licht? So, wie ich es mir nicht vorstellen kann?

Weg sind die Kränze, eingesunken die Erde.

Ich stehe am Grab und versuche, an dich zu denken. Ich bin wie du. Wenn alles zu spät ist, will ich endlich beginnen zu leben, zu lieben, nicht zu sterben, nicht so. Ich stehe da wie jemand, der den Abschied verpaßt hat, wie jemand, dem der Schmerz wie eine Lüge vorkommt. Lieber Gott, rette die Toten! Lehm und zerfließender Schnee. Eine rohe Mauer wächst hin zum Wald: Der Friedhof wird erweitert.

Es sind Welten zwischen uns. Du bist zu weit für das Gebrüll meiner Seele. Ich hoffe, du siehst die Sonne von oben. (. . .)

Kein Wort dringt aus der Erde. Kein Ruf aus dem Himmel.

Sie wird nicht mehr sterben. Sie wird nicht mehr leiden und nicht mehr sterben. Sie wird nicht mehr leben.

Ich fasse die Erde an, als sei es ihre Haut. Und die Blumen, ihre Haare, bis Schnee darauf fällt, bis die Haut hart wird unterm Atem des Winters.

Dann geht man, geht in Besitz einer quälenden Gnade, geht auf und davon; der Horizont ist das Ufer des Himmels, und man geht wie im Kreis.

Und kommt wieder. Jahre dazwischen. Andere Tode. Man spricht im Traum in die Erde. Sie frißt den Schlaf und das Fleisch. Du lebst in einer anderen Stadt. Du hast einen Mann, der dich liebt, andere Kinder. Du wohnst in einem schönen Haus und es geht dir gut.

(FELS, L.)

VIII TRAUERBEGLEITUNG

Bevor wir auf Möglichkeiten einer Trauerbegleitung eingehen, wollen wir einen Blick auf verschiedene Faktoren werfen, die den Verlauf der Trauerarbeit beeinflussen und Hinweise auf potentielle Komplikationen geben können.

1 Trauerprozeß: Bedeutung verschiedener Einflußfaktoren

1.1 Umstände des Todes

Bei der Frage, wie gut eine Trauerarbeit gelingen kann, wird es sehr wichtig sein abzuklären, unter welchen Umständen der Tod des Menschen eingetreten ist, der betrauert wird. Zum einen geht es darum, ob die Möglichkeit bestand, sich auf den Tod vorzubereiten oder nicht. Zum anderen haben Untersuchungen gezeigt, daß bestimmte zeitliche Faktoren maßgeblich dafür sein können, ob ein Todesfall leichter oder schwerer verkraftet werden kann.

Ganz besonders kritisch ist es für Hinterbliebene, wenn es sich um einen *plötzlichen* Todesfall handelt. »Wie ein Blitz aus heiterem Himmel, aus der Mitte des Lebens herausgerissen, vollkommen unerwartet« – diese oder ähnliche Formulierungen charakterisieren Ereignisse, in denen die Hinterbliebenen keine Möglichkeit hatten, sich mit dem bevorstehenden Tod des Verstorbenen auseinanderzusetzen. Um so größer wird der Schock sein, den der Tod auslöst. Hier sei besonders auf Unfälle verwiesen oder Erkrankungen, die einen ganz besonders heftigen und raschen Verlauf haben, an Operationen, die tödlich enden oder an plötzlichen Herztod beziehungsweise Hirnschlag. All diesen tragischen Fällen gemeinsam ist, daß für die Hinterbliebenen die sogenannte vorbereitende Trauer nicht möglich ist. Zwar wissen wir alle, daß das Leben endlich ist, jedoch die wenigsten Menschen lassen dieses Wissen so in ihr Alltagsbewußtsein hinein, daß sie wirklich »abschiedlich« leben können und sich der Möglichkeit eines jähes Endes immer bewußt sind. Durch den Wegfall eines bewußten Abschiednehmens können Konflikte, Probleme und Schuldgefühle nicht mehr mit dem Betroffenen selbst gelöst werden. Aber auch besonders innige Gefühle, Gefühle der Bewunderung, Liebe, Anerkennung und Achtung können nicht mehr mitgeteilt werden. Trauerkomplikationen sind nach diesen oben beschriebenen Todesfällen häufig. Auch das Auftreten körperlicher Symptome und lang anhaltender gesundheitlicher Schwierigkeiten ist bei Menschen, die einen plötzlichen Todesfall zu betrauern haben, keine Seltenheit.

Eine Sonderstellung bei den plötzlichen Todesfällen nimmt der *Suizid* ein. Hier kommt zu der Tatsache, daß es sich um einen nicht erwarteten, plötzlichen Tod handelt noch der Umstand dazu, daß jede Selbsttötung Fragen nach Schuld und Mitschuld, Fragen nach Versäumnis und Unterlassung aufwirft. Die trauernden Angehörigen und Freunde haben oft Angst, in der Öffentlichkeit über die ›ganze Wahrheit‹ dieses Todes zu sprechen, ziehen sich zurück und können in dieser Isolation nicht die nötige Unterstützung und Anteilnahme erfahren, die für den Verlauf der Trauerarbeit hilfreich ist. Trauerbegleitung nach einem Suizid bedarf besonders großer Sensibilität und kann oftmals ohne professionelle Hilfe nicht geleistet werden.

Die Möglichkeit, sich auf den Tod eines Menschen einstellen und bewußt Abschied nehmen zu können, stellt sicherlich eine Chance für eine komplikationsfreie Trauerarbeit dar. Allerdings hat es sich gezeigt, daß der Faktor Zeit hier eine ganz besondere Rolle spielt. Wir haben gesehen, daß bei einem plötzlichen Tod große Schwierigkeiten auftreten können. Das heißt, wenn wir keine Zeit haben, Abschied zu nehmen, kann sich unsere Seele und unser Körper nur schwer auf den Verlust einstellen und reagiert oft mit einer Verweigerung der zu leistenden Trauerarbeit. Wenn nun durch das Auftreten einer langen, chronischen Krankheit viel Zeit zum Abschiednehmen und zur Erledigung ungelöster Probleme zur Verfügung steht, könnte man meinen, daß der Tod selbst – erwartet und vorbereitet – keine besonderen Komplikationen bei der Trauerarbeit mit sich bringen wird. Dem ist aber nicht so. Gerade bei langen schweren Erkrankungen scheinen die Angehörigen und Freunde nach anfänglichem Schock, nach Erledigung wichtiger persönlicher Auseinandersetzungen, die Realität des bevorstehenden Todes weit wegzuschieben. Sie scheinen sich gleichsam mit dieser neuen Situation, mit einem Sterbenden zu leben, so vertraut gemacht zu haben, daß an ein Ende dieses Zustandes nicht wirklich gedacht wird. »Angesichts des sich hinschleppenden Todes wird der Tod unwirklich, unwahrscheinlich, undenkbar«, war die Aussage einer Frau, die ihren schwerkranken Mann jahrelang pflegte und sich mit diesem »anderen« Mann, diesem durch die Krankheit verwandelten Mann in einer neuen Beziehung gefunden und eingerichtet hatte. Das Eintreten des Todes stößt die Angehörigen chronisch Kranker meist in eine Gefühl der Isolation und Depression.

Gibt es nun Begleitumstände des Todes, die eine »normale« Trauer ermöglichen oder begünstigen? Wir können diese Frage positiv beantworten. Einige Untersuchungen haben ergeben, daß in all jenen Fällen eine positive Trauerarbeit möglich ist, in denen der Tod nach einer Zeit von etwa fünf bis sechs Monaten nach Krankheitsbeginn eingetreten ist. Das bedeutet, die Angehörigen und Freunde haben sich mit der Möglichkeit eines bevorstehenden Verlustes auseinandersetzen können – ohne sich jedoch über längere Zeit hinweg in der neuen Situation einzurichten.

1.2 Person des Verstorbenen

Neben den konkreten Umständen, die den Tod eines Menschen begleiten, ist für die Art der Trauerverarbeitung und für das mögliche Auftreten von Komplikationen ausschlaggebend, wer der Verstorbene war und in welchem Beziehungsgefüge die Menschen zu einander standen. Der Trauerprozeß und das Auftreten von Komplikationen wird unterschiedlich sein, je nachdem, ob es sich bei dem Verstorbenen beispielsweise um einen Lebenspartner, um eine entfernte Verwandte, einen Freund, einen Elternteil, eine Schwester oder aber um das eigene Kind handelt. Während beispielsweise der Tod der Eltern für die meisten Menschen ein Ereignis in der eigenen Lebensgeschichte darstellt, mit dem jeder rechnen muß und auch rechnet, ist der ›unzeitgemäße Tod‹ eines Kindes von ganz anderer Qualität und Tragweite. Wir werden im folgenden auf einige Situationen eingehen, die einer besonders sensiblen Trauerbegleitung bedürfen.

Der Tod eines *Kindes* muß als erheblicher Risikofaktor im Trauergeschehen angesehen werden. Wenn ein alter Mensch am Ende eines erfüllten Lebens stirbt, ist dies ein Ereignis, welches von den meisten Menschen als natürlich und zum Leben gehörend begriffen werden kann. So wie sich jedes Jahr der Kreislauf der Natur erfüllt, wie jedes Jahr zu Ende geht, so steht am Ende jedes Lebensbogens der Tod. Daß das Ende des individuellen Lebensbogens auch schon in jungen Lebensjahren sein kann, ist viel schwerer zu begreifen und zu akzeptieren. »Ein Tod wider die Gesetze des Lebens«, »ein unzeitgemäßer Tod« – so wird der Tod junger Menschen bezeichnet und deutet damit bereits auf die Schwierigkeit hin, diesen Tod zu verarbeiten. Kinder gelten als Träger eigener Wunschträume, sie sind Träger der Zukunft, Erben in sehr umfassendem Sinn. Wenn ein Kind stirbt, sterben zunächst alle Hoffnungen. Erschwerend kommt in den meisten Fällen hinzu, daß keine negativen Gefühle im Verlauf einer Trauerarbeit zugelassen werden, keine Wut, kein Zorn, keine Aggression. Handelt es sich um einen Unfall oder ein ähnlich folgenschweres Ereignis, treten häufig massive Schuldgefühle auf und die Fähigkeit, der Elternrolle gewachsen zu sein, wird ganz grundsätzlich in Frage gestellt:

»Ja, ich rede nicht darüber, ich bin nicht einmal so ehrlich, es dem Tagebuch anzuvertrauen, nicht einmal meine Gedanken wagen sich an das Schreckliche heran: Aber ich bin schuld an dem Tod meiner Tochter! Hab im Garten ein Buch gelesen, hab mich auf diese blöde London-Reise vorbereitet, anstatt auf das Kind zu achten, das begierig war, zu dieser schreckliche Grube zu kommen, zu seinen waghalsigen Kletterübungen. Und ich wußte doch, ich mußte doch wissen, daß sie hingehen würde. Wußte ich wirklich nicht, daß es so gefährlich war? Nein. Ich kalkulierte aber ›kleinere Verletzungen ein‹. So eine Mutter bin ich!« (WANDER, M.)

Die Schuldgefühle können sich auf eine konkrete Sequenz aus dem gemeinsamen Leben beziehen, auf die Todessituation selbst oder aber viel allgemeiner bleiben und mit der gemeinsam nicht mehr lebbaren Zukunft in Zusammenhang stehen: »Ich bin Manuel alles für immer und ewig schuldig geblieben, weil ja alles für die Zukunft aufgehoben war!« Diese Aussage einer trauernden Mutter unterstreicht die Besonderheit der Schuldgefühle einem verstorbenen Kind gegenüber.

Beim Tod eines Kindes muß auch an den Verlust von Kindern gedacht werden, die bereits vor ihrer Geburt gestorben sind oder bei ihrer Geburt nicht lebensfähig waren. Bei Fehlgeburten und Totgeburten stellt sich für viele Eltern die Frage, ob sie in irgendeiner Weise Schuld am Tod dieses Kindes haben. Die Partnerschaft kann durch so ein Ereignis oft schwer belastet werden. Auch die Reaktionen der Umwelt machen es den Eltern eher schwer, nach einem Abort ihre Trauer öffentlich zu zeigen und auszuleben. Leider haben nur wenige Menschen Verständnis dafür, daß nicht nur die Länge der gemeinsamen Wegstrecke für das Ausmaß der Trauer ausschlaggebend ist. Mit einer Fehlgeburt muß sehr viel mehr begraben werden als ›nur‹ der kleine Mensch, der nicht leben konnte. Gerade die Intensität der Gefühle während der Schwangerschaft, die ja für den Aufbau der

Beziehung zum Kind so wichtig sind, läßt die Trauer bei einem Verlust dieser Beziehung so besonders schmerzhaft werden. Zwar gibt es wenig bis gar keine konkreten Erinnerungen an das Lebewesen selbst – um so größer ist der Schmerz über den Verlust einer gedachten, geplanten, gefühlten, erträumten gemeinsamen Zukunft.

Einen weiteren besonders sensiblen Bereich stellen *Schwangerschaftsunterbrechungen* dar. Schwangerschaftsunterbrechungen sind nicht nur von einer tiefen, in der Folge meist verschütteten Trauer begleitet, sie lösen auch eine Reihe von Schuldgefühlen aus, die sehr vielschichtig und komplex sind. Führt man sich die soziale und psychische Situation vor Augen, in der die meisten Frauen stehen, die sich zu einem Schwangerschaftsabbruch entscheiden, wird deutlich, daß es zu einer Verschränkung unterschiedlichster Schuldgefühle kommt: zum Beispiel Schuldgefühle gegenüber dem Kind, gegenüber dem ›Prinzip Leben‹, gegenüber den Vertretern christlicher Werte im allgemeinen und gegenüber Gott im speziellen, Schuldgefühle gegenüber Partnern, Eltern, anderen Menschen, die in der Situation Meinungen geäußert und Stellung bezogen haben. Die schwierige Situation dieser Frauen, die gesellschaftliche Stigmatisierung und die Komplexheit der Schuldgefühle schaffen ein großes Leidenspotential. Trauer kann und darf meist nicht gelebt werden, wird auf unbestimmte Zeit – meist auf ›ewig‹ – aufgeschoben. Dennoch bleibt tief im Inneren dieser Frauen ein Schmerz und eine Trauer, die – unbearbeitet – endlos mitgeschleppt wird und Ursache mancher Störungen, mancher seelischer und körperlicher Schwierigkeiten werden kann.

Der Tod von Kindern ist in jedem Fall ein ganz besonders tragisches Ereignis im Leben eines Menschen. »Trauer erfaßt den Menschen als Ganzes, in seinem ganzen Wesen, und berührt alle seine Lebensbereiche«, dieser Satz von J. CANACAKIS wird jedem in seiner Tragweite bewußt, der trauernde Eltern begleitet. Der tiefste Wesenskern verwaister Eltern ist durch den Tod eines Kindes getroffen, alle Bereiche des Lebens werden durcheinandergeworfen, »kein Stein bleibt mehr auf dem anderen«, »die Welt ist aus den Fugen geraten, wenn es keine Zukunft mehr gibt«. Die Trauer über das verlorene Kind ist auch eine Trauer über eine verlorene Zukunft und hinterläßt eine so gewaltige, oft nicht endenwollende Wirkung, daß eine lebensverweigernde, resignierende Haltung die Folge sein kann – eine Form chronifizierter Trauer. Menschen, die ein Kind verloren haben, bedürfen einer behutsamen, kontinuierlichen und über einen langen Zeitraum hin stabilen Trauerbegleitung, um diese chronifizierenden und resignierenden Tendenzen ihrer Trauer aufzufangen.

Wenn der Tod eines Kindes als Verlust der Zukunft zu verstehen ist, so ist andererseits der Tod der *Eltern* als Verlust der Vergangenheit zu begreifen. Dieser Tod der Eltern bedeutet für viele Menschen das tatsächliche Ende ihrer Kindheit – unabhängig, wie alt sie zum Zeitpunkt des Todes der Eltern sind. Solange Eltern noch leben, können sie Heimat bedeuten, Geborgenheit vermitteln und als konkrete Symbole für die eigene Kindheit in ihrer ganzen Fülle stehen. Der Prozeß der Trauer wird auch im Falle des Verlustes der Eltern von den Begleitumständen wesentlich mitbestimmt, zum Beispiel: war eine Verabschiedung möglich, gab es unerledigte Dinge, war das Verhältnis zu den Eltern gut oder belastet. Die Trauerarbeit wird meist von einer intensiven Erinnerungsarbeit geprägt sein, in der die eigene Kindheit, das Leben mit den Eltern und die Lösung von den Eltern wichtige Stationen sind. Die meisten Menschen trifft der Tod ihrer Eltern im Erwachsenenalter. Als Reaktion auf diesen Verlust werden wohl in jedem Alter mehr oder weniger große Trauergefühle und Gefühle von Verlassenheit auftreten. Wenn die Eltern tot sind, kommt jeder Mensch endgültig in die Position, Verantwortung für sein Leben ganz und ganz radikal übernehmen zu müssen – ein Rückzug in die Geborgenheit des Elternhauses ist nicht mehr, nie mehr möglich. Somit ist der Verlust der Eltern in jedem Alter schmerzhaft und mit großer Trauer verbunden. Gleichzeitig mit diesem Verlust wird auch bewußt, daß diese »Kinder«, die ihre Eltern nun begraben haben, wahrscheinlich die »Nächsten« sein werden, für die sich der Kreis des Lebens schließt – ein natürliches Nachrücken.

Ludwig FELS drückt das in seiner Erzählung: Der Himmel war eine große Gegenwart, in der er sich mit dem Tod seiner Mutter auseinandersetzt, so aus: »Es war nichts Großes in meiner Verzweiflung, das Kind schrie in mir, und der Mann hielt den Mund, und ein paar Tränen der Liebe waren dabei, aber am meisten weinte ich, weil mit ihr die Erinnerung an mein Kinderleben gestorben war.«

Eltern zu verlieren ist immer hart, ganz besonders schwer ist es jedoch, wenn Kinder ihre Eltern oder einen Elternteil verlieren. Diese Situation stellt in der Trauerbegleitung einen äußerst schwierigen und sensiblen Bereich dar. Meist bedarf es einer professionellen Hilfe, um diese Kinder auf den Weg in die Trauer, durch die Trauer und wieder aus der Trauer hinaus zu begleiten. Der zurückbleibende Elternteil oder jene Menschen im Verwandten- und Freundeskreis, die sich der verwaisten Kinder annehmen, sind meist nicht in der seelischen Lage, den Kindern ausreichende Unterstützung im Trauerprozeß zu geben. Die eigene Betroffenheit und Trauer kann für die Kinder zu einer zusätzlichen Belastung werden. Auch fehlt oft das Wissen, wie Kinder in bestimmten Altersstufen überhaupt mit dem Begriff Tod umgehen können und welche Bilder, welche Sprache für die Bewältigung ihres Schicksalsschlages hilfreich sind.

Der Tod von *Geschwistern* ist für viele Menschen ein besonders schmerzhaftes Ereignis. Natürlich wird das Ausmaß der Trauer und des Getroffenseins von der Beziehungsqualität abhängen, die zwischen den Geschwistern herrschte. Aber unabhängig, ob diese Beziehung schön, harmonisch, konflikthaft oder negativ war, immer nimmt der Verstorbene einen Teil der eigenen Geschichte, der eigenen Kindheit und Identitätsfindung mit in den Tod. Vieles aus der Vergangenheit kann nicht mehr gemeinsam erinnert werden, kann nicht mehr gemeinsam beredet, belächelt, ›bestritten‹ werden. Manche Geschwister erleben sich nach dem Tod ihres Bruders oder ihrer Schwester wie amputiert. Eine Wurzel der eigenen Geschichte ist verletzt und abgestorben.

Besonders schwer sind jene Verluste von Geschwistern zu ertragen, wenn sie sich in jungen Jahren ereignen. Wenn Kinder den Tod von Kindern – und noch dazu von eigenen Geschwistern erleben müssen, kann sich das sehr nachhaltig auswirken. Die Konfrontation mit dem Tod kann tiefgreifende Verunsicherung bei den zurückbleibenden Geschwisterkindern auslösen. Auch hier wird eine professionelle Hilfe dringend nötig sein.

Der Verlust von einem *Liebespartner* im allgemeinen oder von einem *Ehepartner* im besonderen gehört neben den bereits erwähnten Verlusterlebnissen wohl zu einem der gravierendsten. Die gemeinsame Zeit, die Menschen miteinander verbracht haben, alles, was gemeinsam aufgebaut wurde, was gemeinsam erlebt, erlitten, durchgestanden werden konnte, wird im Lauf der Jahre zu einem festen Band. Wird dieses Band nun durch den Tod zerrissen, stürzt der zurückbleibende Partner meist in einen tiefen Trauerabgrund. Wie gut er sich mit der neuen Situation zurechtfinden kann, wie gut es ihm gelingt, den Weg durch die Trauer so zu gestalten, daß er eine neue Eigenständigkeit entwickeln kann, wird u. a. von folgenden Punkten mitbestimmt: Dauer der Beziehung, Art und Struktur der Beziehung (Umgang mit Konflikten, Maß an Offenheit, Dominanz, Abhängigkeit, Rollenverständnis, Rollenverteilung u. a.m.), vorhandene Außenkontakte.

»Der Tod von U. hat mich in eine tiefe Lebenskrise gebracht. Für mich stand die Zeit still. Wie konnte die Sonne scheinen, wie konnten Menschen lachen, pfeifen, singen? Diesen sinnlosen Tod wollte und konnte ich nicht begreifen. Wie sollte ich mich gegen diese Kälte in mir wehren? Wie sollte ich ›Entwurzelte‹ wieder Boden unter den Füßen spüren? Allein konnte ich das nicht schaffen. Ich bin dankbar, daß ich in all den Jahren immer wieder Menschen fand, die mit mir fühlten, mich aushielten, die ein offenes Ohr und ein Herz für meine Verzweiflung hatten und mich auf meinem schwierigen Weg durch Wut und Trauer in die Eigenständigkeit begleitet haben.« (GEHRING, D.)

Bei der Trauerverarbeitung spielt es also eine große Rolle, wer dieser Mensch war, der gestorben ist, welche Bedeutung er im Leben der Hinterbliebenen hatte und in welchem Naheverhältnis der Trauernde zum Verstorbenen stand. Darüber hinaus ist der Charakter der Beziehung für den Trauerverlauf wichtig. Hier sei vor allem auf jene Merkmale einer Beziehung verwiesen, die immer wieder im Zusammenhang mit Komplikationen in der Trauerbewältigung angeführt werden: große Abhängigkeit zum Verstorbenen (symbiotische Beziehungen), ambivalente Beziehungen und konfliktreiche Beziehungen.

1.3 Person des Trauernden

Nicht nur die Begleitumstände des Todes, die Beziehung zum Verstorbenen und das emotionale Verhältnis zu ihm werden die Art und den Verlauf des Trauerprozesses beeinflussen. Als wichtige Größe ist der trauernde Mensch selbst zu sehen mit seiner ganz spezifischen Persönlichkeit, seiner Biographie, mit seiner Geschlechtsidentität, seinem sozialen Status, seiner Weltanschauung und seinen persönlichen Wertestrukturen.

Welche Zusammenhänge sind zwischen der Persönlichkeit und der Biographie eines Menschen und seiner Fähigkeit zu trauern zu sehen?

Menschen, die unsicher, ängstlich, von Angst erfüllt und ohne große Selbstachtung ihr Leben bestreiten müssen, werden in Trauersituationen meist größere Schwierigkeiten haben als andere. Ferner haben Untersuchungen gezeigt, daß gefühlsgehemmte Menschen – also Menschen, denen es schwer fällt, Gefühle, Schwierigkeiten, Schmerzen, Ängste u. ä. zu äußern – anfälliger für Trauerkomplikationen sind. Generell sei darauf hingewiesen, daß sich der Umgang eines Menschen mit der Trauer nicht grundsätzlich vom Umgang mit anderen Emotionen unterscheidet. Jeder Mensch hat im Laufe seines Lebens seinen persönlichen Zugang zur Welt gefunden, seine Art mit den positiven und negativen Dingen des Lebens fertig zu werden. Die Trauer kann als eine von vielen Emotionen gesehen werden, die dem Menschen zur Verfügung stehen, um mit den Schicksalsschlägen des Lebens fertig zu werden. In einer Trauerbegleitung kann es sehr hilfreich sein, vieles über die Person des Trauernden in Erfahrung zu bringen, seine Lebensweisen, seine typischen Verhaltens- und Reaktionsweisen, um dem individuellen Charakter der Trauer gerecht zu werden und den Trauernden in der Einmaligkeit seiner Trauer besser verstehen zu können. Wichtig ist es auch, die Trauergeschichte des Trauernden zu beachten. Wann und in welchem Zusammenhang sind Menschen zum erstenmal in ihrem Leben mit schwerwiegenden Verlusten konfrontiert gewesen? Welche Möglichkeiten der Trauerverarbeitung konnten genutzt werden? War ein soziales Netz vorhanden? Diese und ähnliche Fragen zu klären, kann für eine hilfreiche Trauerbegleitung sinnvoll sein.

In bezug auf die Zugehörigkeit zu einem Geschlecht wird in den meisten Untersuchungen über Komplikationen bei der Trauerverarbeitung darauf hingewiesen, daß Männer häufiger zu Komplikationen tendieren als Frauen. Sie reagieren öfter mit körperlichen Symptomen, tendieren zu starken Depressionszuständen, leiden verstärkt unter Einsamkeit und Isolation, sterben häufiger ihren Partnern nach, neigen eher zu Suizid und können ihre Trauer weniger gut zum Ausdruck bringen, was wiederum zu einer Verschlechterung der körperlich-seelischen Befindlichkeit führt. Diese Ergebnisse deuten – unabhängig von möglicherweise erblich bedingten Faktoren – auch auf den Einfluß gesellschaftlicher Dimensionen hin. Es spielt demnach auch eine Rolle, ob uns gesellschaftlich gleichsam ›erlaubt‹ wird zu weinen, Gefühle zu zeigen, schwach zu sein, ratlos und einsam, sich Hilfe zu holen anstatt die Zähne zusammenzubeißen und stark, ungebrochen, erhobenen Hauptes ›tapfer‹ das Schicksal auf sich zu nehmen. Geschlechtsspezifische Reaktionen sind immer in engem Zusammenhang mit gesellschaftlichen Erwartungen und Normen zu sehen.

Auch der soziale Status der Trauernden spielt bei der Frage nach der Häufigkeit von Komplikationen eine Rolle. Menschen aus niederen sozialen Schichten haben größere Probleme hinsichtlich ihrer körperlichen und geistigen Gesundheit als Angehörige höherer sozialer Schichten, wenn sie einen ihnen nahestehenden Menschen verloren haben.

Die Bedeutung der Gesellschaft – unserer sozialen Umwelt – ist also nicht zu unterschätzen, wenn wir uns der Frage nach den Komplikationen bei der Trauerverarbeitung zuwenden. In einer Zeit, in der es kaum noch lebendige Trauerrituale gibt, wird es zunehmend schwer, Formen der Trauer zu finden, die einerseits den verschieden normalen Gefühlsregungen der Trauer entsprechen und andererseits gesellschaftlich anerkannt sind (vgl. Trauerrituale).

Es sei noch darauf verwiesen, daß die Geborgenheit einer Gemeinschaft für trauernde Menschen sehr wichtig ist. Fehlt diese Gemeinschaft, dieses soziale Netz (zum Beispiel religiöse Gemeinschaft, Familie, Freunde, Kontakte mit Menschen, die ähnliches erlebten ...), so ist die Gefahr für eine Komplikation deutlich erhöht.

Bei vielen Menschen liegen unverarbeitete Erlebnisse tief im Inneren verborgen, die mit einer großen Trauer verbunden sind, jedoch noch nie bearbeitet werden konnten. Manchmal bricht diese ungelebte Trauer aus Menschen hervor anläßlich von verhältnismäßig kleinen Mißgeschicken und Verlusten. Ungeweinte Tränen können gleichsam einen riesigen Stausee im Inneren eines Menschen bilden. Wenn dann die Dämme brechen, droht alles in der Flut der Trauer zu versinken. Für Trauerbegleiter ist es wichtig zu wissen, daß jede ›neue‹ Trauer nicht nur die Chance mit sich bringt, mit dem aktuellen Verlust fertig zu werden, sondern auch die Möglichkeit, alte, ungelöste Trauerseen ›trockenzulegen‹ und zu einem sorgsamen Umgang mit den eigenen Gefühlen zu gelangen.

Bisher haben wir nur den Verlust von Menschen bei der Auseinandersetzung mit Trauerprozessen angesprochen. An dieser Stelle sei aber darauf verwiesen, daß sich die Emotion der Trauer gleichsam vom Tag der Geburt durch unser Leben zieht und alle jene Prozesse begleitet, die mit Abschiednehmen, Loslassen, Wandel und Veränderung verbunden sind. Ob es sich nun um die Ablösung von den Eltern, den Abschied von einer Stadt, die Aufgabe einer beruflichen Position, den Verlust der Heimat, den Wechsel des Arbeitsplatzes handelt oder aber um die Wandlungen, die mit der eigenen Lebensgeschichte verbunden sind – die sogenannten Lebensphasen oder Lebensübergänge –, immer werden diese Ereignisse mit einem Trauerprozeß verbunden sein. Einmal wird dieser Prozeß milder und gleichsam im Verborgenen stattfinden, manchmal wird er sehr heftig sein und sich durch nichts von einer Trauer um einen verstorbenen Menschen unterscheiden.

»Der Tod ragt immer ins Leben hinein. Ständig verlieren wir etwas, müssen wir loslassen, verzichten, uns voneinander trennen, etwas aufgeben. Immer wieder ist das Leben verändert, müssen wir Vertrautes verlassen, uns den Veränderungen stellen. Aber wir verlieren nicht nur, wir gewinnen auch. Das Leben, das abläuft, gibt uns die Gelegenheit, gerade durch die vielen Veränderungen unser Wesen aufzufalten, zu entfalten. Gleichzeitig müssen wir immer wieder Aspekte von uns zurücklassen und neue Aspekte an uns erfahren lernen ... Wir müssen immer bereit sein, Abschied zu nehmen, uns zu verändern, und immer auch bereit sein, unsere Geschichte als Geschichte von unendlich vielen Veränderungen in uns aufleuchten zu lassen, als die Ausfaltung unserer Identität.« (KAST, V.)

2 Trauerbegleitung: Ein Aspekt menschlicher Beziehungen

Selbst ratlos sein
und doch viele beraten können.
Selbst gebrochen sein
und doch vielen als Halt dienen.
Selbst Angst haben
und doch Vertrauen ausstrahlen.
Das alles ist Menschsein,
ist wirkliches Leben.
(GUTL, M.)

Trauerbegleitung ist nicht etwas, was ausschließlich professionellen Helfern vorbehalten bleibt – Trauerbegleitung wird für jeden Menschen im Laufe seines Lebens zu einer speziellen Beziehungsaufgabe und betrifft somit alle! In jeder Beziehung, die echt und ehrlich gelebt wird, werden viele Situationen auftreten, in denen die Partner Verluste erleben, Trennungen hinnehmen und Schmerzen verarbeiten müssen. Trauer gehört als wichtige Emotion zum Leben. Wenn wir Beziehungen zu Menschen eingehen und ein Stück des Lebensweges gemeinsam gehen, werden wir zwangsläufig nicht nur »Freunde in der Freude«, sondern auch »Freunde in der Trauer«. In dem Maße, in dem es uns gelingt, in unseren Freundschafts- und Liebesbeziehungen, in den Kontakten mit den Menschen unserer Umwelt aufrichtige Wegbegleiter auch in dunklen Stunden zu sein, tragen wir auch ein Stück dazu bei, den Vorgang des Trauerns nicht zu pathologisieren. Menschen haben die Fähigkeit des Trauerns als wichtige Emotion mitbekommen, um Verlust, Trennung, Veränderung und Wandlung verkraften und gestalten zu können. Unterstützung in diesen Situationen automatisch an Experten zu delegieren, würde den gesellschaftlichen Prozeß der Tabuisierung des Themas Trauer unterstreichen. Trauer ist keine Störung, sie ist *die* Emotion, um mit Verlusten fertig zu werden! Und Trauerbegleitung kann eine Facette einer Beziehung zu einem Menschen sein, wenn dieser einen Verlust erlitten hat. In jedem steckt die Fähigkeit, Trauernden beizustehen. Im folgenden wollen wir Hinweise auf wesentliche Aspekte der Trauerbegleitung darstellen, um dem Begleiter Anregungen und Anhaltspunkte für seine Arbeit zu geben.

2.1 Abzuklärende Fragen

Zu Beginn einer Trauerbegleitung ist es wichtig, einige Punkte abzuklären. Das genaue Wissen um die konkrete Trauersituation erleichtert die Begleitung und wird so zur Weichenstellung für weitere konkrete Maßnahmen (vgl. Einbeziehen professioneller Hilfe). Die folgende Zusammenstellung wichtiger Fragen kann als Leitfaden betrachtet werden.

Fragen, die ein Begleiter vor Beginn einer Trauerbegleitung nach einem Todesfall abklären soll

- »Um welchen Verlust handelt es sich?«
- »Woran starb der Mensch, der betrauert wird?«
- »Handelt es sich um einen plötzlichen Todesfall?«
- »Wie waren die Begleitumstände, wann geschah es, wo trat der Tod ein, wer war dabei . . .?«
- Wie lange hatten die Angehörigen Zeit, sich mit dem Gedanken an den Tod vertraut zu machen?«
- »Wer war der Verstorbene ?«
- »In welchem Naheverhältnis zum Trauernden stand er?«
- »Wie war die Beziehung zum Verstorbenen?«
- »Wer ist der Trauernde?«
- »Welche Trauergeschichte bringt der Trauernde mit?«
- »In welcher Lebenssituation trifft den Trauernden der Verlust?«
- »Welche Persönlichkeitsmerkmale sind typisch für ihn?«
- »Wie reagiert er auf andere Ausnahmesituationen?«
- »Wie schaut sein soziales Umfeld aus?«
- »Gibt es ein soziales Netz, dem er sich zugehörig fühlt?«

Auch wenn der Trauerprozeß etwas Normales und die Trauer selbst das Heilmittel gegen Verlust- und Trennungsschmerz ist, gibt es doch ganz spezielle Konstellationen, die – sei es aufgrund besonderer Ereignisse, aufgrund spezieller Persönlichkeitsmerkmale oder einer bestimmten sozialen Situation – dringend professioneller Hilfe bedürfen. Im folgenden seien einige wesentliche Begleitumstände angesprochen, bei deren Auftreten an professionelle Hilfe bis hin zu therapeutischen Maßnahmen zu denken ist:

- Plötzlicher Tod, völlig unerwarteter Tod

- Dramatischer Tod, schwer belastende Begleitumstände (Unfall, Suizid, Gewalt, Mord)
- Mitschuld am Tod (tatsächlich oder vermeintlich)
- Mehrere Todesfälle oder drastische Verlusterlebnisse innerhalb kurzer Zeit
- Seelischer oder körperlicher Ausnahmezustand des Trauernden (Krankheit, besondere Belastungen)
- Negative Trauergeschichte (Probleme bei früheren Trauerprozessen, Suizidäußerungen)
- Fehlen eines sozialen Netzes (Familie, Freunde, Glaubensgemeinschaft)
- Brüchige Persönlichkeit (Minderwertigkeitsgefühle, Angstzustände, Selbstzweifel, soziale/psychische Probleme)

Wenn Menschen in so einer Situation die ersten Ansprechpartner für die Betroffenen sind, ist es sinnvoll im Sinne einer Erstversorgung oder »Krisenintervention« zu handeln, bevor die Frage nach professioneller Hilfe geklärt wird. Wir möchten auf ein Modell des Wiener Psychiaters SONNECK verweisen, das »unter der Hand« unter dem Namen BELLA Eingang in viele einschlägige Schulungen und Seminare gefunden und sich als äußerst hilfreich erwiesen hat.

Wofür steht BELLA?

Tabelle 16: Modell »BELLA« nach SONNECK

B	eziehung
E	rfassen einer Situation
L	inderung
L	eute
A	nsatz einer Lösung

Beziehen wir dieses Modell auf eine Situation, in der eine Person einen tragischen Verlust erlitten hat, können wir BELLA etwa wie folgt anwenden:

B – eziehung: Erste und wichtigste Handlung für den Begleiter ist es, zu dem Betroffenen eine Beziehung herzustellen, in Kontakt zu treten (Blickkontakt, Ansprechen, Körperkontakt) und zu signalisieren, daß man *da* ist.

E – rfassen der Situation: Als Außenstehender ist man leichter in der Lage, einen Überblick zu bewahren und zu sehen, in welcher konkreten Situation der Betroffene steht (Erfassen der Umstände, Erkennen situativer Zusammenhänge).

L – inderung: Menschen, die in einem Schockzustand sind, brauchen ganz einfache, klare Reaktionen seitens der Umwelt. Akute Symptome wie Benommenheit, Kreislaufprobleme, Frösteln, Verwirrung bedürfen der Linderung zunächst durch einfache Handlungen wie zum Beispiel Anbieten einer Sitzgelegenheit, Reichen eines Glases Wasser, Umlegen wärmender Kleidungsstücke, Handhalten und den geschockte Menschen nicht *allein lassen*.

L – eute: Eine weitere wichtige Maßnahme gilt der Information über das soziale Netz des Betroffenen: Wer gehört verständigt (Familie, Verwandte, Freunde, Nachbarn, Vertrauensperson, zum Beispiel: Arzt, Seelsorger) und in die Erst-Betreuung einbezogen?

A – nsatz einer Lösung: Der letzte Schritt gilt schließlich dem Versuch, einen Lösungsansatz für die Bewältigung der Probleme zu suchen. Auf eine Verlustsituation bezogen würde dies bedeuten: Beginn einer Trauerbegleitung.

MERKE: Es gilt zu klären, *wer* für die Begleitung zuständig ist und ob professionelle Hilfe benötigt wird! Ein Mensch in akutem Schock darf nicht allein gelassen werden!

Im »Normalfall« einer Trauersituation bedarf es aber einfach »nur« Menschen, die bereit sind, auch die Schattenseiten des Lebens mit jemandem gemeinsam anzuschauen, ihn durch diese düsteren Phasen seines Lebens zu begleiten. Für professionelle Helfer heißt das, daß sie in der Begleitung Trauernder in erster Linie auf der Ebene der Mitmenschlichkeit, der menschlichen Verbundenheit angesprochen werden und weniger auf der Ebene spezieller Fachkompetenz. Allerdings bedeutet es auch, im Einzelfall ganz klar den Auftrag abzuklären, den man innerhalb einer Institution und in Verbindung mit umfassenderen Betreuungs- und Therapiekonzepten zu erfüllen hat.

Im Rahmen institutioneller Begleitung wird eine Trauerbegleitung meist eine Kurzzeitbegleitung sein. Je kürzer die Zeit ist, die für eine Begleitung zur Verfügung steht, desto genauer sollten Gespräche strukturiert sein und den Beteiligten die Zielsetzung klar sein. Es ist wichtig, vor Beginn einer Trauerbegleitung den zeitlichen Rahmen abzustecken, die Möglichkeiten einer kontinuierlichen Betreuung realistisch abzuschätzen und das Ziel klar zu deklarieren. Es ist nicht das Ziel einer wie immer gearteten Trauerbegleitung, dem Trauernden seine Trauer zu nehmen, sein Traurigsein aufzulösen, ihn zu vertrösten! *Die Trauerarbeit ist vom Trauernden, in der für ihn richtigen Zeitspanne selbst zu leisten und je nach seinen Möglichkeiten individuell zu gestalten.* Begleiter können nur unterstützend tätig sein. In dem jüdischen Märchen: »Gott weint« wird sehr klar zum Ausdruck gebracht, daß man nicht für andere trauern und weinen soll. Vielmehr geht es darum, dem Trauernden Platz und Raum zu geben, seine Gefühle zum Ausdruck zu bringen – andernfalls treibt man ihn in die Isolation:

Als der Tempel zerstört worden war, begann Gott laut zu weinen und zu klagen. »Warum nur habe ich das zugelassen?« schluchzte er.

Da trat der höchste Engel heran, fiel auf sein Angesicht und sprach: »Allmächtiger! Ich will für dich klagen und weinen, damit nur du nicht weinst!«

Voll Trauer erhob sich Gott und antwortete dem Engel zornig: »Wenn du mich nicht weinen läßt, gehe ich an einen Ort, wohin du nicht kommen kannst, damit ich da weinen kann. Dann werde ich im geheimen klagen!« (JÜDISCHES MÄRCHEN)

2.2 Regeln für eine Trauerbegleitung

- Es ist wichtig, einen Rahmen zu schaffen, der Sicherheit und Geborgenheit vermitteln kann, in dem persönliche Begegnung möglich wird (Raum, Zeit).
- Es ist wichtig, Trauer als eine lebensnotwendige Antwort des Menschen auf Verlustsituationen zu begreifen (Arbeit an der Einstellung zur Trauer).
- Es ist wichtig, sich selbst als tröstender und nicht vertröstender Begleiter zu sehen.
- Es ist wichtig, den Trauernden in allen seinen Gefühlsregungen zu akzeptieren und sich ihm solidarisch verbunden zu fühlen.
- Es ist wichtig, dem Trauernden einen ganzheitlichen Zugang zu seiner Trauer und der Trauerarbeit zu ermöglichen:
  - Unterstützung der Körperwahrnehmung
  - Hinweise auf kreative Ausdrucksmöglichkeiten (Malen, Schreiben, Musizieren)
  - Unterstützung der Erinnerungsarbeit (Geschichte der Beziehung, Gefühlspanorama)
  - Aufforderung, alle Gefühle, Gedanken, Erinnerungen auszudrücken (»Alles darf sein«)
  - Arbeiten am »Stehvermögen« des Trauernden (Spaziergänge, Körperwahrnehmung, »Erdung«)
  - Unterstützung des Tränenflusses (»heilende Kraft der Tränen«)

  - Hilfestellung, das Gedanken- und Gefühlschaos zu ordnen (Um welche Traueranteile geht es, was/wer wird betrauert, was darf alles nebeneinander stehen: Schattenseiten und Sonnenseiten einer Beziehung ...)
- Es ist wichtig, Trauerrituale zu unterstützen.

Welche Eigenschaften und Grundeinstellungen sind es, die in einer Trauerbegleitung zum Tragen kommen? Für Begleiter ist es wichtig, den Trauernden so anzunehmen, wie er ist; seine Trauer ernst zu nehmen; alle Gefühle des Trauernden zuzulassen und auszuhalten; die eigenen Gefühle, Einstellungen und Wertungen zurückzunehmen. Dies bedeutet:
- bereit sein, zuzuhören;
- bereit sein, nicht zu werten;
- bereit sein, sich zurückzunehmen.

3 Trösten statt Vertrösten: Aspekte der Trauerarbeit

Im Zusammenhang mit einer Trauerbegleitung taucht immer wieder die Frage nach »richtigem« Trost auf. Was heißt eigentlich trösten? Wenn wir an Kinder denken, die weinend zur Mutter laufen, um getröstet zu werden, können wir vielleicht eine Ahnung von dem bekommen, was bei jedem Schmerz wichtig ist: Liebevolle Zuwendung, Nähe spüren lassen, Körperkontakt, Bekräftigung des Schmerzes und Aushalten der Schmerzäußerungen. Peter NOLL erinnert sich und schreibt: »Ich hatte eine Beule, die Mutter tröstete mich, aber die Beule blieb.« Dies scheint uns der wesentliche Punkt zu sein: ... aber die Beule blieb! Jemanden zu trösten heißt nicht, ihm den Schmerz zu nehmen, heißt nicht, an seine Stelle zu treten, heißt nicht abschwächen, verharmlosen und eine schnelle Linderung herbeiführen.

»Trost ist beständige und beruhigende Zuwendung in einer Lage, die in Wirklichkeit keine Erwartungen und Hoffnungen auf schnelle Linderung zu hegen erlaubt, in der man sich aber auch Täuschungen und Lügen versagt. Vertrösten dagegen ist der Versuch, eine fixe Hilfe zu leisten, zu verschieben, zu verharmlosen, abzuschwächen, ein Ersatzmittel anzubieten. Vertrösten heißt Aufschub, Trost findet im Hier und Jetzt. Tröstend ist, was Bestätigung, Raum und Erlaubnis gibt.« (MÜLLER, M./SCHNEGG, M.)

Ob die angebotene Unterstützung und Begleitung für den Trauernden selbst hilfreich sein kann, wird von verschiedenen Faktoren bestimmt. Bei der Darstellung der einzelnen Trauerphasen haben wir auch auf Verhaltensweisen des Helfers oder Begleiters hingewiesen, die für den jeweiligen Abschnitt des Trauerprozesses wichtig und hilfreich sein können. Wir wollen an dieser Stelle noch einige ergänzende Fakten anführen, die es auch Laien erleichtern soll, Menschen in ihrer Trauer zu begleiten, sie zu unterstützen und zu trösten statt zu vertrösten.

Das Wissen um einen phasenhaften Verlauf der Trauer und die jeweils typischen Gefühle, Reaktionen und Verhaltensweisen können sehr wichtig sein. Ebenso wichtig ist es aber, zu wissen, daß der Trauerprozeß – ähnlich dem Sterbeprozeß – nicht linear verläuft. Da gibt es Sprünge, Rückschritte, Wiederholungen, längeres oder kürzeres Verharren usw. Das Phasenmodell der Trauer kann dem Begleiter als wichtiger Anhaltspunkt dienen und ihm Anregungen für seine Unterstützungen und Hilfestellungen bieten. Wichtiger als eine ständige Standortbestimmung im Trauerprozeß erscheint es jedoch zu sein, sich auf das einzustellen, was vom Trauernden in der jeweiligen Situation an Gefühlen und Reaktionen gezeigt wird. *Nichts ist richtig und nichts ist falsch,* wenn es darum geht, einen individuellen Trauerweg zu beschreiten. Für den Begleiter heißt das, daß er eine hohe Flexibilität braucht, große Geduld und eine gute Wahrnehmung. Die individuellen Reaktionen des Trauernden können in jeder Phase »so« oder »ganz anders« sein. Der Trauernde kann sich zum Beispiel zurückziehen *oder* vermehrt in Gesellschaft drängen, er kann versteinert sein *oder* hyperaktiv, er kann antriebslos sein *oder* nicht zur Ruhe kommen, er kann eine Neuorientierung anstreben *oder* der Vergangenheit nachhängen. In diesem breiten Spektrum von Gefühlen, Reaktionen und Verhaltensweisen sollte der Begleiter Ruhe bewahren und einen Überblick behalten. Nach CANACAKIS sind es vor allem drei Bereiche, die ein Trauerbegleiter während der Zeit der Begleitung immer im Auge behalten sollte:

1. Wem gilt die Trauer?

Es ist wichtig, ein Bild von der Person oder dem Ereignis oder der Sache zu haben, der die Trauer gilt. Die meisten Menschen tragen viele ungelöste Trauersituationen in sich, die den aktuellen Traueranlaß überlagern. Die positive Bewältigung der aktuellen Trauer kann aber nur dann gelingen, wenn ein Verlust nach dem anderen ganz klar voneinander getrennt bearbeitet wird. Eine Vermischung der Trauersituationen führt meist zu keiner dauerhaften Trauerbewältigung. Im Verlauf einer Trauerbegleitung ist es gut, den Trauernden immer wieder darauf hinzuweisen, was ihn traurig macht, um ein Vermischen verschiedener Trauermotive zu verhindern (zum Beispiel: »Der Tod von M. ist sehr schmerzhaft für dich«).

Auch sollte darauf geachtet werden, ob sich die Trauer stärker auf den Verstorbenen selbst bezieht oder stärker jene Teile des Lebens meint, die nun nicht mehr und nie mehr mit dem Verstorbenen gelebt werden können. Dies ist vor allem für die Zeit der Neugestaltung des eigenen Lebens hilfreich. In jedem Fall ist es für viele Trauernde wichtig, wenn es mit Hilfe von unterstützender Begleitung möglich wird, Klarheit und Struktur in ihr Gefühlschaos zu bringen.

2. Wer trauert?
Hier gilt es abzuklären, ob der Trauernde sich als die Person, die er zur Zeit des Verlustes und der aktuellen Trauer ist, einbringt oder ob Teile aus seiner Vergangenheit angesprochen werden. Ist es vielleicht das alleingelassene Kind vergangener Zeiten, das Trost und Unterstützung sucht? Oft kann die Art und Weise, wie Gefühle ausgedrückt werden, den Weg zu einem besseren Verständnis des Trauernden weisen. Sind die Gefühlsäußerungen, das Weinen, das Sprechen, die Art der Bewegungen dem Alter des Trauernden adäquat? Wiederum geht es um die Klarheit der Trauersituation, die eine positive Bearbeitung des Schmerzes zuläßt und für den Trauernden von großer Wichtigkeit ist. Eine direkte Rückmeldung der Wahrnehmung des Begleiters kann helfen, diese Klarheit zu schaffen (zum Beispiel »Ihr Weinen erinnert mich an das Schluchzen eines kleinen Kindes«).

3. Für welche Situation gilt die Trauer?
Ebenso wie anläßlich des Verlustes eines bestimmten Menschen alte Trauer über den Verlust anderer Menschen wiederauftauchen kann, so können sich auch andere Trauersituationen, andere Verlustanlässe mit dem aktuellen vermischen. Es bedarf einer sensiblen und präzisen Wahrnehmung des Begleiters, um den atmosphärischen Wechsel zu spüren, der meist bei einer Vermischung verschiedener Anlässe auftritt. Der Trauernde kann durch Hinweise auf den konkreten Anlaß seiner Trauer auf die aktuelle Trauerspur zurückgeführt werden (zum Beispiel: »Das, was vorige Woche geschehen ist, tut sehr weh«).

Die Begegnung mit trauernden Menschen stellt für jeden Mitmenschen eine Herausforderung dar. Aber gleichzeitig ist es immer auch eine Begegnung mit Gefühlen und Gedanken, mit Reaktionen und Verhaltensweisen, die wir so oder in einer etwas anderen Form bei uns selbst oder aus unserem Umfeld kennen. Dieses Vertrautsein im tiefsten Inneren, das Erkennen von Verletztheit, das Rühren an eigene Trauerseen macht uns einerseits immer zu Experten in Sachen Trauer, andererseits löst es oft auch Angst und Hilflosigkeit aus. Daraus kann leicht ein Wegschauen, ein Übersehen, ein Abwenden werden. Wir werden von der Trauer anderer Menschen berührt – die Frage ist nur, können wir es zulassen und sind wir bereit, uns als Begleiter zur Verfügung zu stellen. Eine echte und ehrliche Auseinandersetzung mit dieser Frage ist die Voraussetzung für eine gute Trauerbegleitung. Diese Auseinandersetzung schließt die Beschäftigung mit der eigenen Trauergeschichte ein. Es ist gut, Ähnlichkeiten zu entdecken, die zwischen den verschiedenen Trauergeschichten bestehen, es ist aber genauso wichtig, die Unterschiede zu sehen. Es gibt keinen vergleichbaren Schmerz, es gibt kein allgemeingültiges Rezept, wie man gut durch das Tal der Tränen kommt. Es ist jedoch wesentlich, verstanden zu haben, daß jeder Mensch in Kontakt mit seinen eigenen Kraftquellen seinen ureigenen Weg durch die Trauer finden kann. Ein guter Begleiter »ist in Kontakt mit seiner eigenen Trauer, wahrt einen heilenden Abstand in der nahen Beziehung zum Trauernden und sorgt in seinem Leben und seinen Beziehungen für Ausgleich und Wohlbefinden« (MÜLLER, M./SCHNEGG, M.).

Trauerbegleitung kann verschiedene Formen annehmen, je nach der Art der Beziehung zwischen Trauernden und Begleiter (zum Beispiel Nachbarschaftshilfe, Unterstützung von Menschen in ähnlichen Situationen, familiäre Begleitung, Freundschaftsdienst, professionelle Begleitung, therapeutische Begleitung). Auch die Dauer der Begleitung wird je nach Art der Beziehung unterschiedlich sein (zum Beispiel: Kurzzeitbegleitung in institutionellem Rahmen, befristete Begleitung im therapeutischen oder privaten Rahmen, Langzeitbegleitung durch professionelle Teams, Lebensbegleitung). Oft ist es schwer, die Ziele der Trauerbegleitung nicht aus den Augen zu verlieren und sich die wesentlichen Aspekte einer Trauerarbeit vor Augen zu halten. Wir möchten eine Zusammenfassung jener Anteile der Trauerarbeit geben, die während jeder Trauerbegleitung geleistet werden müssen. Für Begleiter kann es von großem Nutzen sein, sich dieser verschiedenen Anteile und Aspekte immer wieder bewußt zu sein, um die eigene Rolle klar zu erkennen und sich nicht in eine vertröstende – da zudeckende Haltung zu verstricken und damit gesunden, trauerauflösenden Tendenzen entgegenzuarbeiten.

Aspekte der Trauerarbeit

- Aufbau eines neuen Verhältnisses zu sich selbst und zur Welt.
- Ruhelosigkeit begreifen lernen. Der Versuch, das alte Beziehungsgefüge wiederherzustellen ist mit dem ständigen Bedürfnis verbunden, Verlorenes zu suchen. Die daraus resultierende Ruhelosigkeit ist integraler Bestandteil der Trauerarbeit und kein pathologischer Vorgang.
- Negative Gefühle – Zorn, Haß, Wut, Anschuldigungen, Vorwürfe – müssen ihren Platz bekommen, sie können und sollen bearbeitet werden.

- Auseinandersetzung mit den eigenen Gedanken zum Thema Sterben und Tod. Das Todesbewußtsein wird im Laufe der Trauerarbeit als Teil des Selbstbewußtseins integriert werden. Oft stellt die eigene Todesangst das einzig wichtige Gegengewicht zu auftretenden Selbstmordgedanken dar.
- Sich der Grenzsituation stellen, die der Verlust für einen selbst bedeutet. (»Bei jedem Tod eines geliebten Menschen sterben wir ein Stück mit.«)
- Aushalten der Abwesenheit von Sinn. Die Phase der Sinnlosigkeit kann oft nur durch die Erinnerung daran überbrückt werden, daß das Leben Sinn hatte und durch die Hoffnung darauf, daß das Leben wieder einmal Sinn bekommen wird.
- Sich den Veränderungen des Lebensgefühls stellen. Anerkennung der Trauer als die Emotion, die Wandlung bewirken und dazu beitragen kann, einen Weg zu einem neuen Selbst- und Weltbild zu finden.

4 *Hilfen in der Trauer*

Zahlreiche Gespräche mit Trauernden einerseits und mit Trauerbegleitern andererseits haben uns einen Einblick in die Vielfältigkeit hilfreicher Maßnahmen gegeben. Wir wollen hier einen Ausschnitt wiedergeben:

Was für Trauernde hilfreich ist
- Mit sich selbst behutsam umgehen
- Rücksicht nehmen auf die Grenzen der eigenen Belastbarkeit
- Für den eigenen Körper gut sorgen (Einhalten des Tagesrhythmus', essen, entspannen, schlafen)
- Suche nach individuellen Ausdrucksmöglichkeiten der Trauer (malen, schreiben . . .)
- Mit dem Verstorbenen in Kontakt bleiben (Aufstellen von Fotos, Kerzen, Blumen . . .)
- Orte der gemeinsamen Geschichte aufsuchen
- Regelmäßige Besuche am Grab
- Gedenktage (zum Beispiel: Hochzeitstag, Sterbetag), Feiertage (zum Beispiel: Weihnachten, Silvester) und Festtage (zum Beispiel: Geburtstag, Namenstag) nicht unvorbereitet erleben, sondern bewußt gestalten
- Persönliche Rituale finden
- Gestaltung des ersten Trauerjahres
- In der ersten Zeit der Trauer keine großen Veränderungen in der engsten Umwelt vornehmen (Geduld beim Ausräumen, Umräumen, Wegräumen)

- Andere größere Veränderungen vermeiden, die mit Verlust und notwendiger Neugestaltung verbunden sind (Wohnungswechsel, Ortswechsel, Berufswechsel und ähnliches)
- Den Kontakt zur Natur suchen (Spazierengehen, bewußtes Erleben des Wechsels der Jahreszeiten, Bäume, Wurzeln, Erde, Blumen als Kraftquellen entdecken . . .)
- Mit Menschen sprechen, die Ähnliches erleben oder erlebt haben
- Bewußtes Zugehen auf Menschen, denen man vertrauen kann, denen man sich zumuten möchte
- Den Mut aufbringen, konkrete Hilfe zu erbitten (Unterstützung bei Erledigungen, klärende Gespräche, Anteilnehmen, Da-Sein, Erreichbar-Sein)
- Bewußte Auswahl der Begleiter, ohne ›Rücksichtnahme‹
- Möglichkeit, konkrete Hilfsangebote annehmen *oder* ablehnen zu können

In der Trauerbegleitung wird es vor allem auch darauf ankommen, durch einfache und kleine Aufmerksamkeiten den Trauernden das Gefühl von Anteilnahme und Verständnis zu vermitteln. Manche Menschen scheuen den Kontakt zu trauernden Menschen, weil sie meinen, Hilfestellung in so einer Situation müsse etwas sehr Aufwendiges sein, für das sie weder Zeit, Kraft noch sonstige Ressourcen zur Verfügung hätten. Gespräche mit trauernden Menschen zeigen jedoch, daß oft schon kleine Gesten genügen, um wieder etwas Licht in ihr Leben zu bringen. Eine kleine Auswahl von möglichen »Trostspendern« – alles reale Beispiele aus Begegnungen mit Trauernden – sollen zeigen, wie »wenig« oft schon genügen kann, um trauernden Menschen in ihrem Schmerz beizustehen.

Eine Auswahl »kleiner Gesten«, die Trost in der Trauer sein können:

- kleine Grüße in den Briefkasten werfen – schöne Karten, Spruch- und Bildsymbole
- regelmäßige Telefonanrufe
- Briefe mit persönlich gehaltenen Aussagen
- kleine Geschenke: kleines Buch, Stein, Blume, Kerze . . .
- Einladung zum Essen
- Einladung zu gemeinsamen Spaziergängen
- Abholen zu einem Stadtbummel
- Einladung zu längeren Fahrten, Ausflügen
- Einladung zu einem Konzert
- Begleitung zum Friedhof
- gemeinsamer Kirchenbesuch, Anzünden einer Kerze
- Blumen vorbeibringen

- Gedenktage nicht vergessen (Geburtstag des Verstorbenen, Jahrestag des Todes . . .)
- Kontakt an sogenannten Familienfesttagen pflegen (Weihnachten, Geburtstage . . .)
- Kuchen, Kekse oder ähnliches mitbringen
- Konkrete Hilfe anbieten: einkaufen, Behördengänge . . .
- Gesprächsbereitschaft signalisieren
- Ermutigung zum Erzählen: alles aussprechen lassen
- Ermutigung, Kontakt zu anderen Trauernden aufzunehmen
- Ermutigung, sich Trauergruppen anzuschließen
- Vermittlung von Kontaktadressen (zum Beispiel Trauergruppen, Therapeuten)
- Interesse an der Person des Trauernden zeigen
- Körperkontakt (Hand halten, streicheln, in den Arm nehmen)
- Stille teilen – kein rasches Überwinden der Trauer erwarten

Besonders wichtig war es den vielen Trauernden, die uns diese und andere Hinweise für eine praktische und nicht sehr aufwendige Hilfestellung in der Zeit der Trauer gegeben haben, daß sich diese Gesten der Solidarität auf einen relativ langen Zeitraum nach dem Todesfall eines Menschen oder den zu betrauernden Verlust erstrecken. In der ersten Zeit der Trauer sind meist noch viele Menschen da, die bereit sind, Hilfestellung anzubieten. Mit den Wochen und Monaten wird die Anzahl dieser Menschen immer geringer – und schließlich, nach Ablauf des sogenannten Trauerjahres, denken die wenigsten, daß tröstende Worte, eine Karte, eine Einladung, ein gemeinsamer Grabbesuch noch immer gut tut und schmerzlindernd wirkt. Die Signale dafür, wann die Trauernden unserer Unterstützung nicht mehr so sehr bedürfen, werden von ihnen selber kommen. Die Angst, durch Gespräche oder Gesten alte Wunden wieder aufzureißen, ist zwar bei vielen Menschen, die Trauernden begegnen, groß – doch in aller Regel unbegründet. Jeder einzelne, der Trauernden begegnet, ist aufgefordert, jeweils ganz für sich persönlich zu klären, ob er in der Lage und bereit ist, sich der Trauer eines anderen Menschen zu stellen. Trauernde halten unsere Worte, Gesten und Fragen – seien sie auch noch so ungeschickt, hilflos und unsicher – meist sehr viel besser aus als unser Abwenden und Schweigen!

Wir möchten diesen Abschnitt mit den Worten eines trauernden Menschen abschließen, der all das anspricht, das ihm in seiner Trauer geholfen hat:

Segen der Trauernden

Gesegnet seien alle,
die mir jetzt nicht ausweichen.
Dankbar bin ich für jeden,
der mir einmal zulächelt
und mir seine Hand reicht,
wenn ich mich verlassen fühle.

Gesegnet seien die,
die mich immer noch besuchen,
obwohl sie Angst haben,
etwas Falsches zu sagen.

Gesegnet seien alle,
die mir zuhören,
auch wenn das,
was ich zu sagen habe,
sehr schwer zu ertragen ist.

Gesegnet seien alle, die mir erlauben
von dem Verstorbenen zu sprechen.
Ich möchte meine Erinnerungen
nicht totschweigen.
Ich suche Menschen,
denen ich mitteilen kann, was mich bewegt.

Gesegnet seien alle,
die mich nicht ändern wollen,
sondern geduldig so annehmen,
wie ich jetzt bin.

Gesegnet seien alle,
die mich trösten
und mir zusichern,
daß Gott mich nicht verlassen hat.
(WÖLFING, M.-L.)

Anregungen für eine persönliche Auseinandersetzung

Impulsfrage 1:

Denken Sie an eine Zeit zurück, in der Sie selbst getrauert haben. Was hat Ihnen persönlich am meisten geholfen? (Denken Sie bitte an folgende Bereiche: Menschen und ihr konkretes Verhalten, die Natur, religiöser Beistand, Lebewesen, Musik, Rückzug – Stille, Texte – Literatur – Bücher, anderes ...)

Impulsfrage 2:

Gab es in der Zeit der Trauer Situationen, Ereignisse, bestimmte Verhaltensweisen von anderen Menschen und ähnliches, wodurch Sie sich verletzt fühlten?

Impulsfrage 3:

Wie lange hat der Trauerprozeß gedauert?
Wenn Sie einige verschiedene Trauerereignisse erlebt haben, überprüfen Sie, wie lange welcher Trauerprozeß jeweils gedauert hat.

Impulsfrage 4:

Versetzen Sie sich in die Situation, einen Menschen in seiner Trauer zu begleiten.
Wo liegen Ihre Stärken?
»Es fällt mir leicht ...«
Wo liegen Ihre Schwächen?
»Es fällt mir schwer ...«
Denken Sie an das breite Spektrum hilfreicher Maßnahmen von der Übernahme konkreter Erledigungen bis hin zum Teilen von Schweigen und Stille.

---

5 Trauerrituale einst und jetzt

5.1 Rituale: Begleiter in Zeiten des Umbruchs

Zu allen Zeiten ist und war es Menschen ein Anliegen, durch rituelle Handlungen Struktur und Ordnung in ihr Leben zu bringen. Sie sollen helfen, den Tages- und Lebensablauf überschaubar zu machen, sinnerfüllt und eingebettet in eine sozial verbindliche Form. Ganz besonders gilt dies natürlich für wichtige Lebensabschnitte, die durch Rituale eingeleitet, begleitet und abgeschlossen werden. Rituale sollen vor allem dort Ordnung, Sicherheit und Neugestaltung ermöglichen, wo aufgrund veränderter Lebensumstände noch keine klaren Verhaltensregeln bestehen. Die psychologische Bedeutung von Ritualen ist in erster Linie darin zu sehen, daß sie in chaotischen Zeiten oder Situationen Ordnung, Struktur und Halt bieten können, daß mit ihrer Hilfe Angst gebannt, eingegrenzt, besser bewältigt werden kann und daß sie durch ihre sinnstiftende Wirkung heilende Kraft auf Menschen haben. Dabei spielen zwei Dinge eine besondere Rolle: Erstens müssen Rituale bewußt vollzogen werden, um ihre heilende Kraft zur Geltung zu bringen, und zweitens geht es bei Ritualen immer um ein Verhalten von Menschen zu Menschen, das heißt: um eine sozial-kollektive Dimension. Je nach theoretischem Hintergrund werden in den verschiedenen Denkschulen unterschiedliche Aspekte des Rituals hervorgehoben, ausgeführt und beschrieben. Allen diesen Ausführungen zum Thema Ritual – sei dies nun bei FREUD, JUNG, ERIKSON, RAPPAPORT, SCHELLENBAUM und vielen anderen – ist die Anerkennung ritueller Handlungen als sinnstiftende, heilende, ordnende, dem Leben zugewandte und den Lebensfluß fördernde Kraft gemeinsam.

Die Bandbreite der Rituale ist sehr groß und reicht von einfachen persönlichen Ritualen – etwa den Morgenritualen, den Arbeitsritualen, den Abendritualen, den Spontanritualen – über die Familienrituale (etwa bestimmte Begrüßungsrituale, Essensrituale, Abschiedsrituale, Festrituale, Initiationsrituale) – bis hin zu den kirchlichen Ritualen – etwa die Sakramente, die Riten der Taufe, der Eheschließung, der Krankensalbung, der Beerdigung. Als kleinste Einheit eines Rituals kann das Symbol betrachtet werden, das stellvertretende Funktionen übernimmt.

Bevor wir uns den in unserer Kultur vorhandenen Ritualen für die Zeit des Sterbens und der Trauer zuwenden, wollen wir allgemeine Merkmale von Ritualen festhalten, wobei wir uns hierbei in erster Linie auf die Arbeiten von RAPAPPORT und ERIKSON beziehen.

Aspekte des Rituals

- *Wiederholung:* Es geht bei dem Element der Wiederholung nicht ausschließlich um Handlungen, sondern auch um die Wiederholung spezieller Formen und Inhalte. Wiederholung schafft ein Gefühl der Vertrautheit.
- *Tun:* Rituale bleiben nicht nur auf das Denken oder Aussprechen bestimmter Formeln beschränkt, sondern schließen immer das konkrete Tun ein, das ganz besonders wichtig wird.
- *Besonderes Verhalten:* Ein wichtiges Merkmale ritueller Handlungen besteht darin, daß Verhalten und Symbole von ihrer gewöhnlichen Verwendung abgehoben werden und eine Stilisierung erfahren.
- *Verschmelzung von praktischem Tun und symbolischer Bedeutung in der rituellen Handlung.*

- *Ordnung:* Typisch und wichtig für rituelle Handlungen sind ein klarer Anfang, ein klares Ende und ein Rahmen für spontanes, spielerisches Ausgestalten.
- *Sinnträchtiger Präsentationsstil:* Durch Inszenierung und Fokussierung soll ein »aufmerksamer Bewußtseinszustand« geschaffen werden.
- *Kollektive Dimension:* Rituelle Handlungen sind aus dem rein persönlichen Erlebnisbereich herausgehoben und erhalten dadurch eine breiter wirksame soziale Bedeutung. Sie erhöhen sowohl das Gefühl der Zugehörigkeit als auch das Gefühl des »Anders-Seins« und stehen im Spannungsfeld zwischen persönlichem Erleben und gruppengebundenem Verhalten.

Rituale stellen eine ganz besondere »Zeit in der Zeit« dar, sie laufen außerhalb der normalen Realität ab. »Rituale unterscheiden sich von Bräuchen und bloßen Gewohnheiten durch ihre Verwendung von Symbolen. Sie haben eine weit über das Mitgeteilte hinausgehende Bedeutung. Sie können Aufgaben erfüllen, mit Routinen und instrumentellen Vorgehensweisen einhergehen, sie gehen jedoch immer über sie hinaus, indem sie Handlungen, an denen sie beteiligt sind, eine größere Bedeutung verleihen.« (MYERHOFF, B. G.) Durch die Besonderheit der rituellen Handlung scheint das Alltägliche aufgehoben zu sein.

Welchen Verlauf nimmt nun ein Ritual? Wir kennen drei Stufen, die von jeweils typischen Verhaltens- und Erlebensweisen geprägt werden:

Phasen des Rituals

1. *Trennungsphase:* Diese Zeitspanne bedeutet den ersten Schritt aus dem Alltäglichen hinein in das Besondere, das Außergewöhnliche. In dieser Phase wird der Rahmen für ein bestimmtes Ereignis geschaffen, ferner werden besondere Vorbereitungen getroffen und Kenntnisse weitergegeben. Diese Vorbereitungszeit ist eine ganz wichtige Zeit und dient der Einstimmung und Vorstrukturierung.

2. *Schwellen- oder Übergangsphase*: Diese Phase ist durch die Teilnahme am eigentlichen Ritual gekennzeichnet. Die Menschen erleben sich selbst und andere neu, anders. Sie können neue Rollen und Identitäten übernehmen, beziehungsweise werden Zeugen davon, wie von anderen Menschen neue Rollen angenommen werden.

3. *Wiedereingliederungsphase:* Hier tritt die kollektive Bedeutung ritueller Handlungen besonders hervor. In der Phase der Reintegration werden Menschen mit ihrem neuen Status in ihre Gemeinschaft wieder aufgenommen. (nach VAN GENNEP, A.)

5.2 Rituale in der Zeit der Trauer

Wir haben eingangs darauf hingewiesen, daß Rituale in Zeiten von großem Nutzen sein können, in denen Chaos herrscht und keine klaren Vorstellungen, wie Menschen mit der konkreten Situation fertig werden können. Der Verlust eines Menschen bedeutet immer auch den – zumindest kurzfristigen – Verlust von Struktur und Ordnung im eigenen Leben. Rituale können da hilfreich wirken, um dem eigenen Gefühlschaos nicht vollkommen handlungsunfähig ausgeliefert zu sein. Die Entwicklung in der modernen Gesellschaft des Westens hat leider dazu geführt, daß das Wissen um viele heilsame Rituale verlorengegangen ist. Sogenannte Primitivkulturen haben da einen anderen Zugang. Lebensübergänge und besondere Lebensereignisse sind gleichsam rituell abgestützt. Die Mitglieder einer solchen Gesellschaft wissen über die Art der jeweiligen Rituale in bestimmten Lebenssituationen Bescheid. Sie wissen auch um die heilende Kraft dieser rituellen Handlungen. Dadurch sind sie Zeiten seelischer und/oder sozialer Instabilität nicht in dem Maße ausgeliefert, wie wir das aus unseren Breiten kennen. Der rasche soziale Wandel hat bei uns dazu geführt, daß vieles vom alten Wissen über Sterbe- und Trauerrituale nur mehr von wenigen, meist älteren Menschen gewußt oder erinnert wird. Fragen wir nach, wo es noch am ehesten ein Wissen über bestimmte Rituale gibt, dann lautet die Antwort: eher in ländlichen Gebieten als in städtischen, in geographisch eher südlicher gelegenen Gebieten (Staaten des Mittelmeeres) als in nördlichen und schließlich eher in sozialen Gemeinschaften, die von einem gemeinsamen religiös-kulturellen Rahmen getragen werden als in stark individualistisch orientierten Strukturen.

Riten, mit denen Menschen ihren Schmerz zum Ausdruck bringen, wenn sie einen Menschen verloren haben, sind so alt wie die Menschheit selbst. Im alten Testament gibt es Hinweise für rituelle Handlungen nach dem Tod geliebter Menschen. Es ist die Sprache vom Zerreißen der Kleider, dem Tragen bestimmter Trauerkleider, dem Verhüllen der Haare und/oder des Gesichtes. Anderen Berichten ist zu entnehmen, daß auch das Kahlscheren des Kopfes sowie das Bestreuen des Kopfes mit Asche als Symbol in einem Trauerritual zu verstehen ist. Selbstverstümmelung wie etwa das Aufritzen der Haut, das Zerkratzen von Händen und Gesicht, Essensverweigerung und Klagelieder – manchmal von extra dafür bestimmten professionellen Klageweibern ausgeführt – gehören ebenso zu alten Ausdrucksformen der Trauer, wie Totentänze und Totenklagen. Eine Form ritueller Klagegesänge, die bis zum heutigen Tag in bestimmten Gegenden Griechenlands bekannt ist, sind die sogenannten *Myroloja*, eine spezielle Volksliedkunst. Frauen, die der *Myroloja* kundig sind, werden zum Toten gerufen und es ist nun Aufgabe dieser »Klageweiber«, in ihren spontan gedichteten und improvisierten Liedern Geburt, Leben und Sterben des Toten zu besingen. Diese Klagegesänge enthalten Anklage, Klage, Würdigung und Danksagung, wodurch es den Hinterbliebenen ermöglicht wird, alle ihre widersprüchlichen Gefühle stellvertretend zum Ausdruck zu bringen. Die Ausführung solcher und ähnlicher ritueller Symbolhandlungen eröffnet den Betroffenen die Möglichkeit, gleichsam geführt und geleitet, einen ganz bestimmten vorgezeichneten Trauerweg zu gehen. In unseren Breiten können Psalmen bis zu einem gewissen Grad die Funktion dieser Klagegesänge übernehmen, wenn dies in das Weltbild der Hinterbliebenen paßt.

Bei Ritualen rund um das Sterben nimmt die Trauerzeit eine besondere Stellung ein. Je nach Kultur, Religion und gesellschaftlichen Normen werden verschiedene Trauerzeiten vorgegeben, die meist mit bestimmten Vorstellungen und Geboten in bezug auf Kleidung und/oder Nahrung verbunden sind. In biblischen Quellen finden wir die Angaben von einer Trauerzeit von dreißig Tagen oder etwa der ersten sieben Trauertage, die mit einem Trauerfasten verbunden sind. Dieses Festlegen eines bestimmten zeitlichen Rahmens mag vielleicht etwas eng erscheinen und dem individuellen Bedürfnis nach Gestaltung der Trauer wenig Platz lassen. Andererseits sind diese fixen Trauerzeiten weniger als Einschränkung denn als Schonraum für die Trauernden zu verstehen, als Zeit, in der die Umwelt besonders behutsam und achtsam mit den Trauernden umgeht. Unterstützt wird dies noch durch die Trauerkleidung, die – je nach Grad der Verwandtschaft – unterschiedliche Farben (tiefschwarz bis hellgrau) hat und auch verschieden lang getragen wird. Die Trauerkleidung ist also nicht nur als ein nach außen gebrachtes Signal des »Ich bin in Trauer, ich habe einen Verlust erlitten« zu verstehen, es ist auch ein wichtiges Signal an die Umwelt. Früher war das Tragen der Trauerkleidung ein Jahr lang nach dem Tod für die engsten Verwandten üblich. Neben dem Anlegen der Trauerkleidung war es auch üblich, auf jeden Schmuck, auf jedes Schminken und Verzieren zu verzichten, ja selbst die Haare wurden oft verdeckt. In Häusern der Trauer durfte keine laute Musik gespielt werden; und das Besuchen von Unterhaltungsveranstaltungen war nicht üblich. Soweit es ging, nahm man auch mit familiären Feiern auf die Situation der Trauer Rücksicht – zum Beispiel wurden Hochzeiten verschoben oder Festlichkeiten anläßlich einer Taufe bescheiden gehalten.

Heutzutage fallen all diese Regeln, rituellen Vorstellungen und Vorschriften meist weg. Damit eröffnen sich einerseits zwar viele Möglichkeiten, persönliche und vielleicht für den Einzelfall passendere Rituale zu finden, berauben die Trauernden aber auch einer allgemeinverbindlichen und gültigen Schonung im sozialen Umfeld. Denn dort, wo keine deutlichen Signale gesetzt werden, bedarf es einer großen Achtsamkeit und guten Wahrnehmung seitens der sozialen Gemeinschaft, Trauernden entsprechend zu begegnen.

Das erste Jahr nach einem Todesfall ist meist als Trauerjahr bekannt. In diesem ersten Jahr gibt es wiederum bestimmte markante Abschnitte. Ein noch heute in Ländern des Mittelmeerraumes praktiziertes Ritual nimmt folgende Zeitpunkte aus dem Jahreslauf des ersten Trauerjahres heraus: sechs Wochen nach dem Tod, drei Monate nach dem Tod, sechs Monate nach dem Tod, Jahrestag des Todes. Jede dieser Stationen hat eine Bedeutung im Prozeß des Abschiednehmens, im Erzählen über Person und Leben des Verstorbenen, bis schließlich mit der Öffnung des Grabes und der Bestattung der Gebeine ein »endgültiges« Abschiednehmen signalisiert werden soll. Alle diese Stationen des Trauerns werden – wenn es nur irgendwie möglich ist – in der sozialen Gemeinschaft begangen. Der kollektive Aspekt dieser Trauerrituale spielt eine große Rolle. Ein ganzes Jahr hat der Trauernde Zeit, sich in seiner neuen Rolle in die Gemeinschaft einzuleben. Ein ganzes Jahr hat die Gemeinschaft Zeit, jene Umgestaltungen vorzunehmen, um dem Trauernden seinen neuen – alten Platz einzuräumen.

5.3 Beispiele von Trauerritualen der Gegenwart

Abschließend wollen wir versuchen, konkrete Beispiele rituellen Handelns im Zusammenhang mit Sterben und Trauer aus unserem, dem alpenländischen Raum, aufzuzeigen.

Zuerst sei auf den Umgang mit dem Verstorbenen eingegangen. Dort, wo Menschen noch zu Hause sterben können, ist genügend Raum und Zeit, die erste Phase eines Rituals – die Trennungsphase – sehr intensiv zu gestalten. Es geht dabei um Vorbereitungen und Vorstrukturierungen für den Ablauf der eigentlichen Zeremonie und um die Weitergabe bestimmter Kenntnisse, die mit familiären, religiösen und kulturellen Vorstellungen und Regeln verknüpft sind.

Zunächst wird die nahe Verwandtschaft verständigt und jene Menschen, die unmittelbar dem Verstorbenen verbunden waren. Der Tote selbst wird gewaschen (in früheren Zeiten war dies Aufgabe der Nachbarin), angezogen und aufgebahrt. Wie dieses »Herrichten für den letzten Weg« geschieht, bleibt dem familiären Brauch oder dem Wunsch des Toten beziehungsweise seiner engsten Familie überlassen. Da wird der Freiraum deutlich, den Rituale immer auch zur spontanen Gestaltung ermöglichen. In einigen Familien ist es üblich, dem Toten den Rosenkranz in die Hände zu geben, in anderen Familien wird eine besondere Musik gespielt, Kerzen angezündet, Blumen und Dinge aufgestellt, die dem Toten lieb waren. Auch der persönlichen Verabschiedung vom Toten wird Raum gegeben. Dies kann z. B. durch einen Besuch beim Toten geschehen, durch stilles Sitzen an der Seite des Aufgebahrten oder durch die Totenwache, das gemeinsame Beten im Familien- und Freundeskreis. Dauer und Form dieses gemeinsamen oder individuellen Abschiednehmens, des anteilnehmenden Beisammenseins oder des Respektierens des Wunsches nach Rückzug seitens der engsten Familie wird maßgeblich von kulturellen Größen bestimmt. An dieser Stelle sei auf die strengen und klaren Formen jüdischer Trauerrituale verwiesen, bei denen die kollektive Dimension, das Anteilnehmen der Großfamilie, Freunde und Nachbarn, einen hohen Stellenwert hat.

Nach Ablauf einer gewissen Zeitspanne stellt dann die Verständigung der offiziellen Stellen – Pfarrer, Bestattung – und das Besprechen der eigentlichen Begräbnisfeierlichkeit einen weiteren Schritt im Ritual des Abschiednehmens dar. Die Einladung zum Begräbnis hat in manchen Gegenden noch heute nach klaren Regeln zu erfolgen. Zum Beispiel werden aus dem eigenen Ort zwei Personen pro Haus und aus den Nachbarorten eine Person pro Haus eingeladen. Handelt es sich bei dem Toten um einen Mann, so sind auch die Eingeladenen Männer, handelt es sich um ein Frau, werden Frauen eingeladen. Die Begräbnisgestaltung selbst wird davon abhängen, um welche Form der Verabschiedung es sich handelt. Ist es eine Feuerbestattung, ein katholisches Begräbnis, eine einfache Verabschiedung ohne kirchlichen Segen – immer wird der Zeitraum von der Aufbahrung bis zur Verabschiedung des Sarges von den Hinterbliebenen intensiv mitgestaltet. Sei es die Ordnung des Trauerzuges – auch Leichenzug genannt – das Bestimmen des Kreuzträgers, die Einladung an bestimmte Vereine, das Festlegen der begleitenden Musik, die Auswahl des Blumenschmuckes, der Kränze oder die Entscheidung für bestimmte Textstellen, die im Rahmen der Verabschiedung vorgelesen werden sollen. Auch die Frage, ob man dem Toten Erde ins Grab mitgibt oder Blumen, kleine Geschenke oder sich in Erinnerung an ihn still verbeugt, gehört in die Überlegungen der individuellen Ausgestaltung der Verabschiedungszeremonie.

Die Teilnahme an diesen Zeremonien fällt in die Schwellen- oder Übergangsphase des rituellen Ablaufes und ermöglicht den Mitgliedern der Trauergemeinschaft, sich selbst oder andere in neuen Rollen zu erfahren. So wird beispielsweise die Teilnahme der Frau eines verstorbenen Mannes an den Verabschiedungszeremonien der erste öffentliche Schritt als Witwe sein. In der Entgegennahme der Kondolenzbekundungen stellt sie sich erstmals ihrer neuen Rolle.

Das vielen Begräbnis- oder Verabschiedungsfeiern nachfolgende Totenmahl fällt in die Wiedereingliederungsphase eines Rituals und zeigt sehr deutlich die kollektive Bedeutung dieser Handlung. Beim gemeinsamen Zusammensein nach der Teilnahme an der eigentlichen Verabschiedung können zum einen Erinnerungen an den Verstorbenen ausgetauscht werden. Das Leben des Verstorbenen kann noch einmal Gestalt annehmen. Verwandte und Freunde können sich in ihrem Schmerz gegenseitig Stütze sein. Zum anderen geht es auch darum, zu begreifen, daß sich durch den Tod dieses einen Menschen etwas verändert hat. Im Schutz einer vertrauten Gemeinschaft kann den Hinterbliebenen langsam bewußt werden, daß eine Zeit neuer Aufgaben, neuer Rollen und eines neuen Selbstverständnisses angebrochen ist. Aufgehoben in der Gemeinschaft kann beispielsweise eine Witwe erleben, daß sie auch in ihrer neuen Rolle von eben dieser Gemeinschaft anerkannt und getragen wird.

Wir können sehen, daß sich vom Tod eines Menschen bis hin zum Totenmahl nach seiner Verabschiedung ein weiter ritueller Bogen spannt. Wir sehen einerseits die klare Struktur, den besonderen Rahmen, andererseits die freie Gestaltungsmöglichkeit innerhalb der vorgegebenen Bedingungen. Betrachtet man sich so einen Gesamtablauf, fällt auch auf, daß sich unzählige »kleine« Rituale in das große Ganze einfügen. So stellt beispielsweise Auswahl, Gestaltung, Verschickung einer Anzeige bei den Adressaten und dankende Antwort der Trauernden für sich genommen ein Ritual dar. Ein Beispiel sehr persönlicher Ausgestaltung dieses Rituals innerhalb des großen Verabschiedungsrituals soll abschließend verdeutlichen, daß Rituale mehr sein können als nur Hülse und Anpassung. Sie können zu einem wichtigen Ausdrucksmittel der Betroffenen werden, Zeugnis von der ganz besonderen Art der Beziehung zum Verstorbenen ablegen und Schritte in der Trauerarbeit signalisieren. Im nachfolgenden Beispiel geht es um die Auseinandersetzung einer Familie mit dem Tod ihres sechzehnjährigen Sohnes. Die Eltern verleihen durch Form und Inhalt der Todesanzeige, dieses offiziellen Bekenntnisses von Verlust und Schmerz, ihrem seelischen Empfinden Ausdruck. Durch die Auswahl eines ganz bestimmten Textes geben sie ein Zeichen ihrer Auffassung von Leben und Tod, machen gedanklich den ersten Schritt, das Unbegreifliche annehmen zu lernen.

Tod
als Grenze des Lebens
aber nicht der Liebe
annehmen!
Nicht im Schmerz
eingemauert bleiben!
Nicht nur den Verlust
sehen!
Vertrauen und hoffen,
daß es die andere Welt gibt,
real und nahe,
nicht jenseits von uns,
sondern um uns,
über uns,
in uns

Martin Gutl

Am Samstag, den 20. Juli 199. hat unser
SEBASTIAN
gemeinsam mit seinem Vater bei einem Segelunfall
diese Grenze überschritten.
N.N., Mutter und Stiefvater
N.N., Geschwister
N.N., Großeltern
N.N., Großmutter
N.N.
Das Begräbnis findet statt am . . .

Als Reaktion auf die vielen Beileidsschreiben verfaßte die Familie folgende Antwort:

Letzten Endes ist es dies,
worum es in der Frage um Leben,
Tod und Übergang geht:
Das Leben anderer zu berühren
und damit auch sein
eigenes zu bereichern
(aus: Jedes Ende ist ein strahlender Beginn
v. *E. Kübler-Ross*)

Wir danken für die so tröstliche Begleitung,
dieses Gefühl des Getragenwerdens
anläßlich des Todes von Sebastian.
N.N . . .

Ein halbes Jahr nach dem tödlichen Unfall ihres Sohnes lud die Familie den engsten Verwandten- und Freundeskreis zu einem Gedenkgottesdienst mit folgendem Brief ein:

> Der Tod bedeutet eigentlich nichts. Ich bin
> nur in den nächsten Raum hinübergewechselt . . .
> . . . Bete, lächle, denk an mich, bete für mich.
> Laß meinen Namen zu deinem Wortschatz gehören,
> sprich ihn aus, ohne große Dramatik, ohne eine Spur
> von Schatten auf ihm . . .
> . . . Warum sollte ich aus deinen Gedanken verschwinden,
> nur weil ich deinen Augen entschwinde?
> Ich warte auf dich, während einer kurzen Unterbrechung,
> irgendwo, sehr nahe.
> Alles ist gut.
> *Henry Scott Holland*
> *(Domherr zur St. Pauls' Cathedral)*
>
> Wir laden zu einer gemeinsamen Messe,
> in Erinnerung an unseren
> *SEBASTIAN*
> *am 19. Januar 199.*
> *um . . .*
> *im . . .*
> N.N.
> Wir bitten, eine Kerze als Zeichen
> der Verbundenheit mitzubringen.

Anregungen für eine persönliche Auseinandersetzung

Impulsfrage 1:

Denken Sie an den vergangenen Tag. Welche Regelmäßigkeiten gibt es in Ihrem Tagesablauf, welche kleinen persönlichen Rituale können Sie da entdecken? Halten Sie ihre persönlichen Tagesrituale schriftlich fest!

Impulsfrage 2:

Versuchen Sie, anhand der drei Phasen eines Rituals das vergangene Weihnachtsfest nochmals vor Ihren Augen ablaufen zulassen: Wo liegen die klaren Rahmen für dieses Fest in Ihrer Familie, wo bleibt ein Freiraum, wie wird er gestalten, und wie findet dieses Familienritual sein

Ende und entläßt seine Mitglieder wieder in den »normalen« Alltag? Schreiben Sie ein Protokoll dieses Familienrituals »Weihnachten«.

Impulsfrage 3:
Sie werden sicher schon einige Traueranzeigen in den Zeitungen gelesen haben. Manche Anzeigen sprechen einen an, andere berühren besonders, wiederum andere lassen einen gleichgültig. Stellen Sie sich vor, sie hätten die Möglichkeit, Ihre eigene Todesanzeige aufzusetzen. Wie sollte sie ausschauen? Was wäre Ihnen wichtig (Formulierungen, Texte, formale Gestaltung . . .)? Vielleicht haben Sie den Mut, so eine Todesanzeige für Sie selbst aufzusetzen, zu Papier zu bringen? Wir möchten Sie gerne dazu ermutigen!

---

6 Literarische Texte – Fallbeispiele – Meditatives Bildmaterial

Lyrik

Kindertotenlied
Du bist ein Schatten am Tage
Und in der Nacht ein Licht;
Du lebst in meiner Klage
Und stirbst im Herzen nicht.

Wo ich mein Zelt aufschlage,
Da wohnst du bei mir dicht;
Du bist mein Schatten am Tage
Und in der Nacht mein Licht.

Wo ich auch nach dir frage,
Find ich von dir Bericht,
Du lebst in meiner Klage
Und stirbst im Herzen nicht.

Du bist ein Schatten am Tage
Und in der Nacht ein Licht;
Du lebst in meiner Klage
Und stirbst im Herzen nicht.
(RÜCKERT, F.)

Bei dem Grabe meines Vaters

Friede sei um diesen Grabstein her!
Sanfter Friede Gottes! Ach, sie haben
Einen guten Mann begraben,
Und mir war er mehr;

Träufte mir von Segen, dieser Mann,
Wie ein milder Stern aus bessern Welten!
Und ich kann's ihm nicht vergelten,
Was er mir getan.

Er entschlief; sie gruben ihn hier ein.
Leiser, süßer Trost, von Gott gegeben,
Und ein Ahnen von dem ewgen Leben
Düft um sein Gebein!

Bis ihn Jesus Christus, groß und hehr!
Freundlich wird erwecken – ach, sie haben
Einen guten Mann begraben,
Und mir war er mehr.
(CLAUDIUS, M.)

Chor der Tröster

Gärtner sind wir, blumenlos gewordene
Kein Heilkraut läßt sich pflanzen
Von Gestern und Morgen.
Der Salbei hat abgeblüht in den Wiegen –
Rosmarin hat seinen Duft im Angesicht der neuen Toten
verloren
Selbst der Wermut war bitter nur für gestern.
Die Blüten des Trostes sind zu kurz entsprossen
Reichen nicht für die Qual einer Kinderträne.
vielleicht
Im Herzen eines nächtlichen Sängers gezogen.
Wer von uns darf trösten?
In der Tiefe des Hohlweges
Zwischen Gestern und Morgen
Neuer Same wird
Steht der Cherub
Mahlt mit seinen Flügeln die Blitze der Trauer

Seine Hände aber halten die Felsen auseinander
Von Gestern und Morgen
Wie die Ränder einer Wunde
Die offenbleiben soll
Die noch nicht heilen darf.

Nicht einschlafen lassen die Blitze der Trauer
Das Feld des Vergessens.

Wer von uns darf trösten?
Gärtner sind wir, blumenlos gewordene
Und stehn auf einem Stern, der strahlt
Und weinen.
(SACHS, N.)

Aussagen Betroffener

»Für mich war es wichtig, daß meine Freundin, die ich als Taufpatin für Manuel vorgesehen hatte, bei der Geburt meines toten Kindes dabeisein durfte. Mein Mann war im Ausland. Ich durfte Manuel nach der Geburt bei mir haben, bis ich mich innerlich bereit fühlte, ihn herzugeben. Meine Freundin saß still bei mir, hielt mir die Hand, teilte meine Verzweiflung, meinen Schmerz. Ich hielt Manuel in den Armen, berührte seine Haut, nahm seine Züge in mir auf. Als ich ihn so unendlich friedlich, so vollendet vor mir sah, sind auch die Schuldgefühle verschwunden, die mich quälten, weil ich ihm das Leben nicht erhalten konnte.« (Bericht einer Mutter, deren Kind pränatal verstarb)

»Mein Sohn, höre noch einmal auf die Worte deiner Mutter. Sie hat dich unter Schmerzen geboren. Sie hat dich ernährt. Sie hat dich aufgezogen, nach besten Kräften und so gut sie es vermochte. Als du klein warst, hat sie dich wie ihr eigenes Leben geliebt. Du hast ihr viel Freude geschenkt. Auf dich und deine Unterstützung setzte sie ihre Hoffnung für die Tage ihres Alters. Sie war immer überzeugt, vor dir das Ende des Lebenspfades zu erreichen. Aber du bist ihr zuvorgekommen. Unser großer und weiser Schöpfer hat es so gewollt. Es ist sein Wille, daß ich hier zurückbleiben und die Traurigkeit dieser Welt weiter auskosten muß.

Deine Freunde und Verwandten haben sich um dich versammelt, um dich ein letztes Mal zu sehen. Sie alle trauern, weil du von uns fortgegangen bist. Auch uns ist nur noch kurze Zeit geschenkt, bevor unsere eigene Reise

zu Ende geht. Jetzt müssen wir Abschied voneinander nehmen; du gehst dorthin, wo wir dich nicht sehen können. Aber bald werden wir wieder vereint sein und einander anblicken. Dann werden wir uns nie mehr trennen. Der Schöpfer hat dich zu sich heimgerufen; wir werden dir folgen. Naho! So sei es!«
(INDIANISCHER TEXT einer Irokesenfrau)

»Am Tage deiner Beerdigung, als ich vom Friedhof kam, habe ich gewußt, daß ich oft dorthin zurückkehren würde. Ich hätte dieselbe sein und dich genauso lieben können, ohne ihn je wieder zu betreten. Während ich am ersten Abend die Fensterladen schloß, erblickte ich den mondlosen Himmel, unendlich, erdrückend. Ich war allein auf der Erde. Ich wünschte, die ziehenden Wolken hätten mich davongetragen. Ich zog die Vorhänge zu, so wie ein Tier sich in sein Loch verkriecht . . .« (PHILIPE, A.)

Gedanken und Geschichten

Nachdem sie ihn glücklich zu den Schiffen gebracht hatten, wuschen und salbten sie ihn und legten ihn in seinen zarten Gewändern auf ein Lager, weinten und klagten um ihn und schoren das Haupt. Als Thetis in der Tiefe des Meeres die Trauerkunde vernahm, kam sie mit all' ihren Schwestern, den Nereiden, über die See zum griechischen Lager, mit so lautem Klagen, daß es weithin über die Wogen scholl und die Achäer mit Schrecken erfüllte. Die unglückliche Mutter und die Meerjungfrauen stellten sich in Trauergewändern um die Bahre und klagten, und der Chor der neun Musen kam vom Olympos und sang zu Ehren des Toten Trauergesänge, während das ganze Heer sich in Leid und Tränen härmte. Siebzehn Tage und siebzehn Nächte ehrten sie so den geliebten Toten durch Tränen und Klagegesänge, unsterbliche Götter und sterbliche Menschen; am achtzehnten Tage legte man die Leiche in köstlichen Gewändern auf den Scheiterhaufen und verbrannte sie zugleich mit vielen geschlachteten Schafen und Rindern, mit Honig und Salböl, und die Helden der Achäer hielten zu Fuß und zu Roß in ihren Waffen feierliche Umzüge um den brennenden Holzstoß während der ganzen Nacht. Am frühen Morgen, als die Flamme alles verzehrt hatte, sammelten sie die Asche und das weiße Gebein des Helden und bargen sie in einer goldenen Urne, einem Werk des Hephaistos, das Dionysos der Thetis zum Geschenk gegeben, zugleich mit der Asche des Patroklos. So war es der Wunsch der beiden Freunde gewesen. Dann setzten sie die Urne in dem Grabmale bei, das an dem Ufer des Hellespont am

Vorgebirge Sigeion schon dem Patroklos war errichtet worden, stellten daneben die Asche ihres Freundes Antilochos und schütteten darüber einen hohen Grabhügel auf, der weithin über den Hellespontos schaute, ein Denkmal für die späten Geschlechter.

Nachdem die Bestattung vollendet war, veranstaltete Thetis zu Ehren ihres Sohnes in dem Heere der Griechen Leichenspiele mit solchen Glanze, wie noch nie unter Sterblichen gesehen worden waren. Da zeigten die ausgezeichnetsten Helden im Heere ihre Kraft und Geschicklichkeit in den verschiedensten Waffenspielen und empfingen aus den Händen der Thetis die herrlichsten Preise.
(Tod des Achilleus)

Man weiß, daß die akute Trauer nach einem solchen Verlust ablaufen wird, aber man wird ungetröstet bleiben, nie einen Ersatz finden. Alles, was an die Stelle rückt, und wenn es sie auch ganz ausfüllen sollte, bleibt doch etwas anderes. Und eigentlich ist es recht so. Es ist die einzige Art, die Liebe fortzusetzen. (FREUD, S.)

Das »Aufwachen« aus einem solchen Trauerprozeß hat Spuren hinterlassen, die auch nach außen sichtbar werden, die das Leben reicher und reifer gemacht haben. Nichts ist, wie es einmal war – auch wenn die Welt die gleiche geblieben ist. Dieser Mensch steht jetzt ganz anders im Leben. Das wirkt sich auch auf seine nahe Mitwelt aus: Der Prinz ist nicht mehr ledig und geht nicht einfach fort. Schmerz und Leid verbinden. Eine »neue Realität« beginnt.

Die Botschaft ist auch hier deutlich: Es ist nie zu spät, selbst wenn der Schlaf »hundert Jahre« dauert. Es kommt auf den rechten Zeitpunkt an, es gibt den richtigen Menschen, der die richtige Hilfe kennt oder findet; und wenn er von »weit her« kommen muß.

Das »Dornröschen« erzählt eine Geschichte gegen das Verschweigen von Schmerz und Trauer, gegen Verzweiflung und Ohnmacht, gegen Schulternzucken und Wegschauen.

Kein Hinwegtrösten, sondern eine Er-Lösung wird aufgezeigt.
(LEITER, K.)

Fallbeispiel

Peter saß beim Leichnam und strich mit der Hand seines verkrüppelten Armes Mund und Augen des Eilias Alder zu. In der Ferne bimmelte die

Angelus-Glocke, und als ihre letzten Schläge verhallt waren, konnte sich Peter nicht mehr bändigen, und er brach in jämmerliches Weinen aus. Dann fing er an, den Leichnam zu liebkosen, so, wie er es in seinen Tagträumen immer getan hatte. Bald trat die Totenbläue auf Elias' Lippen, und die Brust wurde ihm kühl. Da stand Peter auf und beschloß, den Leichnam in der Nähe des Hirschweihers zu begraben. Denn er entsann sich der Worte, die Elias einmal zu Elsbeth gesprochen hatte, indem er sagte, daß alle Eschberger nach ihrem unmittelbaren Tod hier herabsteigen müßten, weil sich über diesem Flecken das Tor zur anderen Welt befinde.(. . .)

Dann tat er etwas, das er noch seiner Lebtag nicht getan hatte. Er ging und sammelte Blumen von den späten sommerlich blühenden Bündten. Als er zurückkam, mußte er die Füchse abermals mit Stockhieben vertreiben. Dann bekränzte er das weiße, kurzgeschorene Haupt des Toten, murmelte weinend ein Sterbegebet, hob den Leichnam vom Moos auf und ließ ihn in das Erdloch rutschen. Nach alter Sitte nahm er eine Handvoll Erde und streute sie auf das Haupt des zusammengekauerten Toten.

»Nacket bin ich von Mutterleibe kommen«, flüsterte Peter, »nacket werde ich wiederum hinfahren. Der Herr hat's gegeben, der Herr hat's genommen.« Und bei den Worten »Der Name des Herren sei gelobt« fing er wieder an zu flennen. Aber nicht aus Trauer, sondern vielmehr aus Wut.

Er saß lange beim offenen Grab. Dann schloß er das Erdloch (. . .).

Nachdem er seinen einzigen Freund, seinen heimlichen Geliebten, begraben hatte, ging er auf den Hof zurück und schlief eine Nacht und einen Tag, ohne auch nur einmal zu erwachen. Als er dann die Kühe zum Melken eintrieb, sah er, daß ihre Euter zu rinnen begonnen hatten, denn sie waren zum Platzen voll. Er sah die vor Schmerzen irre gewordenen Kuhglotzen und empfand plötzlich Mitleid mit der wehrlosen Kreatur. Peter war nicht mehr der, der er war. (SCHNEIDER, R.)

IX Zum Ausklang: Sterben, Tod und Trauer in Mythen und Märchen

In diesem Kapitel können wir nur einen kurzen Ausflug in die Welt der Mythen und Märchen – bezogen auf unser Thema »Tod und Sterben« – unternehmen, da eine detaillierte Ausarbeitung mehrere Buchbände füllen würde. Um jedoch einem ganzheitlichen Anspruch – zumindest im Ansatz – gerecht zu werden, wollen wir im folgenden auf einzelne Mythen und Märchen exemplarisch eingehen.

1 Mythen

Mythen sind Erzählungen, die »letzte Fragen« des Menschen nach sich und seiner als übermächtig, geheimnisvoll und von göttlichem Wirken bestimmt empfundenen Welt artikulieren und verständlich zu machen versuchen. So handeln sie vom Anfang der Welt und ihrem Ende, vom Entstehen der Götter und ihren Taten, vom Werden und Vergehen der Natur, vom Wechsel der Jahreszeiten, von Tag und Nacht, Sonne und Mond. Sie kreisen aber auch um zentrale Themen des menschlichen Lebens wie Geburt, Pubertät, Ehe, Familie, Liebe und Haß, Treue und Verrat, Strafe und Vergeltung, Krieg und Frieden, Krankheit und Tod. Sie erklären die Herkunft der Übel, künden von Paradies und Sündenfall, von Sintflut und von kommenden Heilsbringern. Manche berichten von den Ursprüngen der Völker, den Taten ihrer Heroen, den Anfängen der Kultur, von Stiftung religiöser Kulte und Riten, von der Begründung des Rechts sowie staatlicher und gesellschaftlicher Ordnung.

Bleiben wir bei jenem Bereich von Sterben, Tod und Trauer. Die Angst vor dem Tod und die Hoffnung auf ein neues, anderes Leben liegen eng beisammen, sind für manche Menschen untrennbar verknüpft. Vorstellungen von diesem allerletzten Weg, von dem was kommen mag, finden wir am besten in den Griechischen Sagen, in der Beschreibung des Totenreichs, dargestellt.

Das Gilgamesch-Epos

Als ein Beispiel für Mythen wollen wir eine »vorchristliche Erzählung« aus dem Alten Orient in Erinnerung rufen – das »Gilgamesch-Epos«, es zeigt die Verhältnisse der mesopotamischen Hochkultur auf. Es handelt sich dabei um einen komplexen Text mit mythischen Bildern und Szenen, sogar die Kunst der Rückblende wurde angewendet. Der berühmte Text wurde auf zwölf Tontafeln aufgeschrieben, 20 000 solcher Tafeln bildeten die Überreste der berühmten Bibliothek des assyrischen König Assurbanipal, der im 7. Jahrhundert vor Christi an der Macht war.

Uns geht es dabei aber nicht um einen ausschließlich historischen Hintergrund, sondern um den Querbezug zur Gegenwart. Wenn wir an anderer Stelle dieses Buches über die Verdrängungsmechanismen, das Nicht-Wahrhaben-Wollen des Todes schreiben, so beweist dieses Epos, daß auch in früheren Zeiten das Hinnehmen des Todes eines geliebten Menschen nicht einfach und kompromißlos stattfand. Ähnlich wie auch in der Griechischen Sage von Eurydike und Orpheus, in der der Held – durch den Blick zurück ins Schattenreich – die geliebte Frau für immer verlor.

Hauptperson ist König Gilgamesch von Uruk, ein gewaltiger Held:
»Ein Drittel ist Mensch in Gilgamesch, zwei Drittel ist Gott. Voll Staunen und Furcht schauen die Bürger das Bild seines Leibes, nie seinesgleichen sah man an Schönheit und Fülle der Kraft. Den Löwen scheucht er aus seinem Versteck, packt ihn am Bart und ersticht ihn. Den Wildstier erjagt er mit seines Bogens Schnelle und Wucht. In der Stadt ist sein Wort und Spruch das Gesetz.«
Dieser Gilgamesch hat einen Freund, den ebenso schönen wie starken Helden Enkidu, mit dem er gemeinsam Heldentaten vollbringt. Mit vereinter Kraft besiegen sie Chumbaba, einen riesigen Drachen, sie erlegen den Himmelsstier, der Stadt und Land mit seinem feuerschnaubenden Atem verwüstet. Doch eines Tages wird Enkidu krank (dies wurde ihm in verschiedenen Träumen angekündigt), hat Schmerzen und hohes Fieber, wird immer schwächer und nach zwölf Tagen ist er tot. Die wohl ergreifendsten Stellen im Gilgamesch-Epos sind die Klagen um den verstorbenen Freund:

»Wie sollten nicht meine Wangen abgezehrt sein,
mein Antlitz nicht gesenkt sein,
mein Herz nicht betrübt,
meine Gesichtszüge nicht aufgerieben sein,
nicht Wehklage
in meinem Leibe sein? . . .
Mein Freund, den ich liebe,
ist zur Erde geworden,
Enkidu,

mein Freund, den ich liebe,
ist zur Erde geworden.
Werde nicht auch ich
wie er mich niederlegen müssen,
nicht aufstehen
in alle Ewigkeit?«

Hauptthema des Epos ist der Tod und die Unausweichlichkeit des Sterben-Müssens. Auch die größten und kühnsten Helden sind sterblich. Als besonders grausam erscheint in diesem Mythos die Tatsache, daß er nicht im Kampf einen »Heldentod« stirbt, sondern das Opfer einer Krankheit wird. Gilgamesch kann den Tod seines Freundes noch nicht annehmen. Er macht sich auf eine lange, beschwerliche und auch gefährliche Reise bis an das Ende der Welt, um das Lebenskraut zu suchen. Endlich findet er die Pflanze: »Als Greis wird der Mensch wieder jung.« Noch einmal faßt er Hoffnung, daß er mit diesem Kraut seinen Freund ins Leben zurückholen kann. Doch eine Schlange entwendet ihm das Kraut und gewinnt durch diesen Diebstahl ihre Jugend wieder.
Sein letzter, verzweifelter Versuch besteht darin, in die Unterwelt und in das Totenreich hinabzusteigen. »Er pocht ans Tor und fordert den Pförtner zum Öffnen auf. Der Pförtner öffnete ihm das erste Tor und nahm ihm den Mantel ab, durch sieben Tore führte er ihn, nahm ihm alle Kleider ab, daß er nackend das Reich der Toten betrete. Er trat vor die große Göttin Ereschkigal und sprach: ›Laß Enkidu, meinen Freund, zu mir kommen, daß ich ihn nach dem Geschicke der Toten frage!‹ Doch der Aufpasser und Zuriegler der Göttin hielt den Toten fest, die Göttin ließ ihn nicht los. Die hehre Ereschkigal sprach zu Gilgamesch: ›Kehre wieder zurück! Du kannst den Toten nicht sehen. Es hat dich keiner hierher gerufen.‹ – Traurig stieg er hinauf, nahm seine Kleider und schritt durch die sieben Tore.« In der Folge gelingt es doch, den Schatten des toten Enkidu auf die Erde heraufzubeschwören, der gewünschte »Erfolg« stellte sich jedoch nicht ein:
»Sie erkannten sich beide und blieben einander ferne. Sie redeten miteinander. Gilgamesch rief, und Antwort bebte der Schatten; Gilgamesch tat seinen Mund auf und sprach: ›Rede, mein Freund! Das Gesetz der Erde, die du sahst, verkünde mir jetzt!‹
Enkidu: ›Ich kann es dir nicht sagen, Freund, ich kann es dir nicht sagen. Künde ich dir das Gesetz der Erde, die ich schaute, so wirst du dich hinsetzen und weinen.‹
Gilgamesch darauf: ›So will ich mich hinsetzen alle Tage und weinen.‹
›Siehe, den Freund, den du anfaßtest, daß dein Herz sich freute, den fressen die Würmer gleichwie ein altes Gewand. Enkidu, der Freund, den deine Hand berührte, ist wie Lehmerde geworden, er ist voll Erdstaub, in den Staub sank er hin, zu Staub ist er geworden.‹
Gilgamesch wollte noch weiter fragen, doch da verschwand der Schatten Enkidus.«

Es geht hier um eine menschliche Urerfahrung, die sich unablässig wiederholt und gegen die Menschen aller Zeiten und Kulturen sich immer wieder aufbäumen – doch alle müssen mit dem Tod leben lernen. Es braucht einen langen und weiten Weg, einen Reifeprozeß, bis man so weit ist und es erkennt: Der Tod ist die Kehrseite des Lebens. Leben und Tod sind Geschwister, untrennbar miteinander verbunden.

2 *Märchen*

Märchen sind im Gegensatz zu Mythen phantastische Erzählungen, die an keinen Ort und keine Zeit gebunden sind; entweder von Mund zu Mund oder von Volk zu Volk gewandertes, gelegentlich an alte Mythen anknüpfendes Erzählgut der Volkspoesie. Trotz grausamer Elemente im Märchen, trotz Tod und Sterben, finden sich (auch für Kinder und Jugendliche) viele Anregungen der Phantasie und Sprache sowie der Entwicklung sittlichen Empfindens. Die magische Welt des Märchens hilft, angsterfüllte Erlebniswelten zu bewältigen, indem Ängste und Wünsche auf Märchenfiguren und -geschehnisse projiziert werden können. So sind es auch sehr oft Fabel- und Märchengestalten, die die Welt Sterbender bevölkern. Bei Gramp, den wir an anderer Stelle im Zusammenhang mit der symbolisch-nonverbalen Sprache kennengelernt haben (vgl. Kapitel VI), waren es Phantasiegestalten, die er »Mondschwänzler, Fadenscheinis, Paprikaner« und die allgegenwärtigen »Auf-der-Lauer-Geier« nannte.

2.1 Gevatter Tod

Wir wollen im folgenden bei den Grimm'schen Märchen bleiben und zwar bei den Märchen vom »Gevatter Tod« dem »Totenhemdchen«.

»Es war einmal ein alter Mann, der hatte schon zwölf Kinder, wie das dreizehnte geboren wurde, wußte er sich nicht mehr zu helfen und lief in seiner Not hinaus in den Wald. Da begegnete ihm der liebe Gott und sagte: ›Du dauerst mich, armer Mann, ich will dir dein Kind aus der Taufe heben und für es sorgen, da wird es glücklich auf Erden.‹ Der Mann antwortete: ›Dich will ich nicht zum Gevatter, du gibst den Reichen und läßt die Armen hungern.‹ Damit ließ er ihn stehen und ging weiter. Bald darauf begegnete ihm der Tod, der sprach gleichfalls zu ihm: ›Ich will dein Gevattersmann werden, und dein Kind heben; wenn es mich zum Freund hat, da kann es ihm an nichts fehlen, ich will es zu einem Doktor machen.‹ Der Mann sagte: ›Da bin ich zufrieden, du machst keinen Unterschied und holst den Reichen wie den Armen; morgen ist Sonntag, da wird das Kind getauft, stell dich zur rechten Zeit ein.‹

Am anderen Morgen kam der Tod und hielt das Kind über die Taufe. Nachdem es groß geworden war, kam er einmal wieder und nahm seinen Paten mit in den Wald; da sprach er zu ihm: ›Jetzt sollst du ein Doktor werden; du brauchst nur achtzugeben, wenn du zu einem Kranken gerufen wirst und siehst mich zu seinem Haupte stehen, so hat's nichts zu sagen, laß ihn dann an dieser Flasche riechen und salb' ihm die Füße damit ein, so wird er bald gesund sein. Steh ich aber zu den Füßen, dann ist es aus, dann will ich ihn haben, und dann unterstehʼ dich und fange keine Kur mit ihm an.‹

Damit gab der Tod ihm die Flasche, und er ward ein berühmter Doktor, er brauchte nur den Kranken zu sehen, so sagte er bereits voraus, ob er wieder gesund werde oder sterben müsse. Einmal wurde er zum König gerufen, der an einer schweren Krankheit danieder lag. Wie der Doktor eintrat, sah er den Tod zu den Füßen des Königs stehen, und da konnte seine Flasche nichts mehr helfen. Doch fiel ihm ein, er wollte den Tod betrügen, packte also den König an, und legte ihn verkehrt, so daß der Tod an seinem Haupte zu stehen kam. Es glückte, und der König wurde gesund. Wie der Doktor aber zu Hause war, kam der Tod zu ihm, machte ihm böse und grimmige Gesichter und sagte: ›Wenn du dich noch einmal unterstehst mich zu betrügen, so drehe ich dir den Hals um.‹ Bald danach wurde die schöne Tochter des Königs krank, niemand auf der Welt konnte ihr helfen, der König weinte Tag und Nacht, endlich ließ er bekanntmachen, daß derjenige, der sie kurieren konnte, sie zur Belohnung haben könne. Da kam der Doktor und sah den Tod zu Füßen der Prinzessin stehen, doch weil er von ihrer Schönheit ganz in Staunen war, vergaß er alle Warnungen, drehte sie herum und ließ sie an der heilenden Flasche riechen und salbte ihre Fußsohlen daraus. Kaum war er wieder zu Hause, da stand der Tod mit einem entsetzlichen Gesicht vor ihm, packte ihn, trug ihn in eine unterirdische Höhle, worin viel tausend Lichter brannten. ›Siehst du‹, sagte der Tod, ›das sind alles Lebende, und hier, das Licht, das nur noch ein wenig brennt und gleich auslöschen will, das ist dein Leben; hüt' dich!‹«

Und wieder müssen wir und mußten vor uns Generationen um Generationen wahrnehmen und aushalten, daß man den Tod nicht ständig überlisten kann, daß der Tod kommt und geht, allgegenwärtig ist. Mit ihm kann man weder Vereinbarungen noch Machenschaften treffen, man kann auch den Zeitpunkt nicht bestimmen, in dem »ein Lebens-Licht ausgelöscht« wird. So und nicht anders ist es auch beim »Totenhemdchen«.

2.2 Das Totenhemdchen

»Es hatte eine Mutter ein Büblein von sieben Jahren, das war so schön und lieblich, daß es niemand ansehen konnte, ohne ihm gut zu sein, und sie hatte es auch lieber als alles auf der Welt. Nun geschah es, daß es plötzlich krank wurde und der liebe Gott es zu sich nahm; darüber konnte sich die Mutter nicht trösten und weinte Tag und Nacht. Bald darauf aber, nachdem es begraben war, zeigte sich das Kind nachts an den Plätzen, wo es sonst im Leben gesessen und gespielt hatte; weinte die Mutter, so weinte es auch, und wenn der Morgen kam, war es verschwunden. Als aber die Mutter gar nicht aufhören wollte zu weinen, kam es in einer Nacht mit seinem weißen Totenhemdchen, in dem es in den Sarg gelegt worden war, und mit dem Kränzchen auf dem Kopf, setzte sich zu ihren Füßen auf das Bett und sprach: ›Ach Mutter, hör doch auf zu weinen, sonst kann ich in meinem Sarge nicht einschlafen, denn mein Totenhemdchen wird nicht trocken von deinen Tränen, die darauf fallen.‹ Da erschrak die Mutter, als sie das hörte und weinte nicht mehr. Und in der anderen Nacht kam das Kindchen wieder, hielt in der Hand ein Lichtchen und sagte: ›Siehst du, nun ist mein Hemdchen bald trocken und ich habe Ruhe in meinem Grab.‹ Da befahl die Mutter dem lieben Gott ihr Leid und ertrug es still und geduldig, und das Kind kam nicht wieder, sondern schlief ruhig in seinem unterirdischen Bettchen.«

Viel bittere Wahrheit, aber auch heilsame Volksweisheit liegt in den alten Märchen und Mythen!

Anregungen für eine persönliche Auseinandersetzung

Impulsfrage 1:

Welches Märchen war in Ihrer Kindheit Ihr Lieblingsmärchen? (Vielleicht gab es auch mehrere!?)
Welche vertrauten Gefühle und Bilder löst es bei Ihnen aus?
In welchem Raum und von wem wurde es meistens vorgelesen oder erzählt?

Impulsfrage 2:

Welche Märchen, Mythen oder Geschichten sind Ihnen bekannt, die das Thema Krankheit, Sterben, Tod und Trauer zum Inhalt haben?

X Literatur

KAPITEL II

ARIES, P.: Geschichte des Todes. Hanser Verlag, München 1980

BUSTA, Ch.: »Wende«, aus: Inmitten aller Vergänglichkeit. Otto Müller Verlag, Salzburg 1985

CAMUS, A.: zit. in: VOSS-EISER, M.: Noch einmal sprechen von der Wärme des Lebens. Herder Verlag, Freiburg 1997

EICHENDORFF, J. v.: »Der Umkehrende«, aus: BRAUN, F. (Hrsg.): Der Tausendjährige Rosenstrauch. Zsolnay Verlag, Wien 1973

GIBRAN, K.: Über den Tod aus: Der Prophet. Walter Verlag, Zürich/Düsseldorf 1998

GILL, D.: Elisabeth Kübler-Ross – Wie sie wurde, wer sie ist. Kreuz Verlag, Stuttgart [8]1994

GRIMMS Märchen: »Die Boten des Todes«, aus: Kinder- und Hausmärchen, Gondrom Verlag, Bayreuth 1983

HELLER, A. (Hrsg.): Kultur des Sterbens. Bedingungen für das Lebensende gestalten. Lambertus Verlag, Freiburg im Breisgau 1994

HUSEMANN, F.: Vom Bild und Sinn des Todes. Verlag Freies Geistesleben, Stuttgart 1979

KÜBLER-ROSS, E.: Was können wir noch tun? Gütersloher Verlagshaus Mohn, Mainz 1990

KÜBLER-ROSS, E.: Leben bis wir Abschied nehmen. Gütersloher Verlagshaus Mohn, Mainz 1991

KÜBLER-ROSS, E.: Interviews mit Sterbenden. Gütersloher Verlagshaus Mohn, Mainz 1996

KÜBLER-ROSS, E.: Verstehen was Sterbende sagen wollen. Gütersloher Verlagshaus Mohn, Mainz 1990

KÜBLER-ROSS, E.: Reif werden zum Tod. Gütersloher Verlagshaus Mohn, Mainz 1975

KÜBLER-ROSS, E.: Sehnsucht nach Hause. Verlag »Die Silberschnur«, Güllesheim 1997

LEITER, K.: Im Angesicht des Todes. Informationsblatt der Aktion Leben Österreich, Wien 1994/1

LEVINE, S: Wege durch den Tod. Context Verlag, Bielefeld 1995

MONTAIGNE, M. de: Gesammelte Schriften. Hrsg. von FLAKE, O. und WEIGAND, W., München/Leipzig 1915

NOLL, P.: Diktate über Sterben und Tod. Piper Verlag, München 1987

NULAND, S. B.: Wie wir sterben. Kindler Verlag, München 1994

ONDAATJE, M.: Der englische Patient. Hanser Verlag, München/Wien 1993

RILKE, R. M.: Gesammelte Werke, Band 1, Gedicht – Zyklen. Insel Verlag, Frankfurt/M. 1986

TAUSCH, A.-M./TAUSCH, R.: Sanftes Sterben. Rowohlt Verlag, Reinbek b. Hamburg 1985

VOGHERA, G.: Nostra Signora Morte – Der Tod. Suhrkamp Verlag, Frankfurt/M. 1993

ZULEHNER, P. M./BECKER, P./VIRT, G.: Sterben und sterben lassen. Patmos Verlag, Düsseldorf 1991

KAPITEL III

ALBRECHT, E./ORTH, Ch./SCHMIDT, H.: Hospizpraxis. Ein Leitfaden für Menschen, die Sterbenden helfen wollen. Herder Verlag, (Herder Spektrum 4399) Freiburg [2]1996

ANONYM: aus: KÜBLER-ROSS, E.: Reif werden zum Tod. Gütersloher Verlagshaus Mohn 1995

AULBERT, E./ZECH, D.: Lehrbuch der Palliativmedizin. Schattauer Verlag, Stuttgart 1997

BARTH, F. K./HORST, R.: Wenn es so weit sein wird mit mir. In: JEHLE, U. (Hrsg.): Ethisch handeln lernen an Krankenpflegeschulen - eine Handreichung für den Unterricht. Stuttgart 1990

BAUMGARTNER, I.: Helfen zwischen Selbstsucht und Selbstlosigkeit. Aus: GARHAMMER, E. (Hrsg.): Menschenbilder: Impulse für helfende Berufen. Verlag Pustet, Regensburg 1989

BOULAY, Sh., du: Cicely Saunders - Ein Leben für Sterbende. Tyrolia Verlag, Wien 1987

BUCKMANN, R.: Was wir für Sterbende tun können. Praktische Ratschläge f. Angehörige und Freunde. Kreuz Verlag, Zürich 1991

DOMIN, H.: »Jeder, der geht«, aus: PERA, H.: Sterbende verstehen. Ein praktischer Leitfaden zur Sterbebegleitung. Herder Verlag, Freiburg 1995

FÄSSLER-WEIBEL. P.: Die Pflegenden und Ärzte im Spannungsfeld zwischen Sterbenden, eigenen Gefühlen und den Reaktionen der Angehörigen. Aus: INFO-Kara, Fachzeitschrift der Schweizer Gesellschaft für palliative Medizin, Pflege und Begleitung, 2. Jhg., Heft 1/1997

FÄSSLER-WEIBEL, P.: Nahe Sein in schwerer Zeit. Paulus Verlag, Basel 1993

HELLER, A.: Ganzheitliche Lebenspflege. Patmos Verlag, Düsseldorf 1989

HELLER, A./STENGER, H.: Den Kranken verpflichtet. Seelsorge - ein Gesundheitsberuf im Krankenhaus. Tyrolia Verlag, Wien 1997

HUSEBÖ, S./KLASCHIK, E.: Palliativmedizin. Springer, Berlin 1997

IGSL - Internationale Gesellschaft für Sterbebegleitung und Lebensbeistand: In der Hand eines anderen sterben: Bitten eines Sterbenden, Bingen o. J.

KEARNY, M.: Schritte in ein ungewisses Land. Herder Verlag, Freiburg 1997

LEITER, K.: Im Angesicht des Todes. Informationsblatt der Aktion Leben/1, Wien 1994

LEITER, K.: Lebensbegleitung bis zum Tod. Wir brauchen Hospize. Tyrolia Verlag, Wien 1993

MITTLINGER, K.: »mein gelobtes land«, aus: unter dem eis überleben die fische. Styria Verlag, Graz 1989

MONTAGU, A.: Körperkontakt. Ernst Klett Verlag, Stuttgart 1974

NIETZSCHE, F.: Sämtliche Werke. Hrsg.: COLLI, G., 15 Bde., de Gruyter, Berlin ²1988

NOLL, P.: Diktate über Sterben und Tod. Piper Verlag, München 1987

NULAND, S. B.: Wie wir sterben. Kindler Verlag, München 1994

PESESCHKIAN, N.: Der Kaufmann und der Papagei. Fischer Verlag, Frankfurt/M. 1979

RECHTE Sterbender: Southwestern Michigan Inservice educational council, in: INFO-Kara, Fachzeitschrift der Schweizer Gesellschaft für palliative Medizin, Pflege und Begleitung, Heft 2/1997

REST, F.: Sterbebeistand, Sterbebegleitung, Sterbegeleit. 1. Studienbuch für Pflegekräfte, Ärzte, Seelsorger, Hospiz-Helfer, stationäre und ambulante Begleiter. Kohlhammer Verlag, Stuttgart ⁴1998

REST, F.: Den Sterbenden beistehen. Ein Wegweiser für die Lebenden. Quelle & Meyer Verlag, Heidelberg 1981

SAINT- EXUPÉRY, A. de: Der kleine Prinz. Arche Verlag, Zürich 1950

SAUNDERS, C./BAINES, M.: Leben mit dem Sterben. Hans Huber Verlag, Bern 1991

SAUNDERS, C.: Hospiz und Begleitung im Schmerz. Herder Verlag, Freiburg 1993

SCHREIBER, H./KRÜGER, W.: Sterbehospize - Bis zuletzt nicht allein. In: GEO - Das neue Bild der Erde, Februar 1996/2

SCHMIDBAUER, W.: Hilflose Helfer. Über die seelische Problematik der helfenden Berufe. Rowohlt Verlag, Reinbek b. Hamburg 1997

STEINWART, A.: Die anderen Brücken. Aus: SCHWARZ, J.: Vom Engel, der die Welt verwandeln wollte. Eschbach Verlag, Eschbach/Markgräflerland 1996

STODDARD, S.: Leben bis zuletzt. Die Hospiz-Bewegung. Piper Verlag, München 1989

STUDENT, J. Ch.: Das Hospiz-Buch, Lambertus Verlag, Freiburg 1989

STENGER, H. (Hrsg.): Eignung für die Berufe der Kirche. Herder Verlag, Freiburg 1990

TAUSCH-FLAMMER, D./BICKEL, L. (Hrsg.): Spiritualität der Sterbebegleitung. Herder Verlag, Freiburg 1997

TAUSCH-FLAMMER, D.: Sterbenden nahe sein. Herder Verlag (Herder Spektrum 4508), Freiburg ^{2}1997

KAPITEL IV

BACHMANN, I.: Die Wahrheit ist dem Menschen zumutbar, Essays, Reden, Kleinere Schriften. Piper Verlag, München 1985

BUSTA, Ch.: »Inmitten aller Vergänglichkeit«. Otto Müller Verlag, Salzburg 1985

CANACAKIS J./SCHNEIDER, K.: Krebs. Die Angst hat nicht das letzte Wort. Kreuz Verlag, Stuttgart 1993

CASSEL, E.: The Nature of Suffering. Zit. nach: NULAND, S. N.: Wie wir sterben. Kindler Verlag, München 1994

FRANKL, V.: Der Mensch vor der Frage nach dem Sinn. Piper Verlag, München 1997

FRANKL, V.: . . . trotzdem Ja zum Leben. dtv, München 1982

FRANKL, V.: Der unbewußte Gott. dtv, München 1995

FRANKL, V.: Der Wille zum Sinn. Piper Verlag, München 1994

FRANKL, V.: Der leidende Mensch. Huber Verlag, Bern 1984

FRANKL, V..: Die Sinnfrage in der Psychotherapie. Piper Verlag, München 1994

FREUD, S.: Hemmung, Symptom und Angst. Studienausgabe Bd. 6, Fischer Verlag, Frankfurt/M. 1971

FRISCH, M.: Beitrag in: »Angst, eine Farbe des Lebens«, Ö 1-Radiokolleg, Gestaltung: JANISCH, H., Prod. Abt. Wissenschaft und Bildung, Österr. Rundfunk, Argentinierstraße, Wien 1994

GOLDBERG, M.: Eine Minute warten. Verlag für Pädagogische Medien, Hamburg 1995

GROND, E.: Praxis der psychischen Altenpflege. Werk-Verlag, Dr. E. Banaschewski, München 1978

GUTL, M.: »Bis jetzt«, aus: In vielen Herzen verankert. Styria Verlag, Graz 1996

HAHN, H.: Seltsame Jahrmarktleute. Mellinger Verlag, Stuttgart 1977

HANDKE, P.: Versuch über den geglückten Tag. Ein Wintertagtraum, Frankfurt/M. 1991

HELLINGER, B.: Die Mitte fühlt sich leicht an. Kösel Verlag, München 1996

HELLINGER, B.: Anerkennen, was ist. Kösel Verlag, München 1996

HELLINGER, B.: Ordnungen der Liebe. Carl-Auer-Systeme Verlag, Heidelberg 1996

HESSE, H.: Lektüre für Minuten. Suhrkamp Verlag, Frankfurt/M. 1972

HÖLDERLIN, F.: »Die Linien des Lebens«, aus: BRAUN, F. (Hrsg.): Der tausendjährige Rosenstrauch. Zsolnay Verlag, Wien 1973

HUSEBÖ, S.: Gibt es Hoffnung, Doktor? Aus: notabene medici, 1996/5

IRISCHER Segenswunsch: aus: VOSS-EISER, M.: Noch einmal sprechen von der Wärme des Lebens . . . Herder Verlag, Freiburg 1997

KAST, V.: Vom Sinn der Angst. Herder Verlag, Freiburg 1996

KIERKEGAARD, S.: Der Begriff Angst. (Hrsg.: RICHTER, L.) Rowohlt Verlag, Reinbek b. Hamburg 1960

LEITER, K.: Ach wie gut, daß jemand weiß . . . Tyrolia Verlag, Wien 1996

LEITER, K.: Der Trotzdembaum. Tyrolia Verlag, Wien 1990
MULACK, C.: . . . und wieder fühle ich mich schuldig, Kreuz Verlag, Stuttgart 1992
MOWLANA, M.: Die Schaulustigen und der Elefant. In: PESESCHKIAN, N.: Der Kaufmann und der Papagei. Fischer Verlag, Frankfurt/M. 1992
NIETZSCHE, F.: zit. in FRANKL, V.: . . . trotzdem ja zum Leben. dtv, München 1982
NULAND, S. N.: Wie wir sterben. Kindler Verlag, München 1994
RIEMANN, F.: Grundformen helfender Partnerschaft. Pfeiffer Verlag, München 1976
RIEMANN, F.: Grundformen der Angst. Ernst Reinhardt Verlag, München 1975
SAINT-EXUPÉRY, A. de: Wind, Sand und Sterne. Karl Rauch Verlag, Düsseldorf 1994
TOLSTOI, L. N: Der Tod des Iwan Iljitsch. Aus: Leo N. Tolstoi. Volkserzählungen, Jugenderinnerungen. Hrsg. v. Josef Hahn. Artemis & Winkler, Düsseldorf/Zürich 1961/1998
VERRES, R.: Die Kunst zu leben. Piper Verlag, München 1991
WOLF, D.: Wenn Schuldgefühle zur Qual werden. PAL, Mannheim 1996

KAPITEL V

ARGYLE, M.: Soziale Interaktion. Verlag Kiepenheuer u. Witsch, Berlin 1972
BERNE, E.: Spiele der Erwachsenen. Rowohlt Verlag, Reinbek b. Hamburg 1967
BUBER, M.: Der Taube. Deutsche Parabeln, Reclam Verlag, Stuttgart 1982
CASSEL, E.: The Nature of Suffering. In: NULAND S. N.: Wie wir sterben. Kindler Verlag, München, 1994
CHINESISCHE Weisheit. Aus: Ausgewählte chinesische Weisheiten. Seehammer Verlag, Weyarn o. J.
COHN, R.: Von der Psychoanalyse zur themenzentrierten Interaktion. Klett-Cotta, Stuttgart [13]1997
ENDE, M.: Momo. K. Thienemanns Verlag, Stuttgart 1973
FRANKL, V.: Der Mensch vor der Frage nach dem Sinn. Piper Verlag, München 1997
GORDON, T.: Familienkonferenz. Rowohlt Verlag, Reinbek b. Hamburg 1972
GUTL, M.: »Alles ist Botschaft«, aus: In den Herzen vieler verankert. Styria Verlag, Graz 1996
LANGER, I.,/SCHULZ v. THUN, F.,/ TAUSCH, R.: Sich verständlich ausdrücken. München 1981
PERLS, F.: Gestalttherapie in Aktion. Stuttgart 1974
PLOIER, F.: Gesprächsleitung. Veritas Verlag, Linz 1989
RICHTER, H. E.: Zur Psychologie des Friedens. Rowohlt Verlag, Reinbek b. Hamburg 1984
RICHTER, H. E.: Lernziel: Solidarität. Rowohlt Verlag, Reinbek b. Hamburg 1974
RICHTER, H. E.: Patient Familie. Rowohlt Verlag, Reinbek b. Hamburg 1970
RILKE, R. M: »Und ich möchte Sie bitten . . .«, aus: Brief an Kappus. Gesammelte Werke, Nr. 604, Insel Verlag, Frankfurt/M.
ROGERS, C.: Entwicklung der Persönlichkeit. Klett-Cotta, Stuttgart 1979
ROGERS, C./ROSENBERG, R. L.: Die Person als Mittelpunkt der Wirklichkeit. Klett-Cotta, Stuttgart 1980
SATIR, V.: Mein Weg zu dir. Kösel Verlag, München 1989
SATIR, V.: Selbstwert und Kommunikation. Pfeiffer, München 1975
SCHULZ v. THUN, F.: Miteinander reden. I. Störungen und Klärungen. Rowohlt Verlag, Reinbek b. Hamburg 1994
SCHULZ v. THUN, F.: Miteinander reden. II. Stile, Werte und Persönlichkeits-

entwicklung. Rowohlt Verlag, Reinbek b. Hamburg 1993
STEINDL-RAST, D.: Die Achtsamkeit des Herzens. Goldmann Verlag, München 1988
TAUSCH, A. M.: Gespräche gegen die Angst. Rowohlt Verlag, Reinbek b. Hamburg 1994
TAUSCH, R./TAUSCH, A. M.: Erziehungspsychologie. Hogrefe Verlag, Göttingen 1979
TAUSCH, R./TAUSCH, A. M.: Gesprächspsychotherapie. Hogrefe Verlag Göttingen, 1979
TURRINI, P.: Das Nein. Lesungstext
VANDERBEKE, B.: Alberta empfängt einen Liebhaber. Alexander Fest Verlag, Berlin 1997
WATZLAWICK, P.: Wie wirklich ist die Wirklichkeit? Piper Verlag, München 1976
WATZLAWICK, P.: Anleitung zum Unglücklichsein. Piper Verlag, München 1984
WATZLAWICK, P.: Münchhausens Zopf oder Psychotherapie und Wirklichkeit. Piper Verlag, München 1992
WATZLAWICK, P./BEAVEN, J. H./JACKSON, D. D.: Menschliche Kommunikation. H. Huber Verlag, Bern 1996
WATZLAWICK, P./WEAKLAND, J. H./FISCH, R.: Lösungen. H. Huber Verlag, Bern 1992

KAPITEL VI

ADAMS, E. C: Das Werk von Erik H. Erikson. In: Die Psychologie des 20. Jahrhunderts. III, Zürich 1977
BAUBY, J. D.: Schmetterling und Taucherglocke. Zsolnay Verlag, Wien 1997
BECKER, G.: Die Ursymbole in den Religionen. Styria Verlag, Graz 1987
BUBER, M.: Die Frage der Fragen. Aus: Die Erzählungen der Chassidin. Manesse Verlag, Zürich 1949
BURKHARD, G.: Das Leben in die Hand nehmen. Arbeit an der eigenen Biographie. Verlag Freies Geistesleben, Stuttgart 1993
EGNER, H. (Hrsg.): Lebensübergänge oder der Aufenthalt im Werden. Walter Verlag, Düsseldorf 1995
ERIKSON, E.: Identität und Lebenszyklus. Suhrkamp Verlag, Frankfurt/M. 1976
ERIKSON, E.: Identifikation und Identität. Aus: FRIEDEBURG, L. v. (Hrsg.): Jugend in der modernen Gesellschaft. Verlag Kiepenheuer & Witsch, Berlin 1968
FÄSSLER-WEIBEL, P. (Hrsg.): Sterbende verstehen lernen. Paulus Verlag, Freiburg 1997
FEIL, N.: Ausbruch in die Menschenwürde. Altern & Kultur, Wien 1993
FRANKL, V.: Der Mensch vor der Frage nach dem Sinn. Piper Verlag, München 1997
FREUD, S.: Gesammelte Werke. Studienausgabe, Fischer Verlag, Frankfurt/M. 1971
FRISCH, M.: Totenrede. In: NOLL, P.: Diktate über Sterben und Tod. Piper Verlag, München 1987
GOETHE, J. W. v.: »Selige Sehnsucht«, aus: BRAUN, F. (Hrsg.): Der Tausendjährige Rosenstrauch. Zsolnay Verlag, Wien 1973
HAHN, H. M.: Farbtherapie. Unveröffentlichter Aufsatz
HERMANN, I.: »Die Koffer sind gepackt!« Die symbolische Sprache sterbender Menschen. Aus: TAUSCH-FLAMMER, D./BICKEL, L. (Hrsg.): Spiritualität der Sterbebegleitung. Herder Verlag, Freiburg 1997
HESSE, H.: »Stufen«, aus: Die Gedichte. Suhrkamp, Frankfurt/M. 1970
JURY, M./DAN, G: »Gramp – ein Mann altert und stirbt.« Die Begegnung einer Familie mit der Wirklichkeit des Todes. Verlag J. H. W. Dietz Nachf., Berlin/Bonn 1988
KÜBLER-ROSS, E.: Verstehen, was Sterbende sagen wollen. Gütersloher Verlagshaus, Gütersloh ^{4}1995
LÜCKEL, K.: Begegnung mit Sterbenden. Gestaltseelsorge in der Begleitung sterbender Menschen. Gütersloher Verlagshaus, Gütersloh ^{4}1994

NOVALIS, F.: Das Lied des Einsiedlers, aus: BRAUN, F. (Hrsg.): Der Tausendjährige Rosenstrauch. Zsolnay Verlag, Wien 1973

NULAND, S. B.: Wie wir sterben. Kindler Verlag, München 1994

PERA, H.: Sterbende verstehen. Herder Verlag, Freiburg 1995

PINCUS, L.: Das hohe Alter. Piper Verlag, München 1992

PIPER, H. Ch.: Gespräche mit Sterbenden. Verlag Vandenhoeck & Ruprecht, Göttingen 1977

PRERADOVIC, P. V.: »Deine Hände«, aus: BRAUN, F. (Hrsg.): Der Tausendjährige Rosenstrauch. Zsolnay Verlag Wien 1973

RILKE, R. M.: »Ich lebe mein Leben«, aus: Das Buch vom mönchischen Leben. Werke in drei Bänden, Bd. 1, Insel Verlag, Frankfurt/M. 1966

STEINDL-RAST, D.: Die Achtsamkeit des Herzens. Ein Leben in Kontemplation. Goldmann Verlag, München 1988

TAUSCH-FLAMMER, D./BICKEL, L. (Hrsg.): Spiritualität der Sterbebegleitung. Herder Verlag, Freiburg 1997

TROPPER, D.: Klara – die Schwierige: Wie Versöhnung mit dem Leben durch Biographiearbeit noch möglich wurde. Unveröffentlichtes Manuskript, Graz 1998

WEBER, G.: Das Rasthaus. Aus: Zweierlei Glück. Die systemische Psychotherapie B. Hellingers, Carl Auer Verlag, Heidelberg 1995

KAPITEL VII

ANDERS, G.: Der Blick vom Turm. Deutsche Parabeln. Reclam Verlag, Stuttgart 1982

BACHMANN, I.: »Eine Art Verlust«, aus: Sämtliche Gedichte. Piper Verlag, München 1995

BETZ, O.: Vom Umgang mit der Zeit. Echter Verlag, Würzburg 1995

BUCH Hiob: Aus mir spricht die Verzweiflung (6/7). Zit. aus: VOSS- EISER, M.: Noch einmal sprechen von der Wärme des Lebens. Herder Verlag, Freiburg 1997

CANACAKIS, J.: Ich sehe deine Tränen. Kreuz Verlag, Zürich 1987

ELIOT, T. S.: Wir sterben mit den Sterbenden, in: KEARNEY, M.: Schritte in ein ungewisses Land, Herder Verlag, Freiburg 1997

FELS, L.: Der Himmel war eine große Gegenwart. Ein Abschied. Piper Verlag, München 1990

FREUD, S.: Trauer und Melancholie. In: Psychologie des Unbewußten. Studienausgabe Bd. III, Fischer Verlag, Frankfurt 1975

GINZBURG, N.: Nie sollst du mich befragen. Wagenbach Verlag, Berlin 1991

GRILLPARZER, F.: »Was je den Menschen schwer gefallen«, aus: BRAUN, F. (Hrsg.): Der Tausendjährige Rosenstrauch, Zsolnay Verlag, Wien 1973

HESSE, H.: »Stufen«, aus: Die Gedichte. Suhrkamp, Frankfurt/M. 1970

KAPLAN, L.: Die zweite Geburt. Piper Verlag, München 1993

KAST, V.: Trauern. Phasen und Chancen des psychischen Prozesses. Kreuz Verlag, Stuttgart 1988

KAST, V.: Sich einlassen und loslassen. Herder Verlag, Freiburg 1994

KAST, V.: Der schöpferische Sprung. dtv, München 1996

KNÖPFLI-WIDMER, Ch.: Die zwei Kammern. Eschenbacher Textkarten. Verlag am Eschbach, Eschbach/Markgräflerland

LAMP, I./MEURER, Th.: Abschied-Trauer-Neubeginn. Verlag Butzon & Bercker/Einhard Verlag, Kevelar/Aachen 1997

MAHLER, M.: Symbiose und Individuation. Klett Verlag, Stuttgart 1972

MAHLER, M./PINE, F./BERGMAN, A: Die psychische Geburt des Menschen. Fischer Verlag, Frankfurt/M., 1978

MÄRCHEN der Weltliteratur. Finnische und estnische Märchen. Diederichs-Verlag, Köln 1962
MEDITATIONSTEXT: Autor unbekannt
NERUDA, P.: Liebesgedichte. Sammlung Luchterhand, Darmstadt 1977
PESESCHKIAN, N.: Gib du ihm deine Hand. Aus: Der Kaufmann und der Papagei, Fischer Verlag, Frankfurt/M. 1992
PESESCHKIAN, N.: Der gläserne Sarkophag. Aus: Der Kaufmann und der Papagei. Fischer Verlag, Frankfurt/M. 1992
RILKE, R. M.: Requiem für eine Freundin. Aus: Werke in drei Bänden, Bd. I, Insel Verlag, Frankfurt/M. 1966
SAADI, G.: Vom Abend bis zum Morgen. Aus: PESESCHKIAN, N.: Der Kaufmann und der Papagei. Fischer Verlag, Frankfurt/M. 1992
SCHNEIDER, R.: Schlafes Bruder. Reclam Verlag, Leipzig 1994
WANDER, M.: Leben wär' eine prima Alternative. Sammlung Luchterhand, Darmstadt/Neuwied 1981

KAPITEL VIII

ADAMS, E. C: Das Werk von Erik H. Erikson. In: Die Psychologie des 20. Jahrhunderts III, Zürich 77
BERICHT einer Mutter, deren Kind pränatal verstarb, Autorin unbekannt
BICKEL, L./TAUSCH-FLAMMER, D.: Wenn ein Mensch gestorben ist – wie gehen wir mit dem Toten um? Herder Verlag, Freiburg 1997
CANACAKIS, J.: Ich sehe deine Tränen. Kreuz Verlag, Zürich 1987
CANACAKIS; J.: Ich begleite dich durch deine Trauer. Kreuz Verlag, Zürich 1990
CLAUDIUS, M.: »Bei dem Grabe meines Vaters«, aus: BRAUN. F. (Hrsg.): Der Tausendjährige Rosenstrauch. Zsolnay Verlag, Wien 1973
DÖBLER, H.: Kultur- und Sittengeschichte der Welt, Band: Magie-Mythos-Religion. Bertelsmann Kunstverlag, Gütersloh 1972
FÄSSLER-WEIBEL, P. (Hrsg.): Gelebte Trauer. Paulusverlag, Freiburg i. Ü. 1991
FELS, L.: Der Himmel war eine große Gegenwart. Ein Abschied. Piper Verlag, München 1990
FREUD, S.: Psychologie des Unbewußten. Fischer Verlag, Frankfurt/M. 1975
FREUD, S.: Briefausschnitt aus: FREUD, S./BINSWANGER; L.: Briefwechsel 1908 – 1938. Fischer Verlag, Frankfurt/M. 1992
GEHRING, D.: In: FÄSSLER-WEIBEL, P.: Gelebte Trauer (s. d.)
GRÜN, A.: Geborgenheit finden. Rituale feiern. Kreuz Verlag, Stuttgart 1997
GUTL, M.: »Nicht jenseits von uns«, aus: Meine Wege sind dir vertraut. Styria Verlag, Graz 1990
GUTL, M.: »Christ sein«, aus: In vielen Herzen verankert. Styria Verlag, Graz 1996
HERRIGER, C.: Die Kraft der Rituale. Heyne Verlag, München
HOLLAND, H. S.: Der Tod bedeutet eigentlich nichts. Quelle unbekannt
IMBER-BLACK, E./ROBERTS, J./ WHITING, R. A.: Rituale. Carl Auer Verlag, Heidelberg 1993
INDIANISCHER TEXT einer Irokesenfrau: Tod eines Sohnes. Aus: Weisheit der Indianer. Vom Leben im Einklang mit der Natur. Orbis Verlag, München 1995
JÜDISCHES MÄRCHEN: In: LEITER, K.: Ach wie gut, daß jemand weiß . . . Tyrolia Verlag, Wien 1996
JUNG, C. G.: Symbole der Wandlung. Gesamtwerksausgabe, Bd. 5, Walter Verlag, Olten 1973
JUNG, C. G.: Über die Psychologie des Unbewußten. Gesamtwerkausgabe, Bd. 7, Walter Verlag, Olten 1974
JUNG, C. G.: Gesammelte Werke, Bd. 8. Zürich 1976
KAISER-STEARNS, A.: Und plötzlich ist alles anders. Verluste verstehen und meistern. Kösel Verlag, München 1991
KAST, V.: Trauern. Phasen und Chancen des psychischen Prozesses. Kreuz Verlag, Stuttgart 1988

KÄSTNER, E.: Die Stundentrommel vom Heiligen Berg Athos. Aus: GRÜN, A.: Geborgenheit finden – Rituale feiern. Kreuz Verlag, Zürich 1997
KÜBLER-ROSS, E.: Jedes Ende ist ein strahlender Beginn, Verlag »Die Silberschnur«, Neuwied 1993
LEITER, K.: Ach wie gut, daß jemand weiß . . ., Tyrolia Verlag, Wien 1996
MÜLLER, W.: Meine Seele weint. Die therapeutische Wirkung der Psalmen für die Trauerarbeit. Vier Türme Verlag, Münsterschwarzach 1993
MÜLLER, M./SCHNEGG, M.: Unwiederbringlich – Vom Sinn der Trauer. Herder Verlag, Freiburg 1997
MYERHOFF, B. G.: Secular ritual. Zit. nach: IMBER-BLACK, E./ROBERTS, J./ WHITING, R. A.: Rituale. Carl Auer Verlag, Heidelberg 1993
NOLL, P.: Diktate über Sterben und Tod. Piper Verlag, München 1987
PHILIPE, A.: Nur einen Seufzer lang. Meditationen der Trauer über den Tod ihres Mannes, Gérard Philipe. Rowohlt Verlag, Reinbek b. Hamburg 1969
RÜCKERT, F.: »Kindertotenlieder«, aus: BRAUN, F.: Der Tausendjährige Rosenstrauch. Zsolnay Verlag, Wien 1973
RAPPAPORT, R. A.: Ritual sanctity and cybernetics. Aus: American Anthropologist 1971, 73/1
SACHS, N.: Chor der Tröster. Fahrt ins Staublose. Suhrkamp Verlag, Frankfurt/M. 1961
SAGEN des klassischen Altertums: Tod des Achilleus. Aus: STOLL, H. W.: Sagen des klassischen Altertums. Phaidon, Essen 1997
SCHELLENBAUM, P.: Nimm deine Couch und geh! dtv-Verlag, München 1994
SCHIBILSKY, M.: Trauerwege. Beratung für helfende Berufe. Patmos Verlag, Düsseldorf 1996
SCHNEIDER, R.: Schlafes Bruder. Reclam Verlag, Leipzig 1994
SONNECK, G. (Hrsg.): Krisenintervention und Suizidverhütung. Universitätsverlag Facultas, Wien 1995
SONNECK, G.: Bildungsziele und Lehrveranstaltungen im Medizinstudium. Universitätsverlag Facultas, Wien 1994
TROST in der Trauer, Trösten im Leid: Internationale Gesellschaft für Sterbebegleitung und Lebensbeistand, Im Rheinblick 16, D-55411 Bingen/Rhein
VAN GENNEP, A.: Übergangsriten, Campus Verlag, Frankfurt/M. 1986
WANDER, M.: Leben wär' eine prima Alternative. Sammlung Luchterhand, Darmstadt/Neuwied 1981
WÖLFING, M.-L.: Der Segen der Trauernden. Aus: VOSS-EISER, M.: Noch einmal sprechen von der Wärme des Lebens. Herder Verlag, Freiburg 1997

KAPITEL IX

BETTELHEIM, B.: Kinder brauchen Märchen. dtv, Stuttgart 1980
BETZ, F.: Heilbringer im Märchen. Einübung in schauendes Denken. Kösel Verlag, München 1989
DREWERMANN, E.: Lieb Schwesterlein, laß mich herein. Grimms Märchen tiefenpsychologisch gedeutet. dtv, München 1992
GEIGER, R.: Märchenkunde. Verlag Urachhaus, Stuttgart 1982
GILGAMESCH-Epos. Reclam Verlag, Stuttgart 1958
GRIMM, Gebrüder: Kinder- und Hausmärchen. Gondrom Verlag, Bayreuth 1983
JUNG, C. G.: Die Archetypen und das kollektive Unbewußte. Gesamtwerkausgabe, Bd. 9/erster Halbband, Walter Verlag, Olten 1974
JUNG, C. G. (Hrsg.): Der Mensch und seine Symbole. Walter Verlag, Freiburg 1979

Quellenverzeichnis

S.23, 28, 46, 83: P. Noll, Auszüge aus Peter Noll, Diktate über Sterben und Tod, © Pendo Verlag GmbH & Co. KG, München und Zürich 1984; S.44: Ernst Barlach, Das Grauen. Detail der Bronze nach dem Gips von 1923, WVZ-Nr.285. © Ernst Barlach, Lizenzverwaltung Ratzeburg; S.45: Wende aus: Christine Busta, Inmitten aller Vergänglichkeit. © Otto Müller Verlag, 2. Auflage, Salzburg 1998; S.46: Karin Leiter, aus: Im Angesicht des Todes. © Tyrolia Verlag. Innsbruck; S.46: M. Ondaatje, aus: Michael Ondaatje, Der englische Patient. Roman, Aus dem Englischen von Adelheid Dormagen. © 1993 Carl Hanser Verlag. München; S.46: K. Gibran, aus: Khalil Gibran, Der Prophet. Walter Verlag. Zürich und Düsseldorf, 34. Auflage 1998; S.48: G. Voghera, aus: Giorgio Voghera, Nostra Signora Morte – Der Tod. © 1990 Residenz Verlag. Salzburg und Wien; S.60: Die halbe Wahrheit, 127: Über das ewige Leben, 194: Gib du ihm deine Hand, 216f.: Der gläserne Sarkophag, Zitate aus: Nossrat Peseschkian, Zitate aus: Der Kaufmann und der Papagei. © Fischer Taschenbuch Verlag GmbH, Frankfurt am Main 1979; S.81: H. Domin, Unterricht, aus: dies., Gesammelte Gedichte. © S. Fischer Verlag GmbH, Frankfurt am Main 1987; S.82: © Karl Mittlinger. Mit freundlicher Genehmigung des Autors; S.78: A. de Saint-Exupéry, aus: Antoine de Saint-Exupéry, Der Kleine Prinz. Karl Rauch Verlag. Düsseldorf 1958 und 1998; S.84: Anne Steinwart, Die anderen Brücken. Mit freundlicher Genehmigung der Autorin; S.87, 119, 125, 181: S. B. Nuland, aus: S. B. Nuland, Wie wir sterben. Deutsche Erstausgabe © 1994 Kindler Verlag. München; S.83, 101f.: Dankbrief, 118, 263: K. Leiter, aus: Karin E. Leiter, Ach, wie gut, daß jemand weiß. Tyrolia Verlag. Wien 1996; S.105: M. Goldberg. aus: M. Goldberg, Eine Minute warten. Verlag für Pädagogische Medien, Hamburg 1995; S.109f., 181f. Das Rasthaus: Bert Hellinger. Mit freundlicher Genehmigung des Autors; S.123: Irischer Segenswunsch; S.215: Buch Hiob 6 u. 7; S.245: M.-L. Wölfing. Der Segen der Trauernden, entnommen aus: Mechthild Voss-Eiser (Hg.), Noch einmal sprechen von der Wärme des Lebens. . ., HERDER spektrum Bd.4995, S.192f., © Verlag Herder, Freiburg im Breisgau, 7. Auflage 2006; S.123: P. Handke: An dem geglückten Tag . . . wie sich's gehört. Aus: Versuch über den geglückten Tag. Ein Wintertagtraum. © Suhrkamp Verlag. Frankfurt am Main 1991; S.125: L. Tolstoi, Der Tod des Iwan Iljitsch (1886), übersetzt von Marie Stelzig. Aus: Leo N. Tolstoi, Volkserzählungen, Jugenderinnerungen. Hg. v. Josef Hahn. © Artemis & Winkler, Düsseldorf/Zürich 1961/1998; S.125: A. de Saint-Exupéry, aus: Antoine de Saint-Exupéry, Wind, Sand und Sterne. Karl Rauch Verlag. Düsseldorf 1939 und 1956; S.127: H. Hesse: Wir verlangen, das Leben müsse einen Sinn haben . . . desto sinnvoller wird unser Leben, aus: Hermann Hesse, Lektüre für Minuten. Gedanken aus seinen Büchern und Briefen. Ausgewählt und zusammengestellt von Volker Michsels, © Suhrkamp Verlag. Frankfurt am Main 1971; S.127ff.: H. Hahn, aus: Herbert Hahn, Seltsame Jahrmarktleute. J. Ch. Mellinger Verlag GmbH, Stuttgart 1977; S.145: M. Gutl, Alles ist Botschaft aus: Martin Gutl, In vielen Herzen verankert. Verlag Styria, Graz 2004; S.233: M. Gutl, Selbst ratlos sein (Überschrift im Original: Christ sein) aus: Martin Gutl, In vielen Herzen verankert. Verlag Styria, Graz 2004; S.145: B. Vanderbeke, aus: Birgit Vanderbeke, Alberta empfängt einen Liebhaber, © 1997 Alexander Fest Verlag. Berlin; S.147: C. Rogers, aus: Carl R. Rogers. Entwicklung der Persönlichkeit. Psychotherapie aus der Sicht eines Therapeuten. Aus dem Amerik. von Jacqueline Giere. Mit einem Vorwort von Reinhard Tausch. © 1961 by Carl R. Rogers. Klett-Cotta, Stuttgart 1973, 15. Auflage 2004; S.147: E. Ploier, aus: Eduard Ploier, Gesprächsleitung. Veritas Verlag, Linz 1989; S.147, 181: D. Steindl-Rast, aus: David Steindl-Rast, Die Achtsamkeit des Herzens. Alle Rechte an der deutschsprachigen Ausgabe beim Wilhelm Goldmann Verlag. München; S.148: V. Satir, aus: Virginia Satir, Mein Weg zu dir. Kösel-Verlag, Verlagsgruppe Random House, München 2001; S.148: M. Buber, Der Taube, S.181: M. Buber, Die Frage der Fragen, beide aus: Martin Buber, Die Erzählungen der Chassidim © 1949 by Manesse Verlag, Zürich, in der Verlagsgruppe Random House GmbH, München; S.148f.: M. Ende, aus: Michael Ende, Momo © 1973 by Thienemann Verlag. (Thienemann Verlag GmbH), Stuttgart–Wien; S.178: P. V. Preradovic, Deine Hände, aus: Gesammelte Werke im Verlag Fritz Molden, Wien, 1969; S.179f.: H. Hesse, Stufen, aus: Hermann Hesse, Sämtliche Werke, Band 10: Die Gedichte, © Suhrkamp Verlag. Frankfurt am Main 2002; S.180: J. D. Bauby, aus: Jean-Dominique Bauby, Schmetterling und Taucherglocke. © Paul Zsolnay Verlag Gesellschaft m.b.H, Wien 1997; S.180f.: M. Frisch, Totenrede Peter Noll, aus: Max Frisch, Gesammelte Werke in zeitlicher Folge, Sieben Bände, © Suhrkamp Verlag. Frankfurt am Main 1986; S.198, 202, 209, 226: M. Wander, aus: Maxie Wander, Leben wär' eine prima Alternative. Sammlung Luchterhand, Darmstadt/Neuwied 1980; S.198, 208f., 232: V. Kast, aus: Verena Kast, Trauern. Phasen und Chancen des psychischen Prozesses. Kreuz Verlag. Stuttgart 1982; S.210: Er ging hin. . ., aus: Finnische und Estnische Märchen, erschienen in der Reihe Märchen der Weltliteratur im Eugen Diederichs Verlag, München; S.212f.: I. Bachmann, Eine Art Verlust, aus: Ingeborg Bachmann: Werke Bd.1: Gedichte. © 1978 Piper Verlag GmbH, München; S.187: P. Neruda, Ach, schon jenseits von allem . . ., S.213: P. Neruda, Die Tote aus: Pablo Neruda, Liebesgedichte, deutschsprachige Ausgabe in der Übersetzung von Fritz Vogelsang, erschienen 1991 im Luchterhand Literaturverlag, München, einem Unternehmen der Verlagsgruppe Random House GmbH; S.215: Natalia Ginzburg. Auszug aus: Nie sollst du mich befragen. © Verlag Klaus Wagenbach, Berlin 1991; S.216: Ch. Knöpfli-Widmer, Die zwei Kammern, aus: Liebe über den Tod hinaus, © 1990 Amboss-Verlag. St. Gallen, CH-9434 Au/SG; S.216: G. Anders, Der Blick vom Turm, © Verlag C. H. Beck ohG, München, ISBN: 978-3-406-00336-3; S.217ff.: Ludwig Fels, Auszug (gekürzt), aus dem Werk: Der Himmel war eine große Gegenwart. Ein Abschied. © Piper Verlag GmbH, München 1990, S.74ff.; S.229: D. Gehring, aus: P. Fässler-Weibel, Gelebte Trauer, Paulus Verlag. Fribourg/Schweiz 1991; S.237: Jüdisches Märchen, aus: Karin Leiter, Ach, wie gut, daß jemand weiß. . ., Verlagsanstalt Tyrolia, Wien 1996; S.254: M. Gutl, Tod als Grenze des Lebens, aus: Martin Gutl, Meine Wege sind dir vertraut, 2. Auflage 1991. Verlag Styria, Graz, Wien, Köln; S.259f.: N. Sachs, Chor der Tröster, aus: Nelly Sachs: Fahrt ins Staublose. Gedichte. © Suhrkamp Verlag. Frankfurt am Main 1988; S.261: A. Philipe, aus: Anne Philipe, Nur einen Seufzer lang. Deutsche Übersetzung von Margarete Borman, Copyright © 1964 by Rowohlt Verlag GmbH, Reinbek bei Hamburg; S.261f.: Tod des Achilleus, aus: H. W. Stoll, Sagen des klassischen Altertums. Phaidon, Essen 1997; S.263: Sigmund Freud/Ludwig Binswanger, Zitat aus: Briefwechsel. 1908–1938, hrsg. von Gerhard Fichtner. © S. Fischer Verlag GmbH, Frankfurt am Main 1992; S.263f.: R. Schneider, aus: Robert Schneider, Schlafes Bruder. © Reclam Verlag. Leipzig 1992; S.266f.: Gilgamesch-Epos, aus: Gilgamesch-Epos. Reclam Verlag, Stuttgart 1958. © Philipp Reclam jun. Verlag GmbH, Ditzingen.